TOEFL

Test of English as a Foreign Language

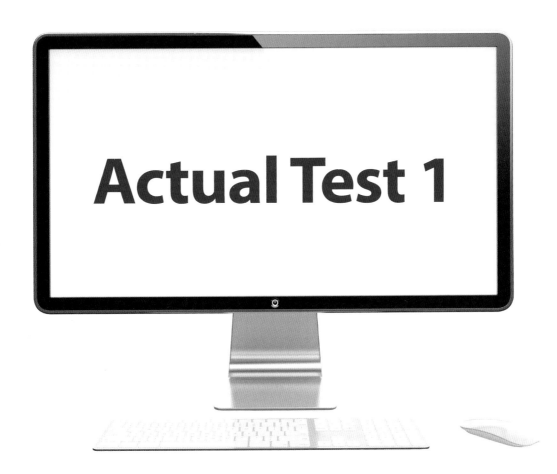

Actual Test 1

시원스쿨 **LAB**

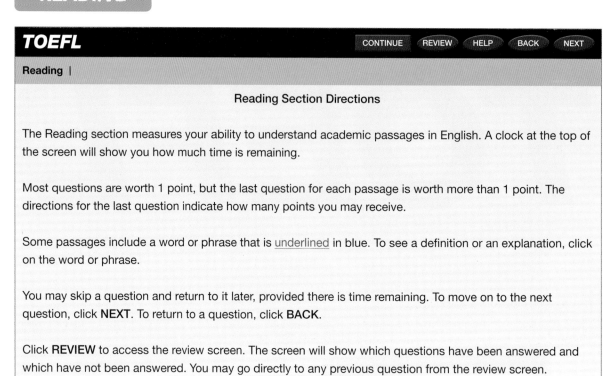

Reading Section Directions

The Reading section measures your ability to understand academic passages in English. A clock at the top of the screen will show you how much time is remaining.

Most questions are worth 1 point, but the last question for each passage is worth more than 1 point. The directions for the last question indicate how many points you may receive.

Some passages include a word or phrase that is underlined in blue. To see a definition or an explanation, click on the word or phrase.

You may skip a question and return to it later, provided there is time remaining. To move on to the next question, click **NEXT**. To return to a question, click **BACK**.

Click **REVIEW** to access the review screen. The screen will show which questions have been answered and which have not been answered. You may go directly to any previous question from the review screen.

Click **CONTINUE** to proceed.

The Nile and Ancient Egypt

Lasting more than 5,000 years—possibly longer than any other ancient civilization—Ancient Egypt thrived along the banks of the Nile. Like the Tigris and Euphrates in Mesopotamia, the Nile was a ceaseless source of sustenance for Egypt. In addition, the river's inundation, or its beneficial and timely flooding, made the Nile Valley one of the most fertile regions in the world. This strong agricultural base allowed Ancient Egypt to persist through multiple kingdoms and foreign invasions. The critically important annual inundation of the Nile shaped the social, political, and religious beliefs of the civilization.

Every year, monsoon-like weather unleashed a deluge of precipitation in the Ethiopian highlands, the source of the Nile. The rainwater carried silt and sedimentation into the Blue Nile, one of the two tributaries of the Nile. These were then transported down the Nile and deposited along its banks, greatly enriching the soil of the delta and surrounding floodplain while saturating the land with moisture. The result was some of the most fertile farmland in antiquity. Additionally, since this happened each year, the vexing issue of land management rarely arose. Farmland did not need to be left fallow, and the salinity of the soil was naturally maintained.

The annual inundation of the Nile served as the basis of the Egyptian calendar year, which was divided into three seasons: Ahket, Peret, and Shemu. Ahket, literally 'Inundation', was the flooding season, which roughly took place from September to January. At peak flooding, the Delta and floodplain would become submerged under 1.5 meters of water. Swelling would start around Aswan in late August and slowly course downriver. Following Akhet was the winter season of Peret, or 'Emergence', when the crops would grow. Once the floodwaters receded, the farmland would be planted with staple crops, such as wheat, barley, flax, and papyrus. These crops would grow largely unaided thanks to the richness of the soil and ripen from March to May. Shemu, or 'Heat', followed with the harvest as the floodplain dried and the flow of the Nile dwindled. Then, magically to the Ancient Egyptians, the whole cycle started again around mid to late August.

While inundation occurred every year, the magnitude of the flooding was variable and could have severe consequences for Egyptian society. Too little flooding could leave up to a third of the floodplain unfarmable, leading to food shortages and famine; likewise, too much flooding destroyed the basins, dikes and canals that facilitated irrigation. To foresee such problems, priests used nilometers, special structures built upriver where the water initially swelled, to gauge the expected flood levels. Then likely crop production could be assumed, and shortages could be anticipated.

With its civilization tightly focused on the riverbanks, Egypt geographically favored political unity. Farmers and peasants were able to collectively exploit the fertility of the floodplain, while rulers could tax the harvest, save and distribute surpluses against famine, and direct labor according to the whims of inundation. As the rulers assumed accountability for provision failures, the cooperation between workers and elites more closely mirrored that of smaller societies. In addition, the centralized organization of the workforce contributed to the discipline and coordination that helped build the monuments that have immortalized Ancient Egypt. A likely theory even suggests that farmers worked on the pyramids during the slack summer months of Shemu.

Unsurprisingly, the capricious nature of the Nile's inundation heavily influenced the religious beliefs of Ancient Egypt. Religious observations were based not on the river itself, which Ancient Egyptians had a rather pragmatic attitude toward, but rather on inundation. Kings and pharaohs were expected to intervene with the gods to guarantee optimal flood levels. This was done through the god Hapi, who personified inundation. While not the main god of the Ancient Egyptian pantheon, Hapi was considered a father of the gods due to his association with fertility. He preserved an orderly, harmonious system—all through the blessings of inundation.

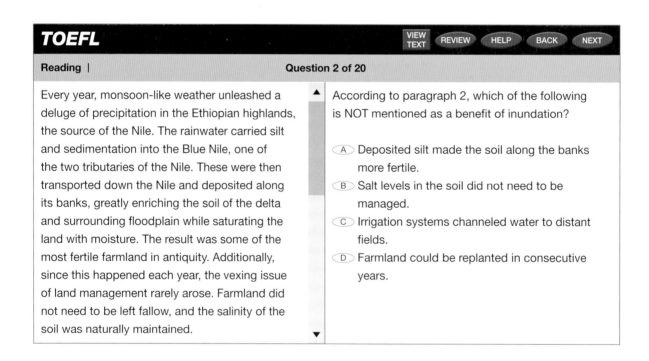

The Nile and Ancient Egypt

Lasting more than 5,000 years—possibly longer than any other ancient civilization—Ancient Egypt thrived along the banks of the Nile. Like the Tigris and Euphrates in Mesopotamia, the Nile was a ceaseless source of sustenance for Egypt. In addition, the river's inundation, or its beneficial and timely flooding, made the Nile Valley one of the most fertile regions in the world. This strong agricultural base allowed Ancient Egypt to persist through multiple kingdoms and foreign invasions. The critically important annual inundation of the Nile shaped the social, political, and religious beliefs of the civilization.

According to paragraph 1, which of the following is true about Ancient Egypt?

A It lasted longer than any other ancient civilization.

B It was invaded various times throughout its history.

C Its development coincided with that of Mesopotamia.

D It was located near the Tigris and Euphrates rivers.

Every year, monsoon-like weather unleashed a deluge of precipitation in the Ethiopian highlands, the source of the Nile. The rainwater carried silt and sedimentation into the Blue Nile, one of the two tributaries of the Nile. These were then transported down the Nile and deposited along its banks, greatly enriching the soil of the delta and surrounding floodplain while saturating the land with moisture. The result was some of the most fertile farmland in antiquity. Additionally, since this happened each year, the vexing issue of land management rarely arose. Farmland did not need to be left fallow, and the salinity of the soil was naturally maintained.

According to paragraph 2, which of the following is NOT mentioned as a benefit of inundation?

A Deposited silt made the soil along the banks more fertile.

B Salt levels in the soil did not need to be managed.

C Irrigation systems channeled water to distant fields.

D Farmland could be replanted in consecutive years.

The annual inundation of the Nile served as the basis of the Egyptian calendar year, which was divided into three seasons: Ahket, Peret, and Shemu. Ahket, literally 'Inundation', was the flooding season, which roughly took place from September to January. At peak flooding, the Delta and floodplain would become submerged under 1.5 meters of water. Swelling would start around Aswan in late August and slowly course downriver. Following Akhet was the winter season of Peret, or 'Emergence', when the crops would grow. Once the floodwaters receded, the farmland would be planted with staple crops, such as wheat, barley, flax, and papyrus. These crops would grow largely unaided thanks to the richness of the soil and ripen from March to May. Shemu, or 'Heat', followed with the harvest as the floodplain dried and the flow of the Nile dwindled. Then, magically to the Ancient Egyptians, the whole cycle started again around mid to late August.

The word "roughly" in the passage is closest in meaning to

A casually
B violently
C frequently
D approximately

The annual inundation of the Nile served as the basis of the Egyptian calendar year, which was divided into three seasons: Ahket, Peret, and Shemu. Ahket, literally 'Inundation', was the flooding season, which roughly took place from September to January. At peak flooding, the Delta and floodplain would become submerged under 1.5 meters of water. Swelling would start around Aswan in late August and slowly course downriver. Following Akhet was the winter season of Peret, or 'Emergence', when the crops would grow. Once the floodwaters receded, the farmland would be planted with staple crops, such as wheat, barley, flax, and papyrus. These crops would grow largely unaided thanks to the richness of the soil and ripen from March to May. Shemu, or 'Heat', followed with the harvest as the floodplain dried and the flow of the Nile dwindled. Then, magically to the Ancient Egyptians, the whole cycle started again around mid to late August.

In paragraph 3, what can be inferred about the Egyptian calendar?

A Ancient Egyptians did not know what caused the river to flood in Ahket.
B Flood waters receded because of the high temperatures during Shemu.
C The calendar was not used when the Nile did not flood.
D Most crops were planted at the end of the Peret season.

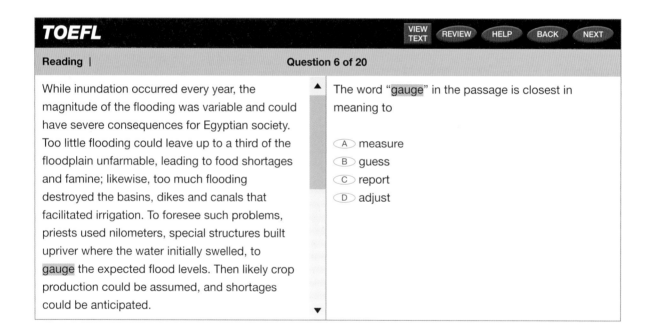

While inundation occurred every year, the magnitude of the flooding was variable and could have severe consequences for Egyptian society. Too little flooding could leave up to a third of the floodplain unfarmable, leading to food shortages and famine; likewise, too much flooding destroyed the basins, dikes and canals that facilitated irrigation. To foresee such problems, priests used nilometers, special structures built upriver where the water initially swelled, to gauge the expected flood levels. Then likely crop production could be assumed, and shortages could be anticipated.

The author discusses "nilometers" in paragraph 4 in order to

(A) demonstrate the engineering skills of the early Egyptians.

(B) give an example of an innovation that resulted from inundation.

(C) show how Ancient Egyptians prepared for varying flood levels.

(D) argue that Ancient Egyptians were not greatly affected by flood levels.

While inundation occurred every year, the magnitude of the flooding was variable and could have severe consequences for Egyptian society. Too little flooding could leave up to a third of the floodplain unfarmable, leading to food shortages and famine; likewise, too much flooding destroyed the basins, dikes and canals that facilitated irrigation. To foresee such problems, priests used nilometers, special structures built upriver where the water initially swelled, to gauge the expected flood levels. Then likely crop production could be assumed, and shortages could be anticipated.

The word "gauge" in the passage is closest in meaning to

(A) measure

(B) guess

(C) report

(D) adjust

With its civilization tightly focused on the riverbanks, Egypt geographically favored political unity. Farmers and peasants were able to collectively exploit the fertility of the floodplain, while rulers could tax the harvest, save and distribute surpluses against famine, and direct labor according to the whims of inundation. As the rulers assumed accountability for provision failures, the cooperation between workers and elites more closely mirrored that of smaller societies. In addition, the centralized organization of the workforce contributed to the discipline and coordination that helped build the monuments that have immortalized Ancient Egypt. A likely theory even suggests that farmers worked on the pyramids during the slack summer months of Shemu.

Which of the sentences below best expresses the essential information in the highlighted sentence in the passage? Incorrect answer choices change the meaning in important ways or leave out essential information.

As the rulers assumed accountability for provision failures, the cooperation between workers and elites more closely mirrored that of smaller societies.

Ⓐ Rulers could directly blame workers in small communities for failing to grow enough crops to sustain the entire population of Ancient Egypt.

Ⓑ Ancient Egypt's upper class had an intimate connection with the everyday routines of the lower class.

Ⓒ Rulers were more closely tied to the peasant-class compared to other large civilizations as they were responsible for food shortages.

Ⓓ Rulers ensured that enough food would be grown and stored after each harvest for both the workers and the elites.

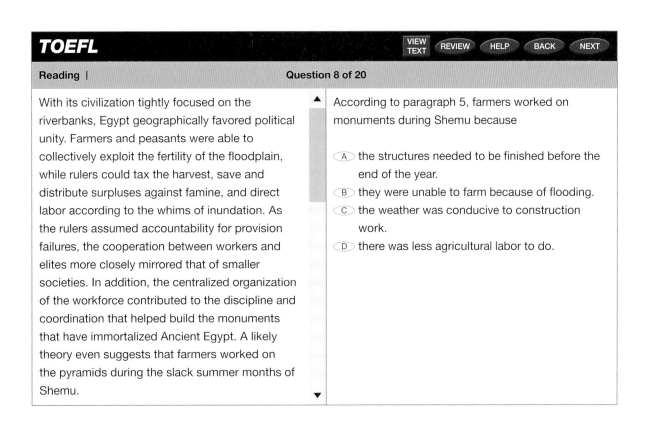

With its civilization tightly focused on the riverbanks, Egypt geographically favored political unity. Farmers and peasants were able to collectively exploit the fertility of the floodplain, while rulers could tax the harvest, save and distribute surpluses against famine, and direct labor according to the whims of inundation. As the rulers assumed accountability for provision failures, the cooperation between workers and elites more closely mirrored that of smaller societies. In addition, the centralized organization of the workforce contributed to the discipline and coordination that helped build the monuments that have immortalized Ancient Egypt. A likely theory even suggests that farmers worked on the pyramids during the slack summer months of Shemu.

According to paragraph 5, farmers worked on monuments during Shemu because

Ⓐ the structures needed to be finished before the end of the year.

Ⓑ they were unable to farm because of flooding.

Ⓒ the weather was conducive to construction work.

Ⓓ there was less agricultural labor to do.

Unsurprisingly, the capricious nature of the Nile's inundation heavily influenced the religious beliefs of Ancient Egypt. Religious observations were based not on the river itself, which Ancient Egyptians had a rather pragmatic attitude toward, but rather on inundation. ■ Kings and pharaohs were expected to intervene with the gods to guarantee optimal flood levels. ■ This was done through the god Hapi, who personified inundation. ■ While not the main god of the Ancient Egyptian pantheon, Hapi was considered a father of the gods due to his association with fertility. He preserved an orderly, harmonious system—all through the blessings of inundation. ■

Look at the four squares [■] that indicate where the following sentence could be added to the passage.

Depicted as an overweight, androgynous figure, he symbolized fertility and offered water and other goods to pharaohs.

Where would the sentence best fit? Click on a square [■] to add the sentence to the passage.

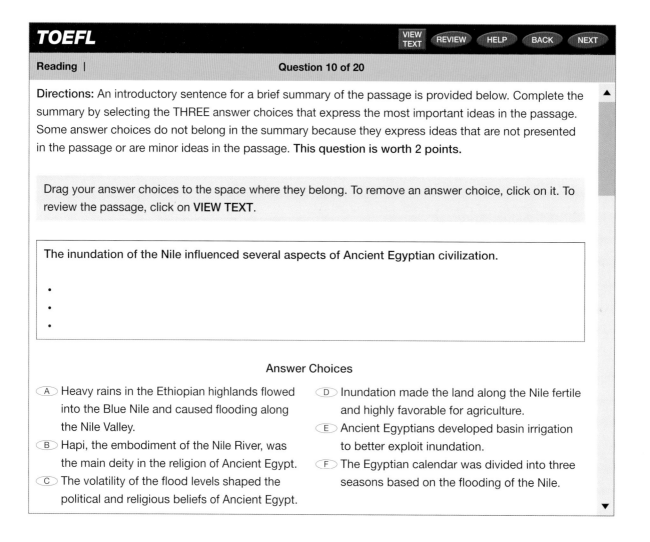

Directions: An introductory sentence for a brief summary of the passage is provided below. Complete the summary by selecting the THREE answer choices that express the most important ideas in the passage. Some answer choices do not belong in the summary because they express ideas that are not presented in the passage or are minor ideas in the passage. **This question is worth 2 points.**

Drag your answer choices to the space where they belong. To remove an answer choice, click on it. To review the passage, click on **VIEW TEXT**.

The inundation of the Nile influenced several aspects of Ancient Egyptian civilization.

-
-
-

Answer Choices

A Heavy rains in the Ethiopian highlands flowed into the Blue Nile and caused flooding along the Nile Valley.

B Hapi, the embodiment of the Nile River, was the main deity in the religion of Ancient Egypt.

C The volatility of the flood levels shaped the political and religious beliefs of Ancient Egypt.

D Inundation made the land along the Nile fertile and highly favorable for agriculture.

E Ancient Egyptians developed basin irrigation to better exploit inundation.

F The Egyptian calendar was divided into three seasons based on the flooding of the Nile.

Reproductive Strategies for Plants

It is a fundamental law of biology that within its lifetime, an organism has a limited amount of energy and resources available to it. Through its life history, the organism must partition this limited energy to various functions, such as maturing, gathering food, and finding a mate, with the ultimate goal of reproducing and passing on its genetic information. Natural selection shapes organisms to optimize their reproductive success, and trade-offs must be made with resource distribution. Numerous trade-offs among life history traits have been exemplified in the natural world, and most revolve around issues of reproduction. Such issues include current production versus survival, current versus future production, and number versus size of offspring, among numerous others.

These trade-offs are largely handled through the election of either big bang or repeated reproduction. As the name implies, species with big bang reproduction strategies contribute all available resources into one large reproductive episode. This expenditure of resources culminates in death after reproduction for the organism, but also produces myriad offspring. The opposite is repeated reproduction, wherein an organism will mature and have multiple reproductive cycles over its lifetime, with each individual cycle yielding fewer offspring than the numbers inherent in big bang reproduction.

The distinction between reproductive strategies closely mirrors the difference between annual and perennial plants. By definition, annual plants undergo their complete life cycle—from germination to seed production to death—in a single growing season. They therefore practice big bang reproduction. Most herbaceous plants are annuals, as are virtually all grains. Rice and maize are perfect examples of this relationship between domestication and big bang reproduction, and a likely clue as to why these crops' ancestors were originally selected for agriculture. Biennials, which have a two-year life cycle, also fit this category.

Plants with repeated reproduction tend to be perennials, or plants that have life cycles longer than two years. Redwood trees, for example, grow over hundreds of years and release thousands of seeds during each of their reproductive cycles. Fruit trees also represent this model as they grow and repeatedly release fruit. However, not all perennials reproduce multiple times. Some long-lived plants also practice big bang reproduction, such as the century plant, or Agave americana. While the plant does not live for a hundred years, but rather an average of 80 years, it only flowers once at the end of its long life.

The question of which method nature prefers has been the subject of extensive theoretical research. If natural selection maximizes total lifetime reproductive output, how could it ever favor shorter lifespans that end after a single reproductive episode? Though it seems paradoxical, big bang species often produce more offspring than related species that repeatedly reproduce. Juvenile versus adult mortality helps illustrate both the advantages of big bang reproduction and the likely inclination of a species toward either strategy. For example, an annual plant that dies within a year of germination will produce a mass of seedlings in its single reproductive episode, while a closely related species that has multiple cycles will produce a much smaller number in a single event. If the plant has a high adult mortality rate, then there is a high chance that it will fail to have subsequent cycles. In this scenario, repeated production is less fecund. In addition, each subsequent cycle will see lower seed yields as the plant ages. The plant that reproduces multiple times must then survive well into adulthood to compete against the fecundity of big bang reproduction.

While difficult to prove with empirical data, a likely basic model incorporates mortality rates. Species in an environment with a low juvenile mortality rate and a high adult one will favor big bang reproduction; the opposite scenario promotes repeated reproduction. However, these separate reproductive methods represent more so opposite extremes of a spectrum rather than pure alternatives. Species can respond to environmental stimuli and drift toward the other method. Plants with repeated cycles with high mortality rates have been observed to expend more energy on single reproductive episodes. Likewise, big bang species have spread out their cycles in bet-hedging models to help guarantee successful offspring.

Glossary	X

herbaceous plants: vascular plants that have no persistent woody stems above ground

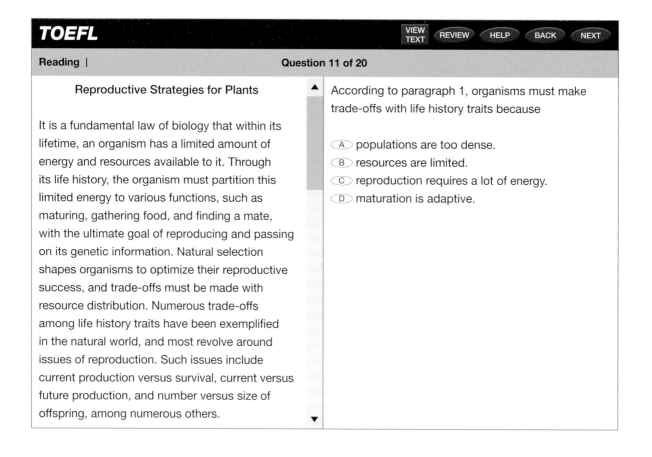

Reproductive Strategies for Plants

It is a fundamental law of biology that within its lifetime, an organism has a limited amount of energy and resources available to it. Through its life history, the organism must partition this limited energy to various functions, such as maturing, gathering food, and finding a mate, with the ultimate goal of reproducing and passing on its genetic information. Natural selection shapes organisms to optimize their reproductive success, and trade-offs must be made with resource distribution. Numerous trade-offs among life history traits have been exemplified in the natural world, and most revolve around issues of reproduction. Such issues include current production versus survival, current versus future production, and number versus size of offspring, among numerous others.

According to paragraph 1, organisms must make trade-offs with life history traits because

A populations are too dense.
B resources are limited.
C reproduction requires a lot of energy.
D maturation is adaptive.

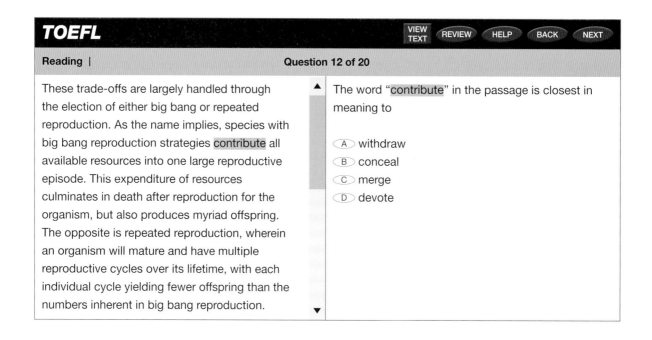

These trade-offs are largely handled through the election of either big bang or repeated reproduction. As the name implies, species with big bang reproduction strategies contribute all available resources into one large reproductive episode. This expenditure of resources culminates in death after reproduction for the organism, but also produces myriad offspring. The opposite is repeated reproduction, wherein an organism will mature and have multiple reproductive cycles over its lifetime, with each individual cycle yielding fewer offspring than the numbers inherent in big bang reproduction.

The word "contribute" in the passage is closest in meaning to

A withdraw
B conceal
C merge
D devote

The distinction between reproductive strategies closely mirrors the difference between annual and perennial plants. By definition, annual plants undergo their complete life cycle—from germination to seed production to death—in a single growing season. They therefore practice big bang reproduction. Most herbaceous plants are annuals, as are virtually all grains. Rice and maize are perfect examples of this relationship between domestication and big bang reproduction, and a likely clue as to why these crops' ancestors were originally selected for agriculture. Biennials, which have a two-year life cycle, also fit this category.

Which of the following can be inferred about rice and maize?

- Ⓐ They must be carefully tended to survive until reproduction.
- Ⓑ Their ancestors were annuals that released seeds multiple times.
- Ⓒ They switched to the big bang method after domestication.
- Ⓓ They must be replanted at the start of each growing season.

Plants with repeated reproduction tend to be perennials, or plants that have life cycles longer than two years. Redwood trees, for example, grow over hundreds of years and release thousands of seeds during each of their reproductive cycles. Fruit trees also represent this model as they grow and repeatedly release fruit. However, not all perennials reproduce multiple times. Some long-lived plants also practice big bang reproduction, such as the century plant, or Agave americana. While the plant does not live for a hundred years, but rather an average of 80 years, it only flowers once at the end of its long life.

Why does the author mention "Agave americana"?

- Ⓐ To give an example of a durable plant
- Ⓑ To provide an exception to a trend
- Ⓒ To contrast it with other annuals
- Ⓓ To explain a method of big bang reproduction

The question of which method nature prefers has been the subject of extensive theoretical research. If natural selection maximizes total lifetime reproductive output, how could it ever favor shorter lifespans that end after a single reproductive episode? Though it seems paradoxical, big bang species often produce more offspring than related species that repeatedly reproduce. Juvenile versus adult mortality helps illustrate both the advantages of big bang reproduction and the likely inclination of a species toward either strategy. For example, an annual plant that dies within a year of germination will produce a mass of seedlings in its single reproductive episode, while a closely related species that has multiple cycles will produce a much smaller number in a single event. If the plant has a high adult mortality rate, then there is a high chance that it will fail to have subsequent cycles. In this scenario, repeated production is less fecund. In addition, each subsequent cycle will see lower seed yields as the plant ages. The plant that reproduces multiple times must then survive well into adulthood to compete against the fecundity of big bang reproduction.

The word "extensive" in the passage is closest in meaning to

(A) broad
(B) insufficient
(C) specific
(D) extraordinary

The question of which method nature prefers has been the subject of extensive theoretical research. If natural selection maximizes total lifetime reproductive output, how could it ever favor shorter lifespans that end after a single reproductive episode? Though it seems paradoxical, big bang species often produce more offspring than related species that repeatedly reproduce. Juvenile versus adult mortality helps illustrate both the advantages of big bang reproduction and the likely inclination of a species toward either strategy. For example, an annual plant that dies within a year of germination will produce a mass of seedlings in its single reproductive episode, while a closely related species that has multiple cycles will produce a much smaller number in a single event. If the plant has a high adult mortality rate, then there is a high chance that it will fail to have subsequent cycles. In this scenario, repeated production is less fecund. In addition, each subsequent cycle will see lower seed yields as the plant ages. The plant that reproduces multiple times must then survive well into adulthood to compete against the fecundity of big bang reproduction.

The word "it" in the passage refers to

(A) method
(B) research
(C) natural selection
(D) reproductive output

The question of which method nature prefers has been the subject of extensive theoretical research. If natural selection maximizes total lifetime reproductive output, how could it ever favor shorter lifespans that end after a single reproductive episode? Though it seems paradoxical, big bang species often produce more offspring than related species that repeatedly reproduce. Juvenile versus adult mortality helps illustrate both the advantages of big bang reproduction and the likely inclination of a species toward either strategy. For example, an annual plant that dies within a year of germination will produce a mass of seedlings in its single reproductive episode, while a closely related species that has multiple cycles will produce a much smaller number in a single event. If the plant has a high adult mortality rate, then there is a high chance that it will fail to have subsequent cycles. In this scenario, repeated production is less fecund. In addition, each subsequent cycle will see lower seed yields as the plant ages. The plant that reproduces multiple times must then survive well into adulthood to compete against the fecundity of big bang reproduction.

The author's description of reproductive strategies in paragraph 5 mentions all of the following EXCEPT

A the influence of mortality rates on reproduction
B the causes of increased juvenile mortality rates
C the benefits of big bang reproduction
D the lower yields of repeated reproduction over time

While difficult to prove with empirical data, a likely basic model incorporates mortality rates. Species in an environment with a low juvenile mortality rate and a high adult one will favor big bang reproduction; the opposite scenario promotes repeated reproduction. However, these separate reproductive methods represent more so opposite extremes of a spectrum rather than pure alternatives. Species can respond to environmental stimuli and drift toward the other method. Plants with repeated cycles with high mortality rates have been observed to expend more energy on single reproductive episodes. Likewise, big bang species have spread out their cycles in bet-hedging models to help guarantee successful offspring.

According to paragraph 6, a species with a high juvenile mortality rate will most likely

A mature rapidly to increase reproduction rates.
B die after a single reproductive episode.
C alternate between reproductive strategies.
D reproduce multiple times in its life.

Plants with repeated reproduction tend to be perennials, or plants that have life cycles longer than two years. ■ Redwood trees, for example, grow over hundreds of years and release thousands of seeds during each of their reproductive cycles. ■ Fruit trees also represent this model as they grow and repeatedly release fruit. ■ However, not all perennials reproduce multiple times. ■ Some long-lived plants also practice big bang reproduction, such as the century plant, or Agave americana. While the plant does not live for a hundred years, but rather an average of 80 years, it only flowers once at the end of its long life.

Look at the four squares [■] that indicate where the following sentence could be added to the passage.

These include most woody plants.

Where would the sentence best fit? Click on a square [■] to add the sentence to the passage.

Directions: An introductory sentence for a brief summary of the passage is provided below. Complete the summary by selecting the THREE answer choices that express the most important ideas in the passage. Some answer choices do not belong in the summary because they express ideas that are not presented in the passage or are minor ideas in the passage. **This question is worth 2 points.**

Drag your answer choices to the space where they belong. To remove an answer choice, click on it. To review the passage, click on **VIEW TEXT**.

The life cycle of plant types exhibits different reproductive strategies.

-
-
-

Answer Choices

A Annuals demonstrate big bang reproduction as they die after a single reproductive episode.

B Organisms must make various trade-offs to ensure successful reproduction.

C The century plant lives for eighty years but only releases seeds once before death.

D Perennials will likely reproduce multiple times throughout their long lives.

E Mortality rates at different times of life seem to influence reproductive strategies.

F Some plants cannot change reproductive strategies in response to their environment.

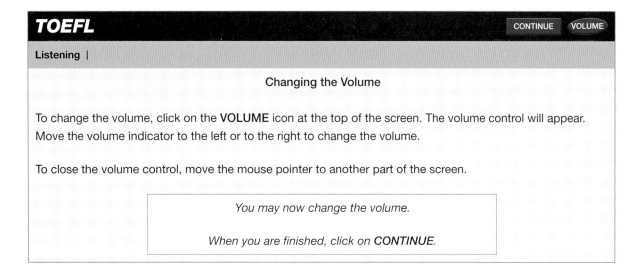

Changing the Volume

To change the volume, click on the **VOLUME** icon at the top of the screen. The volume control will appear. Move the volume indicator to the left or to the right to change the volume.

To close the volume control, move the mouse pointer to another part of the screen.

> *You may now change the volume.*
>
> *When you are finished, click on CONTINUE.*

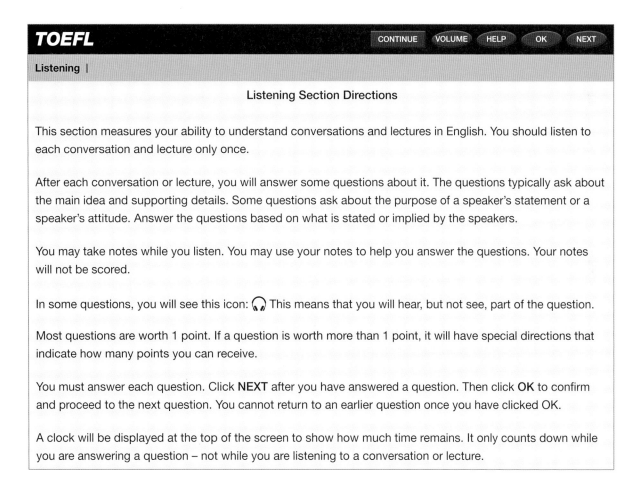

Listening Section Directions

This section measures your ability to understand conversations and lectures in English. You should listen to each conversation and lecture only once.

After each conversation or lecture, you will answer some questions about it. The questions typically ask about the main idea and supporting details. Some questions ask about the purpose of a speaker's statement or a speaker's attitude. Answer the questions based on what is stated or implied by the speakers.

You may take notes while you listen. You may use your notes to help you answer the questions. Your notes will not be scored.

In some questions, you will see this icon: 🎧 This means that you will hear, but not see, part of the question.

Most questions are worth 1 point. If a question is worth more than 1 point, it will have special directions that indicate how many points you can receive.

You must answer each question. Click **NEXT** after you have answered a question. Then click **OK** to confirm and proceed to the next question. You cannot return to an earlier question once you have clicked OK.

A clock will be displayed at the top of the screen to show how much time remains. It only counts down while you are answering a question – not while you are listening to a conversation or lecture.

Why did the professor ask the student to come to her office?

- (A) To seek recommendations for local places to live
- (B) To request a progress report on a current assignment
- (C) To ask him to assist her with organizing an event
- (D) To commend him on his hard work this semester

Why would the professor prefer to hold a private gathering?

- (A) She plans to discuss several important issues.
- (B) She has not received permission from the university.
- (C) She thinks that more people would be likely to attend.
- (D) She does not want to disturb any members of the public.

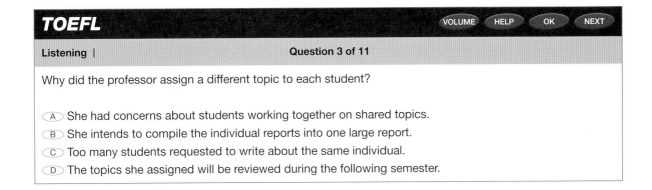

Why did the professor assign a different topic to each student?

- A She had concerns about students working together on shared topics.
- B She intends to compile the individual reports into one large report.
- C Too many students requested to write about the same individual.
- D The topics she assigned will be reviewed during the following semester.

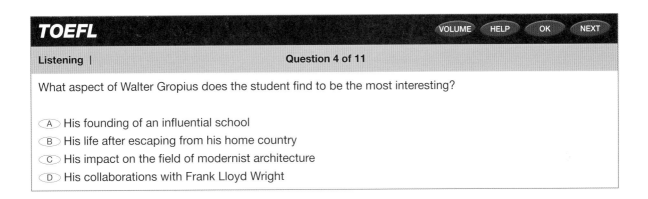

What aspect of Walter Gropius does the student find to be the most interesting?

- A His founding of an influential school
- B His life after escaping from his home country
- C His impact on the field of modernist architecture
- D His collaborations with Frank Lloyd Wright

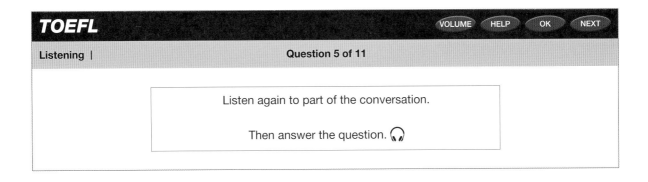

Listen again to part of the conversation.

Then answer the question.

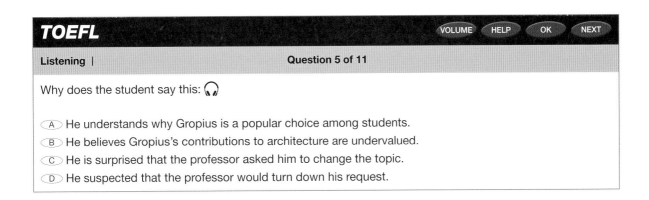

Why does the student say this:

- A He understands why Gropius is a popular choice among students.
- B He believes Gropius's contributions to architecture are undervalued.
- C He is surprised that the professor asked him to change the topic.
- D He suspected that the professor would turn down his request.

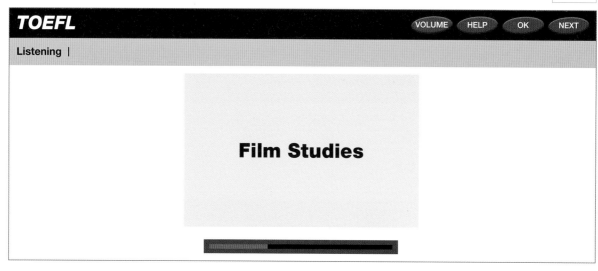

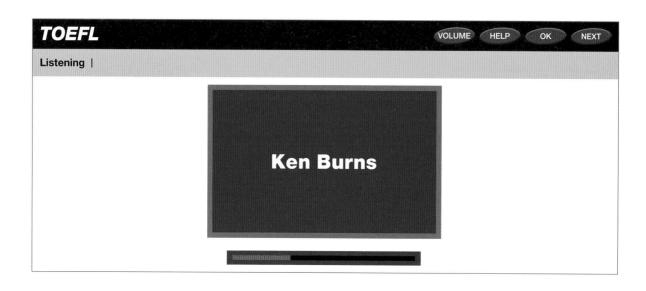

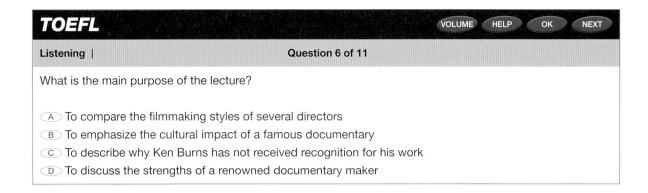

What is the main purpose of the lecture?

Ⓐ To compare the filmmaking styles of several directors

Ⓑ To emphasize the cultural impact of a famous documentary

Ⓒ To describe why Ken Burns has not received recognition for his work

Ⓓ To discuss the strengths of a renowned documentary maker

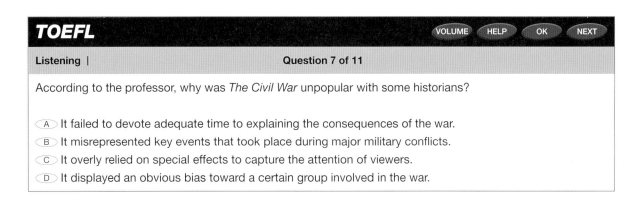

According to the professor, why was *The Civil War* unpopular with some historians?

Ⓐ It failed to devote adequate time to explaining the consequences of the war.

Ⓑ It misrepresented key events that took place during major military conflicts.

Ⓒ It overly relied on special effects to capture the attention of viewers.

Ⓓ It displayed an obvious bias toward a certain group involved in the war.

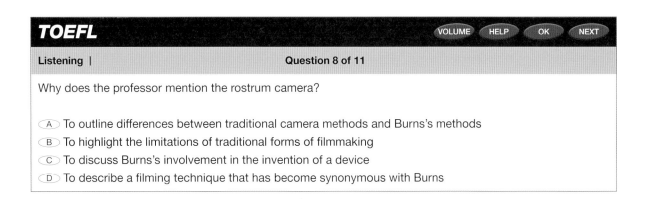

Why does the professor mention the rostrum camera?

Ⓐ To outline differences between traditional camera methods and Burns's methods

Ⓑ To highlight the limitations of traditional forms of filmmaking

Ⓒ To discuss Burns's involvement in the invention of a device

Ⓓ To describe a filming technique that has become synonymous with Burns

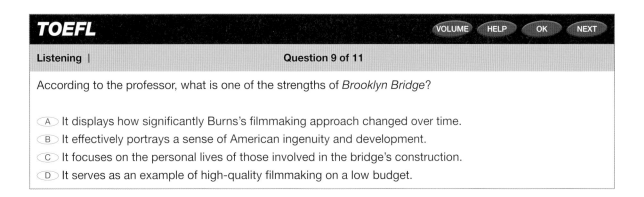

According to the professor, what is one of the strengths of *Brooklyn Bridge*?

Ⓐ It displays how significantly Burns's filmmaking approach changed over time.

Ⓑ It effectively portrays a sense of American ingenuity and development.

Ⓒ It focuses on the personal lives of those involved in the bridge's construction.

Ⓓ It serves as an example of high-quality filmmaking on a low budget.

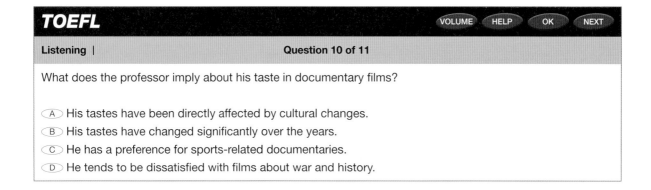

What does the professor imply about his taste in documentary films?

- Ⓐ His tastes have been directly affected by cultural changes.
- Ⓑ His tastes have changed significantly over the years.
- Ⓒ He has a preference for sports-related documentaries.
- Ⓓ He tends to be dissatisfied with films about war and history.

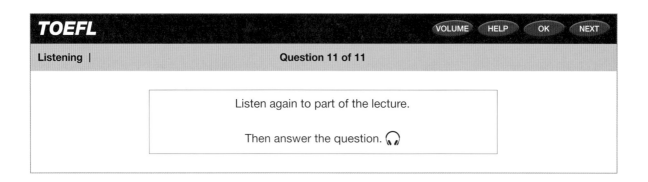

> Listen again to part of the lecture.
>
> Then answer the question. 🎧

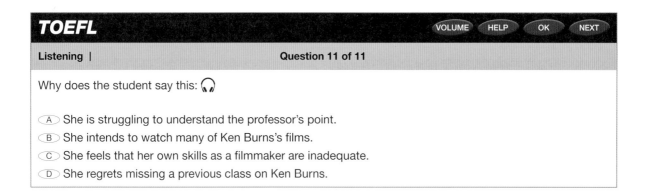

Why does the student say this: 🎧

- Ⓐ She is struggling to understand the professor's point.
- Ⓑ She intends to watch many of Ken Burns's films.
- Ⓒ She feels that her own skills as a filmmaker are inadequate.
- Ⓓ She regrets missing a previous class on Ken Burns.

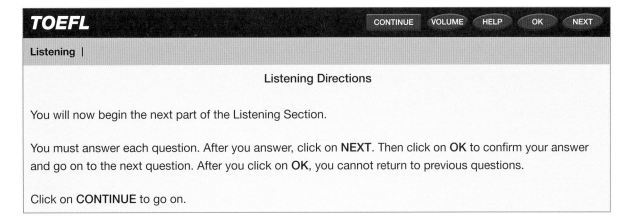
Listening Directions

You will now begin the next part of the Listening Section.

You must answer each question. After you answer, click on **NEXT**. Then click on **OK** to confirm your answer and go on to the next question. After you click on **OK**, you cannot return to previous questions.

Click on **CONTINUE** to go on.

TOEFL   VOLUME   HELP   OK   NEXT

Listening |

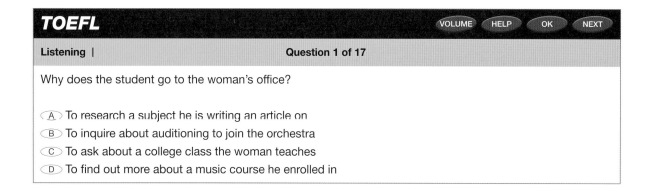

TOEFL

VOLUME   HELP   OK   NEXT

Listening |

Why does the student go to the woman's office?

- (A) To research a subject he is writing an article on
- (B) To inquire about auditioning to join the orchestra
- (C) To ask about a college class the woman teaches
- (D) To find out more about a music course he enrolled in

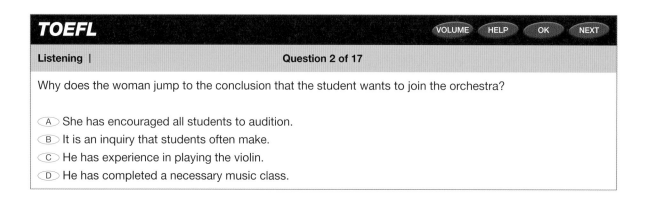

TOEFL

VOLUME   HELP   OK   NEXT

Listening |

Why does the woman jump to the conclusion that the student wants to join the orchestra?

- (A) She has encouraged all students to audition.
- (B) It is an inquiry that students often make.
- (C) He has experience in playing the violin.
- (D) He has completed a necessary music class.

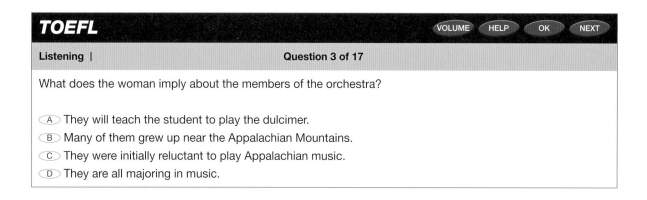

TOEFL

VOLUME   HELP   OK   NEXT

Listening |

What does the woman imply about the members of the orchestra?

- (A) They will teach the student to play the dulcimer.
- (B) Many of them grew up near the Appalachian Mountains.
- (C) They were initially reluctant to play Appalachian music.
- (D) They are all majoring in music.

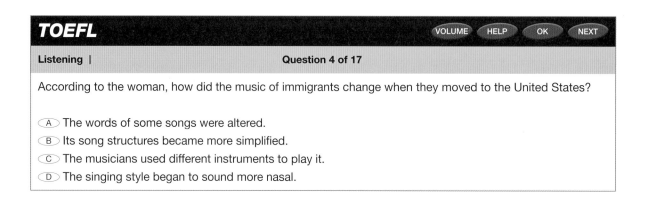

TOEFL

VOLUME   HELP   OK   NEXT

Listening |

According to the woman, how did the music of immigrants change when they moved to the United States?

- (A) The words of some songs were altered.
- (B) Its song structures became more simplified.
- (C) The musicians used different instruments to play it.
- (D) The singing style began to sound more nasal.

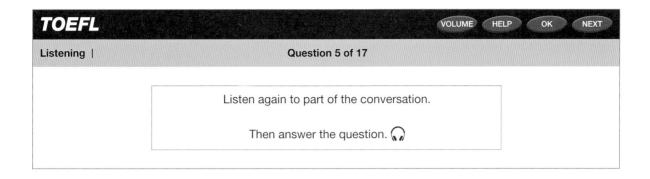

Listen again to part of the conversation.

Then answer the question.

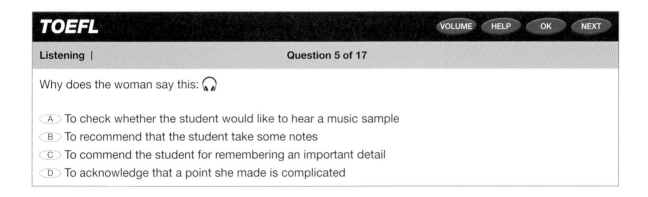

Why does the woman say this:

- A   To check whether the student would like to hear a music sample
- B   To recommend that the student take some notes
- C   To commend the student for remembering an important detail
- D   To acknowledge that a point she made is complicated

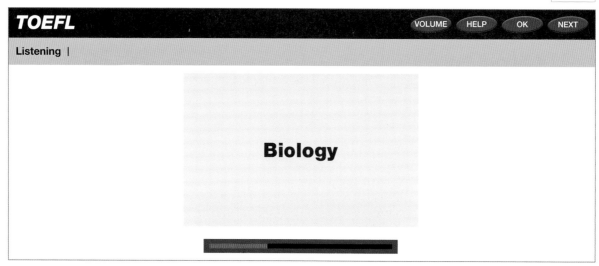

Biology

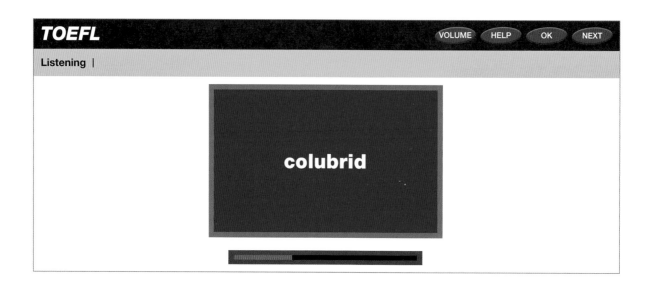

colubrid

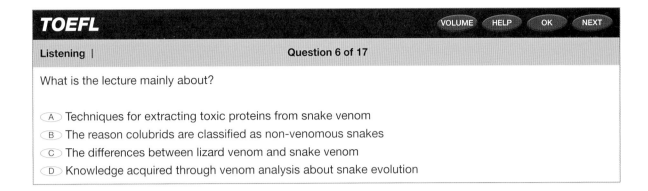

What is the lecture mainly about?

- (A) Techniques for extracting toxic proteins from snake venom
- (B) The reason colubrids are classified as non-venomous snakes
- (C) The differences between lizard venom and snake venom
- (D) Knowledge acquired through venom analysis about snake evolution

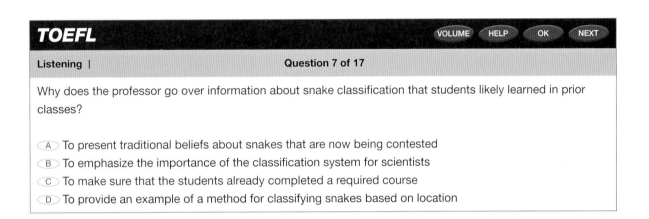

Why does the professor go over information about snake classification that students likely learned in prior classes?

- (A) To present traditional beliefs about snakes that are now being contested
- (B) To emphasize the importance of the classification system for scientists
- (C) To make sure that the students already completed a required course
- (D) To provide an example of a method for classifying snakes based on location

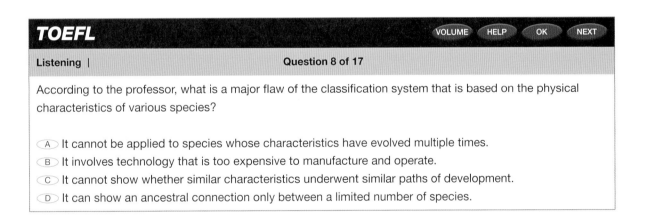

According to the professor, what is a major flaw of the classification system that is based on the physical characteristics of various species?

- (A) It cannot be applied to species whose characteristics have evolved multiple times.
- (B) It involves technology that is too expensive to manufacture and operate.
- (C) It cannot show whether similar characteristics underwent similar paths of development.
- (D) It can show an ancestral connection only between a limited number of species.

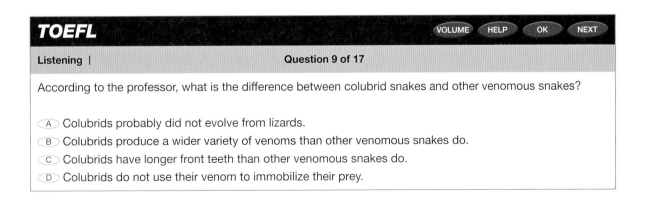

According to the professor, what is the difference between colubrid snakes and other venomous snakes?

- (A) Colubrids probably did not evolve from lizards.
- (B) Colubrids produce a wider variety of venoms than other venomous snakes do.
- (C) Colubrids have longer front teeth than other venomous snakes do.
- (D) Colubrids do not use their venom to immobilize their prey.

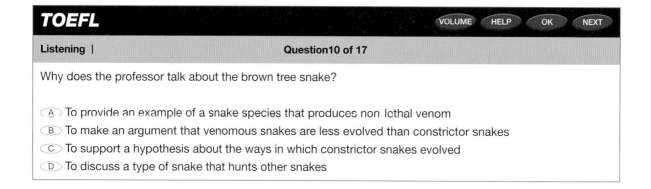

Why does the professor talk about the brown tree snake?

A) To provide an example of a snake species that produces non lethal venom

B) To make an argument that venomous snakes are less evolved than constrictor snakes

C) To support a hypothesis about the ways in which constrictor snakes evolved

D) To discuss a type of snake that hunts other snakes

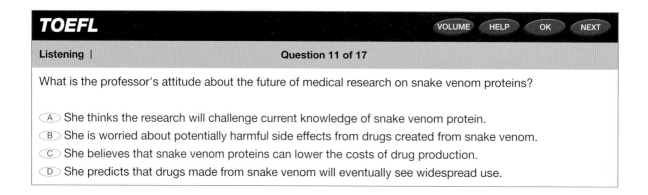

What is the professor's attitude about the future of medical research on snake venom proteins?

A) She thinks the research will challenge current knowledge of snake venom protein.

B) She is worried about potentially harmful side effects from drugs created from snake venom.

C) She believes that snake venom proteins can lower the costs of drug production.

D) She predicts that drugs made from snake venom will eventually see widespread use.

Geology

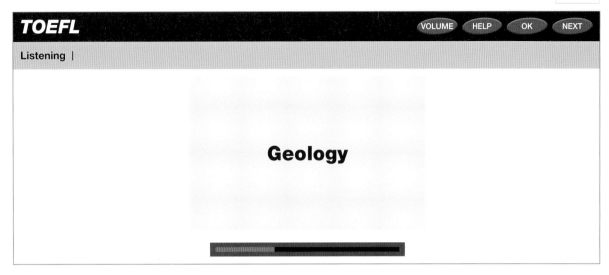

27

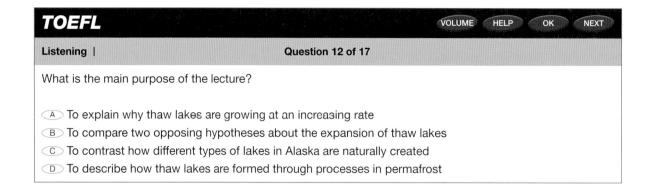

What is the main purpose of the lecture?

- (A) To explain why thaw lakes are growing at an increasing rate
- (B) To compare two opposing hypotheses about the expansion of thaw lakes
- (C) To contrast how different types of lakes in Alaska are naturally created
- (D) To describe how thaw lakes are formed through processes in permafrost

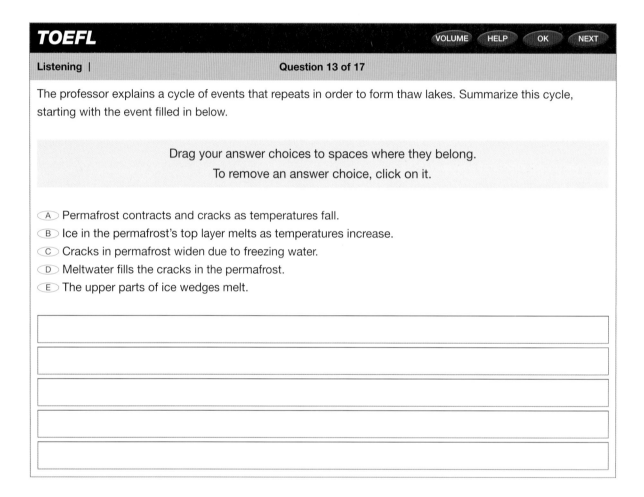

The professor explains a cycle of events that repeats in order to form thaw lakes. Summarize this cycle, starting with the event filled in below.

Drag your answer choices to spaces where they belong.

To remove an answer choice, click on it.

- (A) Permafrost contracts and cracks as temperatures fall.
- (B) Ice in the permafrost's top layer melts as temperatures increase.
- (C) Cracks in permafrost widen due to freezing water.
- (D) Meltwater fills the cracks in the permafrost.
- (E) The upper parts of ice wedges melt.

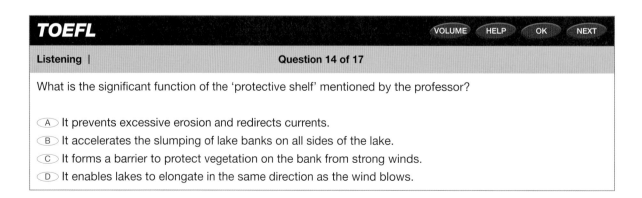

What is the significant function of the 'protective shelf' mentioned by the professor?

- (A) It prevents excessive erosion and redirects currents.
- (B) It accelerates the slumping of lake banks on all sides of the lake.
- (C) It forms a barrier to protect vegetation on the bank from strong winds.
- (D) It enables lakes to elongate in the same direction as the wind blows.

According to the wind erosion model, which bank of a thaw lake grows the fastest?

- (A) The bank that is rarely exposed to wind
- (B) The bank directly opposite the protective barrier
- (C) The bank that is at the highest elevation
- (D) The bank with the shortest length

What is the professor's opinion of the thaw slumping model?

- (A) She would like to see more persuasive evidence of its accuracy.
- (B) She thinks it has many similarities with an older model.
- (C) She thinks it has applications in several other fields.
- (D) She believes it would be more useful if it were simplified.

> Listen again to part of the lecture.
>
> Then answer the question.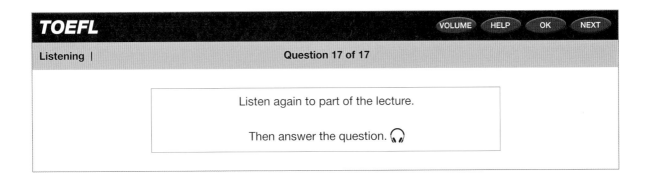

Why does the professor say this: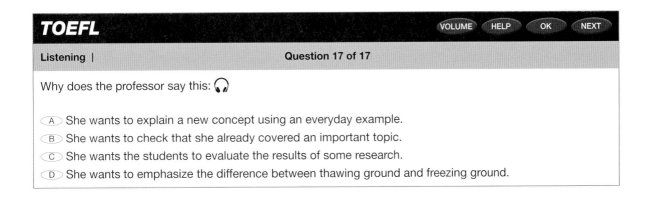

- (A) She wants to explain a new concept using an everyday example.
- (B) She wants to check that she already covered an important topic.
- (C) She wants the students to evaluate the results of some research.
- (D) She wants to emphasize the difference between thawing ground and freezing ground.

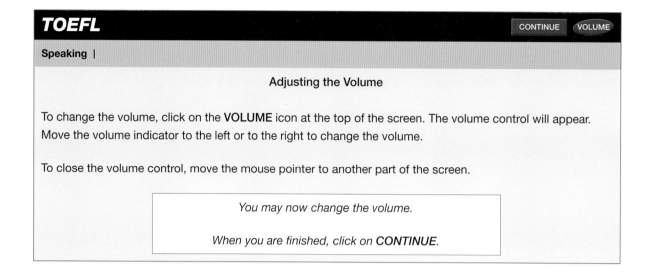

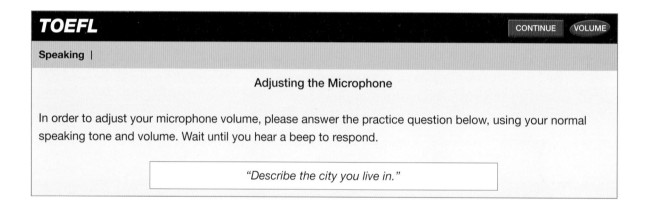

Speaking Section Directions

In this speaking test, you will be able to demonstrate your ability to speak about a wide range of subjects. There are four questions, and you must use the microphone to answer each one. Provide complete answers for all questions.

In question one, you will be required to speak about a familiar topic. Your ability to speak clearly and coherently will determine your score.

In questions two and three, you will first have to read a short text. The text will then disappear from the screen, and you will hear a talk on the same topic. You will then have to respond to a question. To answer this question, you must combine details from the text and talk. Your ability to speak clearly and coherently and to accurately convey what you have read and heard will determine your score.

In question four, you will hear part of a lecture. You must then respond to a question about this lecture. Your ability to speak clearly and coherently and to accurately convey what you have heard will determine your score.

Taking notes while listening to a conversation or lecture is allowed. These notes may be used as you prepare your response.

Listen carefully to the directions for each question. The directions will not appear on the screen.

You will have a limited amount of time to prepare a response for each question, as indicated by the clock on the screen. You will be instructed to begin your response once you have no preparation time remaining. Likewise, the amount of response time you have remaining will be shown by a clock on the screen. When you have run out of response time, a message will appear on the screen.

Universities can provide students with a more effective learning experience through co-teaching or team-teaching systems that assign more than one lecturer to each class. Do you agree or disagree with the following statement? Use specific examples and details to support your opinion.

Preparation Time   15 Seconds
Response Time   45 Seconds

PREPARATION TIME
00:00:15

Running Time: 45 Seconds

Online Course Evaluation

Effective immediately, all course evaluations will be filled out and submitted online through the State University Web site. The university has enacted this change in order to give students more time to consider their opinions on their respective courses and to complete the evaluation form. This in turn helps the university to cut down on unnecessary paper waste and reduce data processing time. Evaluation forms can be accessed and filled out on our Student Resources Portal linked at the foot of the page.

TOEFL VOLUME

Speaking | Question 2 of 4

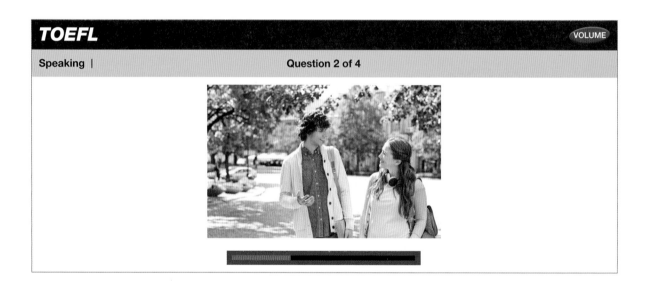

TOEFL VOLUME

Speaking | Question 2 of 4

The man expresses his opinion about the change announced on the Web site. Briefly summarize the change. Then state the man's opinion on the change and explain the reasons he gives for holding that opinion.

Preparation Time   30 Seconds
Response Time   60 Seconds

PREPARATION TIME
00:00:30

Running Time: 45 Seconds

Affiliate Marketing

Affiliate marketing is a process by which an affiliate earns a commission or perk for marketing another company's products. The process relies on the involvement of three parties: the merchant, the affiliate, and the customer. The affiliate simply promotes the merchant's products to potential customers and earns a piece of the profit each time a sale is made. Affiliate marketing is highly effective because it spreads the responsibilities of product marketing across multiple parties, allowing the merchant to take advantage of the abilities of various affiliates in order to create a more effective marketing strategy.

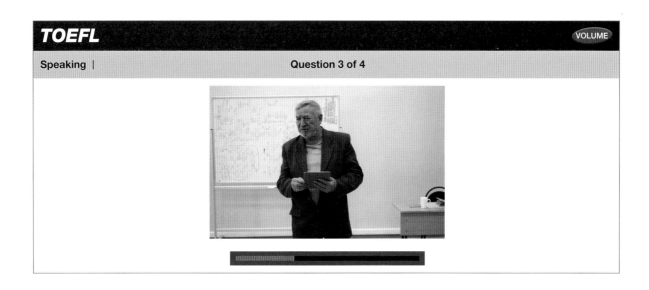

Using the example from the lecture, explain the concept of affiliate marketing.

Preparation Time   30 Seconds
Response Time   60 Seconds

PREPARATION TIME
00:00:30

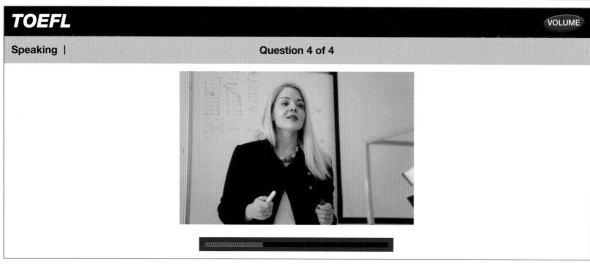

TOEFL VOLUME

Speaking | Question 4 of 4

Using the points and examples from the lecture, explain the two examples of kleptoparasitism described by the professor.

Preparation Time   20 Seconds
Response Time   60 Seconds

PREPARATION TIME
00:00:20

Writing Section Directions

This section measures your ability to use writing to communicate in an academic environment. There will be two writing tasks.

For the first writing task, you will read a passage and listen to a lecture and then answer a question based on what you have read and heard. For the second task, you will answer a question based on your own knowledge and experience.

Now listen to the directions for the first writing task.

Writing based on Reading and Listening

In this task, you will read a passage about an academic topic and you will listen to a lecture about the same topic. You may take notes while you read and listen.

Then you will write a response to a question that asks you about the relationship between the lecture you heard and the reading passage. Try to answer the question as completely as possible using information from the reading passage and the lecture. The question does not ask you to express your opinion. You may refer to the reading passage when you write. You may use your notes to help you answer the question.

Try to make a response that is somewhere between 150 to 225 words. Your response will be judged on the quality of your writing and on the completeness and accuracy of the content.

You should allow 3 minutes to read the passage. Then listen to the lecture. Then allow 20 minutes to plan and write your response.

It has long remained a mystery how the Rapanui people, the inhabitants of Easter Island, sourced enough drinking water to sustain thousands of people on the small, remote island in the middle of the southeastern Pacific Ocean. Easter Island, with its roughly 160 square kilometers of land, has few fresh water sources. However, by the time European colonists arrived there in the late 1700s, the indigenous people had established a thriving culture, which means they had reliable access to fresh water. There are generally three theories that describe how the Rapanui found their water.

One prominent theory is that the Rapanui constructed taheta and placed them strategically around the island. Taheta are cisterns carved from stone, and they are believed to have been used by early Rapanui to collect rainwater for drinking. Archaeologists have uncovered several taheta, particularly at regions of the island that receive the most precipitation throughout the year. So far, no other purpose for the taheta has been identified.

Another theory is that early Rapanui were able to source freshwater from natural water sources that were once present on the island. While many of these have since disappeared, it is theorized that the island may have been home to several freshwater lakes several centuries ago. It is believed that volcanic lakes were once common on the island and may have contained water suitable for consumption. Streams and rivers may also have once run from the volcanic peaks to the island shoreline.

Some historical accounts by European visitors describe the Rapanui's process of "skimming seawater" along the coastline and consuming it directly. Records from European merchant vessels depict the islanders scooping up water with their hands or cups and drinking it. However, when the water was offered to their European guests, the visitors were unable to drink it due to its saltiness. Therefore, it has been hypothesized that the Rapanui had evolved in such a way that their bodies had adapted to drinking water that carried a higher salt content than is normally considered safe for consumption.

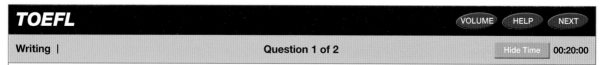

Directions: You have 20 minutes to plan and write your response. Your response will be judged on the basis of the quality of your writing and on how well your response presents the points in the lecture and their relationship to the reading passage. Typically, an effective response will be 150 to 225 words.

Question: Summarize the points made in the lecture, being sure to explain how they cast doubt on specific points made in the reading passage.

Cut   Paste   Undo   Redo   Word Count: 0

It has long remained a mystery how the Rapanui people, the inhabitants of Easter Island, sourced enough drinking water to sustain thousands of people on the small, remote island in the middle of the southeastern Pacific Ocean. Easter Island, with its roughly 160 square kilometers of land, has few fresh water sources. However, by the time European colonists arrived there in the late 1700s, the indigenous people had established a thriving culture, which means they had reliable access to fresh water. There are generally three theories that describe how the Rapanui found their water.

One prominent theory is that the Rapanui constructed taheta and placed them strategically around the island. Taheta are cisterns carved from stone, and they are believed to have been used by early Rapanui to collect rainwater for drinking. Archaeologists have uncovered several taheta, particularly at regions of the island that receive the most precipitation throughout the year. So far, no other purpose for the taheta has been identified.

Another theory is that early Rapanui were able to source freshwater from natural water sources that were once present on the island. While many of these have since disappeared, it is theorized that the island may have been home to several freshwater lakes several centuries ago. It is believed that volcanic lakes were once common on the island and may have contained water suitable for consumption. Streams and rivers may also have once run from the volcanic peaks to the island shoreline.

Some historical accounts by European visitors describe the Rapanui's process of "skimming seawater" along the coastline and consuming it directly. Records from European merchant vessels depict the islanders scooping up water with their hands or cups and drinking it. However, when the water was offered to their European guests, the visitors were unable to drink it due to its saltiness. Therefore, it has been hypothesized that the Rapanui had evolved in such a way that their bodies had adapted to drinking water that carried a higher salt content than is normally considered safe for consumption.

Writing for an Academic Discussion

For this task, you will read an online discussion. A professor has posted a question about a topic, and some classmates have responded with their ideas.

Write a response that contributes to the discussion. You will have 10 minutes to write your response. It is important to use your own words in the response. Including memorized reasons or examples will result in a lower score.

Your professor is teaching a class on political science. Write a post responding to the professor's question. In your response you should:
- express and support your opinion
- make a contribution to the discussion

An effective response will contain at least 100 words. You have 10 minutes to write it.

Dr. Smith

Governments create public policies to address the various issues that affect its population. However, because of limitations on resources, governments need to decide on which issues to give higher priority in funding. Before the next class, I would like you to write about this question on the class discussion board:

If you had to choose between prioritizing education or protecting the environment, which would you choose? Why?

Susan

We only have one planet to live on, so it is important that we look after it. There are many issues about the environment that we have to be invested in, such as recycling, planting more trees, and reducing pollution. I think that the government should focus on these major issues.

Jason

I disagree with Susan. I think education is more important because the environment is protected by educated people. They know that their actions can affect their surroundings and act more responsibly. In addition, they can use their knowledge in science and technology to fix environmental issues. Thus, it is better for the government to prioritize education.

Cut | Paste | Undo | Redo   Word Count: 0

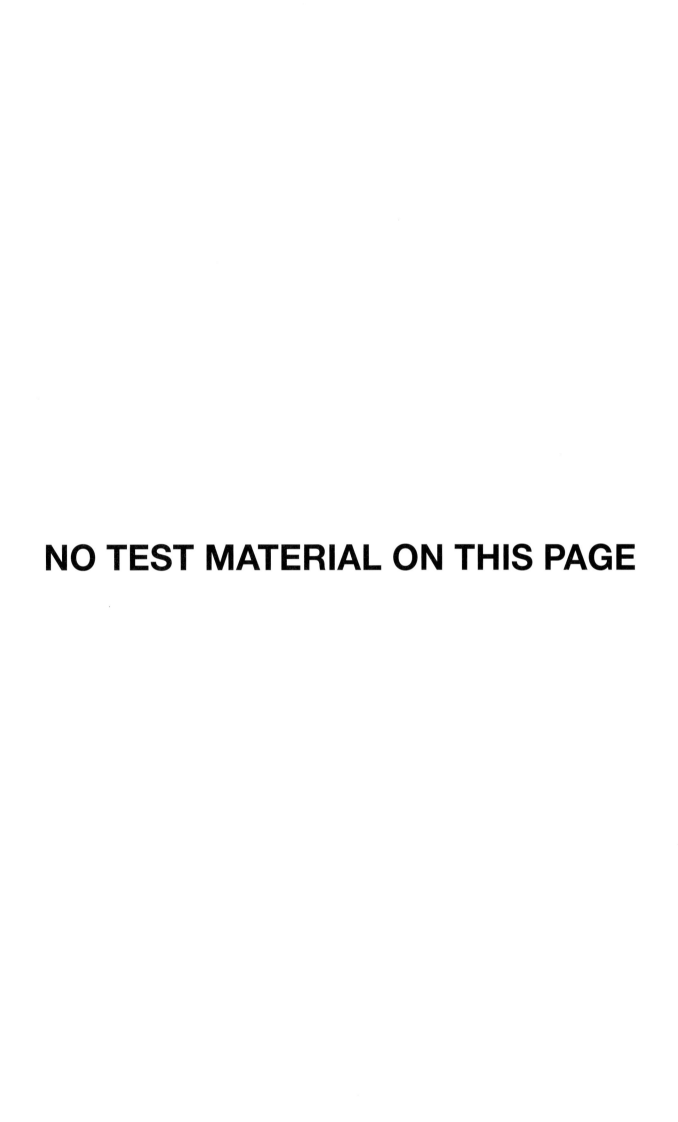

NO TEST MATERIAL ON THIS PAGE

토플 개정 도서&인강 업데이트 완료
사자마자 50%, 최대 300% 환급까지!

토플
긴급 개정
완료

300%
시원스쿨 토플 환급반

SIWONSCHOOL LAB

• benefit01 •

50%
출석 NO 성적 NO
사자마자 현금 환급

*환급조건 : 성적표 제출 및 후기 작성 등
제세공과금&교재비 제외, 유의사항 참고

• benefit02 •

300%
미션 성공하면
최대 300% 현금 환급

*제세공과금 부담. 교재비 제외,
미션 유의사항 참고, 구매상품에 따라 다름

• benefit03 •

교재 7권
레벨 맞춤 교재
최대 7권 포함

*구매 상품에 따라 다름

목표 달성 후기가 증명합니다

고민하지 말고 지금 시작하세요!

류형진 선생님 강의
듣고 110점 맞았습니다!

수강생 강*희

특히 **라이팅 부분은 많은 주제를 써보는 것이** 유리합니다. 이번
시험에 황당한 주제를 받아서 당황했지만 선생님께서 알려주신
브레인스토밍 기법으로 어느 방향으로 쓰는 것이 쉬운지 먼저
파악했고 다른 주제들에서 사용했던 아이디어들을 잘 응용해서
다행히 잘 썼습니다.
나름 명문대를 다니고 있지만 주변 친구들 중 100점 넘는 친구를
거의 못 봤습니다. 이번에 단기간에 목표 점수를 잘 받아서 내년에
괜찮은 영어권 대학으로 교환학생을 갈 수 있게 됐습니다.

Listening Lecture 6개 중
4개 틀리던 제게 희망을!

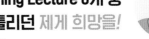

수강생 정*연

영어를 5분 이상 듣는 것조차 너무 스트레스였고, 리스닝은
한 번에 늘지 않는다는 것에 절망했습니다. 하지만, 레이첼 쌤과
함께 수업을 하고 정답률이 많이 높아졌습니다.

리스닝을 구조화해서 노트테이킹 하는법을 배웠고, 이는 내가
100% 이해하지 않아도 "이부분에서 이러한 이야기가 나왔으니
이게 정답이겠다"라는 생각으로 문제를 풀 수 있었습니다.
덕분에 2주만에 리스닝 6점이 올랐습니다.

시험 직전 최종 점검 실전 모의고사

**SIWONSCHOOL
TOEFL Actual Tests**

개정 1쇄 발행 2023년 8월 1일
개정 2쇄 발행 2023년 12월 1일

지은이 시원스쿨어학연구소
펴낸곳 (주)에스제이더블유인터내셔널
펴낸이 양홍걸 이시원

홈페이지 www.siwonschool.com
주소 서울시 영등포구 국회대로74길 12 시원스쿨
교재 구입 문의 02)2014-8151
고객센터 02)6409-0878

ISBN 979-11-6150-716-3 13740
Number 1-110505-18180400-09

시원스쿨 TOEFL

TOEFL

Test of English as a Foreign Language

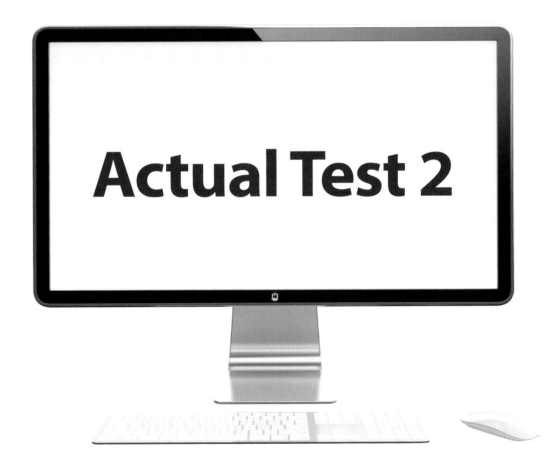

Actual Test 2

시원스쿨 LAB

Reading Section Directions

The Reading section measures your ability to understand academic passages in English. A clock at the top of the screen will show you how much time is remaining.

Most questions are worth 1 point, but the last question for each passage is worth more than 1 point. The directions for the last question indicate how many points you may receive.

Some passages include a word or phrase that is <u>underlined</u> in blue. To see a definition or an explanation, click on the word or phrase.

You may skip a question and return to it later, provided there is time remaining. To move on to the next question, click **NEXT**. To return to a question, click **BACK**.

Click **REVIEW** to access the review screen. The screen will show which questions have been answered and which have not been answered. You may go directly to any previous question from the review screen.

Click **CONTINUE** to proceed.

Fossils

Fossils are the preserved remains or traces of organisms from a past geological age. Mostly thought of as massive dinosaur bones, fossils also include footprints and other impressions or the microscopic stone imprints of ancient microbes. There are many processes that lead to fossilization. The most common is permineralization, which occurs when an organism is buried beneath sediments after death. After the soft tissue is consumed or decomposes, only the hard material—such as shell or bone—remains. The pores and cavities along the organic tissue is then filled by minerals via groundwater. These mineral deposits accumulate and create a permanent internal cast of the organism. Ocean-dwelling organisms were more frequently fossilized in this manner as the remains settled on the seabed, where the constant fall of marine sediments buried them.

Not only do fossils provide fascinating insight into ancient life, but they also help construct the geological timescale. Initially, geologists had hoped that cataloging strata, or layers of rock, in outcrops would provide an accurate picture of the Earth's geologic history. But as more outcrops were studied and more layers compared, it became apparent that the type of rock in presumably correlating strata did not match from region to region. Attempting to match strata across separate regions could not denote past ages throughout the world. Even if the types of rock in the strata across regions were identical, conclusive findings were still difficult to make. Unlike organic material, which decays over time, rocks remain the same. Quartz, for example, is atomically identical whether it formed during the Pleistocene or during the Cambrian.

While absolute dating techniques would not be developed until the 20th century, careful observations of fossils culminated in the establishment of a system for relative dating. The 19th century British geologist and naturalist William Smith, the "Father of Geology," made this conclusion through his extensive work with strata and fossils. Smith worked as a surveyor across England and used his travels to create the first geological map of England. Like his peers, he realized the shortcomings of using strata to establish the geologic timescale, but the fossils he gathered from across the country told a different story. While different strata could be indistinguishable, fossils were always easy to identify, and while the type of rock in a certain stratum might be different, the fossils located in them were consistent. Some fossils appeared through several millennia of strata, and some only persisted across a few. Smith concluded that specific fossils were always found in certain strata, no matter the regional location, and this finding allowed him to both establish a geological timescale and ascertain the relative ages of fossils.

Figuring out the geological significance of a fossil depends on its context, which can be defined through the law of superposition and the principle of faunal succession. The law of superposition states simply that, given layers of rock, the strata at the bottom is the oldest. Likewise, the principle of faunal succession makes a similar claim: fossils discovered in strata succeed each other vertically. As Smith discovered, fossils could do what rock could not since the fossil record aligns over great horizontal distances as well. For instance, trilobites, an ancient arthropod, serve as a useful index fossil, or a fossil that clearly indicates the geological age of the stratum in which it is found. Trilobites first appeared in the Cambrian Period, 550 million years ago, and their diversity and abundance grew throughout the period. If a trilobite fossil is discovered, whether in Africa or the Americas, then the rock it was found in must be Cambrian. The identification of its species can pinpoint the fossil and stratum even more specifically on the geological timeline.

Constructing the fossil record, even if incomplete, helped to establish a relative temporal sequence that remains accurate, even in light of more precise methods of dating that have emerged. Just as a trilobite would never be found in a Jurassic stratum, a dinosaur bone would never be found in a Cambrian. The fossils of mammals, which evolved rather recently on the geological timescale, indicate younger rock strata, as they first appeared in the Triassic Period. By using the fossil record and a basic understanding of rock strata, geologists were able to piece together the Earth's geological history.

Glossary
outcrop: a rock formation that is visible on the surface

Fossils

Fossils are the preserved remains or traces of organisms from a past geological age. Mostly thought of as massive dinosaur bones, fossils also include footprints and other impressions or the microscopic stone imprints of ancient microbes. There are many processes that lead to fossilization. The most common is permineralization, which occurs when an organism is buried beneath sediments after death. After the soft tissue is consumed or decomposes, only the hard material—such as shell or bone—remains. The pores and cavities along the organic tissue is then filled by minerals via groundwater. These mineral deposits accumulate and create a permanent internal cast of the organism. Ocean-dwelling organisms were more frequently fossilized in this manner as the remains settled on the seabed, where the constant fall of marine sediments buried them.

According to paragraph 1, which of the following is NOT true about permineralization?

- (A) It is the method in which most fossils are formed.
- (B) It occurs when minerals fill hollow spaces in organic remains.
- (C) It can preserve both soft and hard organic material.
- (D) It requires that organic remains be covered by sediments.

Fossils

Fossils are the preserved remains or traces of organisms from a past geological age. Mostly thought of as massive dinosaur bones, fossils also include footprints and other impressions or the microscopic stone imprints of ancient microbes. There are many processes that lead to fossilization. The most common is permineralization, which occurs when an organism is buried beneath sediments after death. After the soft tissue is consumed or decomposes, only the hard material—such as shell or bone—remains. The pores and cavities along the organic tissue is then filled by minerals via groundwater. These mineral deposits accumulate and create a permanent internal cast of the organism. Ocean-dwelling organisms were more frequently fossilized in this manner as the remains settled on the seabed, where the constant fall of marine sediments buried them.

Which of the following can be inferred from paragraph 1?

- (A) Fossils created through permineralization are more durable than other fossils.
- (B) Fossils of land creatures are less common than those of sea creatures.
- (C) Fossils are incapable of preserving the fine details of shells and bones.
- (D) Fossils of dinosaur bones are more valuable than fossils of impressions.

Not only do fossils provide fascinating insight into ancient life, but they also help construct the geological timescale. Initially, geologists had hoped that cataloging strata, or layers of rock, in outcrops would provide an accurate picture of the Earth's geologic history. But as more outcrops were studied and more layers compared, it became apparent that the type of rock in presumably correlating strata did not match from region to region. Attempting to match strata across separate regions could not denote past ages throughout the world. Even if the types of rock in the strata across regions were identical, conclusive findings were still difficult to make. Unlike organic material, which decays over time, rocks remain the same. Quartz, for example, is atomically identical whether it formed during the Pleistocene or during the Cambrian.

The word "insight" in the passage is closest in meaning to

- A understanding
- B imagination
- C perspective
- D evidence

Not only do fossils provide fascinating insight into ancient life, but they also help construct the geological timescale. Initially, geologists had hoped that cataloging strata, or layers of rock, in outcrops would provide an accurate picture of the Earth's geologic history. But as more outcrops were studied and more layers compared, it became apparent that the type of rock in presumably correlating strata did not match from region to region. Attempting to match strata across separate regions could not denote past ages throughout the world. Even if the types of rock in the strata across regions were identical, conclusive findings were still difficult to make. Unlike organic material, which decays over time, rocks remain the same. Quartz, for example, is atomically identical whether it formed during the Pleistocene or during the Cambrian.

According to paragraph 2, information from rock strata could not be used to establish a geological timeline because

- A identical layers of rock strata were far apart.
- B the organic material in rock decayed too quickly.
- C not enough data could be gathered from outcrops.
- D the sequences of rock varied in different areas.

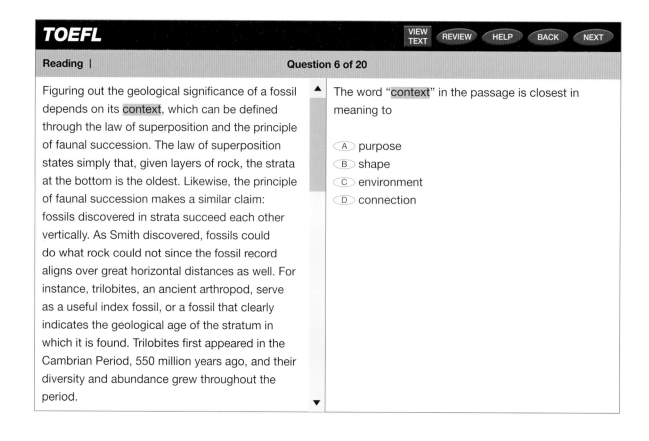

While absolute dating techniques would not be developed until the 20th century, careful observations of fossils culminated in the establishment of a system for relative dating. The 19th century British geologist and naturalist William Smith, the "Father of Geology," made this conclusion through his extensive work with strata and fossils. Smith worked as a surveyor across England and used his travels to create the first geological map of England. Like his peers, he realized the shortcomings of using strata to establish the geologic timescale, but the fossils he gathered from across the country told a different story. While different strata could be indistinguishable, fossils were always easy to identify, and while the type of rock in a certain stratum might be different, the fossils located in them were consistent. Some fossils appeared through several millennia of strata, and some only persisted across a few. Smith concluded that specific fossils were always found in certain strata, no matter the regional location, and this finding allowed him to both establish a geological timescale and ascertain the relative ages of fossils.

According to paragraph 3, which of the following is true about William Smith?

- Ⓐ He proved that rock strata could not accurately record geological periods.
- Ⓑ His findings were based on fossils he collected across Europe.
- Ⓒ He recognized that the dispersal of fossils in strata was consistent.
- Ⓓ His work contributed to the creation of geological maps of England.

Figuring out the geological significance of a fossil depends on its context, which can be defined through the law of superposition and the principle of faunal succession. The law of superposition states simply that, given layers of rock, the strata at the bottom is the oldest. Likewise, the principle of faunal succession makes a similar claim: fossils discovered in strata succeed each other vertically. As Smith discovered, fossils could do what rock could not since the fossil record aligns over great horizontal distances as well. For instance, trilobites, an ancient arthropod, serve as a useful index fossil, or a fossil that clearly indicates the geological age of the stratum in which it is found. Trilobites first appeared in the Cambrian Period, 550 million years ago, and their diversity and abundance grew throughout the period.

The word "context" in the passage is closest in meaning to

- Ⓐ purpose
- Ⓑ shape
- Ⓒ environment
- Ⓓ connection

Figuring out the geological significance of a fossil depends on its context, which can be defined through the law of superposition and the principle of faunal succession. The law of superposition states simply that, given layers of rock, the strata at the bottom is the oldest. Likewise, the principle of faunal succession makes a similar claim: fossils discovered in strata succeed each other vertically. As Smith discovered, fossils could do what rock could not since the fossil record aligns over great horizontal distances as well. For instance, trilobites, an ancient arthropod, serve as a useful index fossil, or a fossil that clearly indicates the geological age of the stratum in which it is found. Trilobites first appeared in the Cambrian Period, 550 million years ago, and their diversity and abundance grew throughout the period. If a trilobite fossil is discovered, whether in Africa or the Americas, then the rock it was found in must be Cambrian. The identification of its species can pinpoint the fossil and stratum even more specifically on the geological timeline.

Which of the sentences below best expresses the essential information in the highlighted sentence in the passage? Incorrect answer choices change the meaning in important ways or leave out essential information.

As Smith discovered, fossils could do what rock could not since the fossil record aligns over great horizontal distances as well.

- (A) While rock does not remain consistent across different regions, different fossils can be found in the same area.
- (B) The dispersal of fossils in rock line up with each other no matter where they are found, just as Smith concluded.
- (C) One of Smith's contributions was the relationship between the age of a rock and the fossils found within it.
- (D) Smith succeeded in matching distinct layers of rock with layers of fossils over vast tracts of land.

Constructing the fossil record, even if incomplete, helped to establish a relative temporal sequence that remains accurate, even in light of more precise methods of dating that have emerged. Just as a trilobite would never be found in a Jurassic stratum, a dinosaur bone would never be found in a Cambrian. The fossils of mammals, which evolved rather recently on the geological timescale, indicate younger rock strata, as they first appeared in the Triassic Period. By using the fossil record and a basic understanding of rock strata, geologists were able to piece together the Earth's geological history.

What is the author's purpose in paragraph 5 of the passage?

- (A) To illustrate how fossil record dating works
- (B) To define a specific quality of trilobite fossils
- (C) To compare different methods of relative dating
- (D) To criticize the accuracy of a dating method

While absolute dating techniques would not be developed until the 20th century, careful observations of fossils culminated in the establishment of a system for relative dating. The 19th century British geologist and naturalist William Smith, the "Father of Geology," made this conclusion through his extensive work with strata and fossils. Smith worked as a surveyor across England and used his travels to create the first geological map of England. Like his peers, he realized the shortcomings of using strata to establish the geologic timescale, but the fossils he gathered from across the country told a different story. ■ While different strata could be indistinguishable, fossils were always easy to identify, and while the type of rock in a certain stratum might be different, the fossils located in them were consistent. ■ Some fossils appeared through several millennia of strata, and some only persisted across a few. ■ Smith concluded that specific fossils were always found in certain strata, no matter the regional location, and this finding allowed him to both establish a geological timescale and ascertain the relative ages of fossils. ■

Look at the four squares [■] that indicate where the following sentence could be added to the passage.

Others had their entire existence encased in one layer.

Where would the sentence best fit? Click on a square [■] to add the sentence to the passage.

Directions: An introductory sentence for a brief summary of the passage is provided below. Complete the summary by selecting the THREE answer choices that express the most important ideas in the passage. Some answer choices do not belong in the summary because they express ideas that are not presented in the passage or are minor ideas in the passage. **This question is worth 2 points.**

Drag your answer choices to the space where they belong. To remove an answer choice, click on it. To review the passage, click on **VIEW TEXT**.

Fossils are the preserved remains of ancient organisms that provide key information about the Earth's geological history.

- •
- •
- •

Answer Choices

A) Fossils form through permineralization, a process that creates a cast of organic material from minerals that persists for ages in the ground.

B) William Smith realized that the distribution of fossils throughout rock layers remained consistent, even if the type of rock did not.

C) By using the law of superposition, geologists were able to show that the oldest rocks appear at the bottom of the strata.

D) Methods of relative dating originally depended on comparing the type of rock found in outcrops in different regions.

E) The relative age of both fossils and strata in which they are found can be established by locating the specimen on the fossil record.

F) Radiocarbon dating is used to find exact ages, but the process is limited since it requires organic material.

Early Cinema

Cinema did not become the dominant form of media until the development of projection technology toward the end of the 19th century. Prior to this, cinema existed in its "peepshow" format, in which a film could only be viewed through a small hole in a machine by one person at a time. The Kinetoscope, a peepshow device developed by American inventor Thomas Edison, was first popularized in 1894. These viewing devices appeared in parlors, where five different machines showing five different films were set up. For 25 cents, customers could rotate around the parlor and watch a film on each machine. These short films, which were usually less than three minutes in length, varied in genre and content. For instance, the rounds of famous prizefights could be viewed sequentially in a series of Kinetoscopes.

Kinetoscope parlors followed the strategy already established by Edison's phonograph parlors, which had been a lucrative business for the inventor for years. Phonograph parlors were arranged in much the same way: customers moved from machine to machine listening to recorded speeches or pieces of music through individual ear tubes. This model was simply transferred to Kinetoscope parlors, and it also proved successful as they sprung up around the United States. However, it also hindered Edison's development of the technology. His priority was financial: Edison wanted to sell his machines to parlors, and each one sold for about $1,000. He reasoned that if he developed projection technology and began to sell projectors, exhibitors would then only need to buy one machine from him instead of several.

Nonetheless, the evolution of cinema technology was inevitable, especially considering its inherent business opportunities. By projecting a variety of films to perhaps hundreds of customers simultaneously for a higher admission fee, exhibitors could more readily maximize their profits. Recognizing how to build upon the success of Kinetoscope parlors, other pioneers of cinema created their own projection devices. With the Kinetoscope business quickly becoming obsolete, Edison acquired the projector developed by a competitor and introduced it as the Vitascope. Exhibitors capitalized on the new technology and began showing films in vaudeville theaters, town halls, and fairgrounds around the country, entertaining—and profiting from—mass audiences.

With the move to projection at the end of the 19th century, motion pictures quickly became the foremost medium of mass consumption. Movies both simplified and streamlined prior popular entertainment venues. Previously, large audiences attended theaters that featured a variety of different live shows. These ranged from vaudeville performances to staged dramas and musicals. Hundreds of people could view these spectacles together, but they had to be arranged and conducted by a master of ceremonies. Movies, in contrast, did not depend on live performances. They were their own experience, ready for consumption without the active involvement of an organizer or showman.

The ready-made nature of movies—mass produced and pre-recorded—also reduced the amount of creative control exhibitors had over their shows. Early exhibitors tried to replicate the former model of theatrical entertainment by showing films in programs alongside live performances and other attractions. Films were accompanied by lectures or musical acts. However, the creative control of the exhibitors remained limited. Furthermore, audiences, at least initially, were drawn to the technological marvels of the films. The most popular films were referred to as actualities and captured everyday occurrences: a train arriving at the station, ocean waves washing up on shore, or even pedestrians walking down the street.

With the shift to projection, the viewer's experience with cinema was no longer private, as it had been with the peepshow machines, but became public as it was shared with dozens or hundreds of viewers in the same theater. Film was also "larger than life" for the first time, further altering the viewer's experience. The projected image grew from one to two inches—as it would have been seen on a peepshow device—to six to nine feet. Stories emerged of panicked audiences fleeing from the footage of an approaching train, unaware that the action ended at the edge of the frame.

Early Cinema

Cinema did not become the dominant form of media until the development of projection technology toward the end of the 19th century. Prior to this, cinema existed in its "peepshow" format, in which a film could only be viewed through a small hole in a machine by one person at a time. The Kinetoscope, a peepshow device developed by American inventor Thomas Edison, was first popularized in 1894. These viewing devices appeared in parlors, where five different machines showing five different films were set up. For 25 cents, customers could rotate around the parlor and watch a film on each machine. These short films, which were usually less than three minutes in length, varied in genre and content. For instance, the rounds of famous prizefights could be viewed sequentially in a series of Kinetoscopes.

According to paragraph 1, all of the following were true of viewing films in Kinetoscope parlors EXCEPT:

Ⓐ Films were viewed by one individual at a time.
Ⓑ Customers viewed several films with a single admission.
Ⓒ Athletic events were the most popular film subject.
Ⓓ The films were brief and featured a variety of topics.

Kinetoscope parlors followed the strategy already established by Edison's phonograph parlors, which had been a lucrative business for the inventor for years. Phonograph parlors were arranged in much the same way: customers moved from machine to machine listening to recorded speeches or pieces of music through individual ear tubes. This model was simply transferred to Kinetoscope parlors, and it also proved successful as they sprung up around the United States. However, it also hindered Edison's development of the technology. His priority was financial: Edison wanted to sell his machines to parlors, and each one sold for about $1,000. He reasoned that if he developed projection technology and began to sell projectors, exhibitors would then only need to buy one machine from him instead of several.

The author discusses "phonograph parlors" in paragraph 2 in order to

Ⓐ explain Edison's background in entertainment.
Ⓑ describe the original model for Kinetoscope parlors.
Ⓒ contrast their success to that of Kinetoscope parlors.
Ⓓ highlight the 19th century's rapid advances in technology.

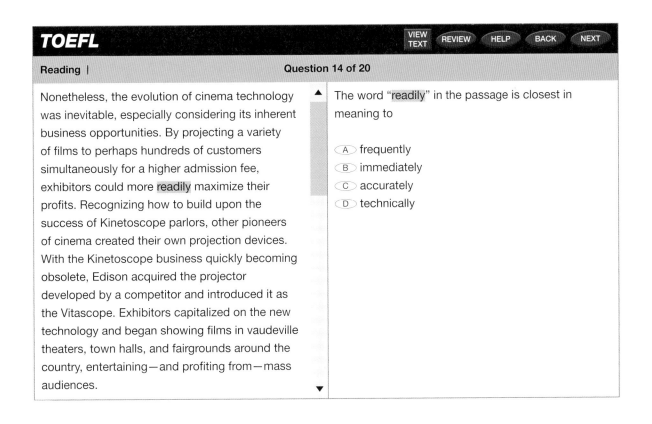

Kinetoscope parlors followed the strategy already established by Edison's phonograph parlors, which had been a lucrative business for the inventor for years. Phonograph parlors were arranged in much the same way: customers moved from machine to machine listening to recorded speeches or pieces of music through individual ear tubes. This model was simply transferred to Kinetoscope parlors, and it also proved successful as they sprung up around the United States. However, it also hindered Edison's development of the technology. His priority was financial: Edison wanted to sell his machines to parlors, and each one sold for about $1,000. He reasoned that if he developed projection technology and began to sell projectors, exhibitors would then only need to buy one machine from him instead of several.

The word "hindered" in the passage is closest in meaning to

A slowed
B inspired
C benefitted
D planned

Nonetheless, the evolution of cinema technology was inevitable, especially considering its inherent business opportunities. By projecting a variety of films to perhaps hundreds of customers simultaneously for a higher admission fee, exhibitors could more readily maximize their profits. Recognizing how to build upon the success of Kinetoscope parlors, other pioneers of cinema created their own projection devices. With the Kinetoscope business quickly becoming obsolete, Edison acquired the projector developed by a competitor and introduced it as the Vitascope. Exhibitors capitalized on the new technology and began showing films in vaudeville theaters, town halls, and fairgrounds around the country, entertaining—and profiting from—mass audiences.

The word "readily" in the passage is closest in meaning to

A frequently
B immediately
C accurately
D technically

With the move to projection at the end of the 19th century, motion pictures quickly became the foremost medium of mass consumption. Movies both simplified and streamlined prior popular entertainment venues. Previously, large audiences attended theaters that featured a variety of different live shows. These ranged from vaudeville performances to staged dramas and musicals. Hundreds of people could view these spectacles together, but they had to be arranged and conducted by a master of ceremonies. Movies, in contrast, did not depend on live performances. They were their own experience, ready for consumption without the active involvement of an organizer or showman.

According to paragraph 4, how did early movies differ from previous forms of entertainment for large audiences?

- A They charged a steeper admission fee.
- B They could host larger audiences.
- C They could be transported from venue to venue.
- D They did not need to feature live entertainers.

The ready-made nature of movies—mass produced and pre-recorded—also reduced the amount of creative control exhibitors had over their shows. Early exhibitors tried to replicate the former model of theatrical entertainment by showing films in programs alongside live performances and other attractions. Films were accompanied by lectures or musical acts. However, the creative control of the exhibitors remained limited. Furthermore, audiences, at least initially, were drawn to the technological marvels of the films. The most popular films were referred to as actualities and captured everyday occurrences: a train arriving at the station, ocean waves washing up on shore, or even pedestrians walking down the street.

According to paragraph 5, what role did early exhibitors have in the presentation of movies?

- A They added various components to the film program.
- B They requested certain types of films from directors.
- C They arranged musical accompaniments to the film.
- D They lectured the audience about the film's content.

The ready-made nature of movies—mass produced and pre-recorded—also reduced the amount of creative control exhibitors had over their shows. Early exhibitors tried to replicate the former model of theatrical entertainment by showing films in programs alongside live performances and other attractions. Films were accompanied by lectures or musical acts. However, the creative control of the exhibitors remained limited. Furthermore, audiences, at least initially, were drawn to the technological marvels of the films. The most popular films were referred to as actualities and captured everyday occurrences: a train arriving at the station, ocean waves washing up on shore, or even pedestrians walking down the street.

In paragraph 5, what can be inferred about early films?

- (A) They were not widely distributed.
- (B) They were not primarily narrative.
- (C) They were not professionally made.
- (D) They were not accompanied by music.

With the shift to projection, the viewer's experience with cinema was no longer private, as it had been with the peepshow machines, but became public as it was shared with dozens or hundreds of viewers in the same theater. Film was also "larger than life" for the first time, further altering the viewer's experience. The projected image grew from one to two inches—as it would have been seen on a peepshow device—to six to nine feet. Stories emerged of panicked audiences fleeing from the footage of an approaching train, unaware that the action ended at the edge of the frame.

Which of the sentences below best expresses the essential information in the highlighted sentence in the passage? Incorrect answer choices change the meaning in important ways or leave out essential information.

With the shift to projection, the viewer's experience with cinema was no longer private, as it had been with the peepshow machines, but became public as it was shared with dozens or hundreds of viewers in the same theater.

- (A) Viewers were initially uncomfortable watching films in theaters with other people as they were used to doing it by themselves on peepshow machines.
- (B) The act of watching cinema changed from being an independent experience on peepshow devices to a communal one with projected films.
- (C) Kinetoscope parlors were still preferred by viewers who enjoyed watching cinema alone rather than with other people.
- (D) The experience of viewing movies was diminished as hundreds of people had to share crowded theaters.

The ready-made nature of movies—mass produced and pre-recorded—also reduced the amount of creative control exhibitors had over their shows. ■ Early exhibitors tried to replicate the former model of theatrical entertainment by showing films in programs alongside live performances and other attractions. Films were accompanied by lectures or musical acts. ■ However, the creative control of the exhibitors remained limited. Furthermore, audiences, at least initially, were drawn to the technological marvels of the films. ■ The most popular films were referred to as actualities and captured everyday occurrences: a train arriving at the station, ocean waves washing up on shore, or even pedestrians walking down the street. ■

Look at the four squares [■] that indicate where the following sentence could be added to the passage.

They were amazed by seeing the mundane projected on screen.

Where would the sentence best fit? Click on a square [■] to add the sentence to the passage.

Directions: An introductory sentence for a brief summary of the passage is provided below. Complete the summary by selecting the THREE answer choices that express the most important ideas in the passage. Some answer choices do not belong in the summary because they express ideas that are not presented in the passage or are minor ideas in the passage. **This question is worth 2 points.**

Drag your answer choices to the space where they belong. To remove an answer choice, click on it. To review the passage, click on **VIEW TEXT**.

The technology for modern cinema evolved in the final years of the nineteenth century.

- •
- •
- •

Answer Choices

A Previous entertainment relied on live acts such as musical performances, dramas, and lectures.

B Cinema became the main form of mass consumption once films could be projected.

C Phonograph parlors served as the model for Edison's Kinetoscope parlors.

D Early cinema only permitted viewers to use special machines to view films by themselves.

E Thomas Edison's financial priorities prevented the development of projector technology.

F The development of projection technology allowed exhibitors to display films to large crowds.

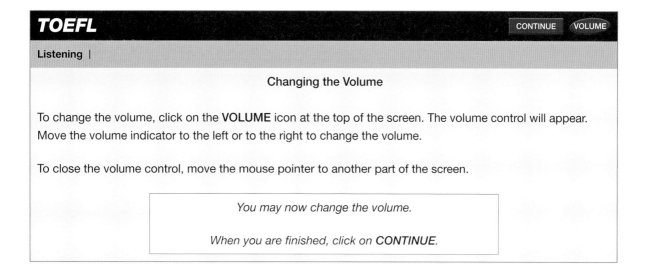

TOEFL

Listening |

Changing the Volume

To change the volume, click on the **VOLUME** icon at the top of the screen. The volume control will appear. Move the volume indicator to the left or to the right to change the volume.

To close the volume control, move the mouse pointer to another part of the screen.

You may now change the volume.

*When you are finished, click on **CONTINUE**.*

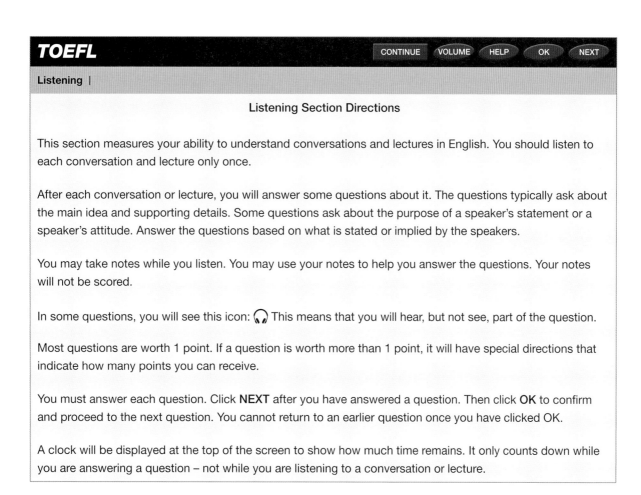

TOEFL

Listening |

Listening Section Directions

This section measures your ability to understand conversations and lectures in English. You should listen to each conversation and lecture only once.

After each conversation or lecture, you will answer some questions about it. The questions typically ask about the main idea and supporting details. Some questions ask about the purpose of a speaker's statement or a speaker's attitude. Answer the questions based on what is stated or implied by the speakers.

You may take notes while you listen. You may use your notes to help you answer the questions. Your notes will not be scored.

In some questions, you will see this icon: 🎧 This means that you will hear, but not see, part of the question.

Most questions are worth 1 point. If a question is worth more than 1 point, it will have special directions that indicate how many points you can receive.

You must answer each question. Click **NEXT** after you have answered a question. Then click **OK** to confirm and proceed to the next question. You cannot return to an earlier question once you have clicked OK.

A clock will be displayed at the top of the screen to show how much time remains. It only counts down while you are answering a question – not while you are listening to a conversation or lecture.

Why does the student go to the dining facility?

- (A) To make a dinner reservation for a soccer team
- (B) To improve his Chinese language skills
- (C) To apply for a wait staff position
- (D) To fulfill a requirement for a French course

According to the interviewer, why is this dining facility an ideal venue for the language tables?

- (A) It is located in close proximity to universities and colleges.
- (B) It welcomes guests of a wide range of nationalities.
- (C) It can allocate different rooms for different languages.
- (D) It hosts several linguistics classes and seminars.

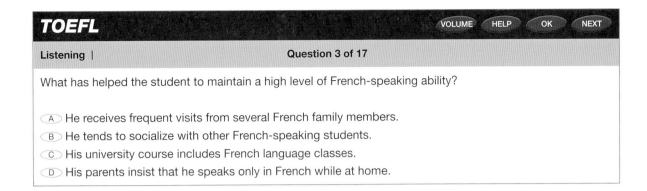

What has helped the student to maintain a high level of French-speaking ability?

(A) He receives frequent visits from several French family members.
(B) He tends to socialize with other French-speaking students.
(C) His university course includes French language classes.
(D) His parents insist that he speaks only in French while at home.

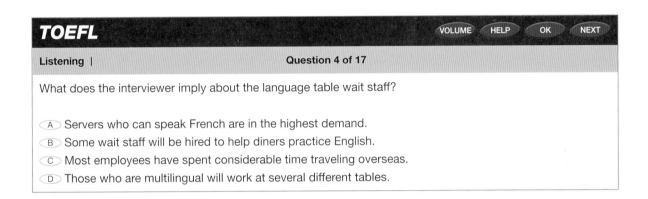

What does the interviewer imply about the language table wait staff?

(A) Servers who can speak French are in the highest demand.
(B) Some wait staff will be hired to help diners practice English.
(C) Most employees have spent considerable time traveling overseas.
(D) Those who are multilingual will work at several different tables.

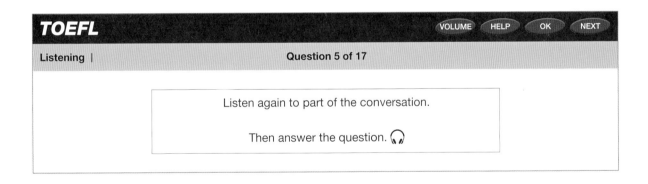

Listen again to part of the conversation.

Then answer the question. 🎧

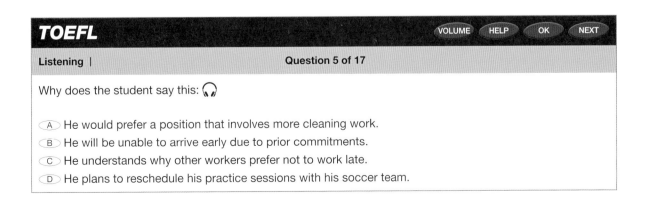

Why does the student say this: 🎧

(A) He would prefer a position that involves more cleaning work.
(B) He will be unable to arrive early due to prior commitments.
(C) He understands why other workers prefer not to work late.
(D) He plans to reschedule his practice sessions with his soccer team.

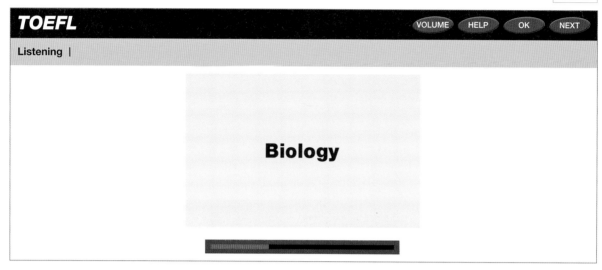

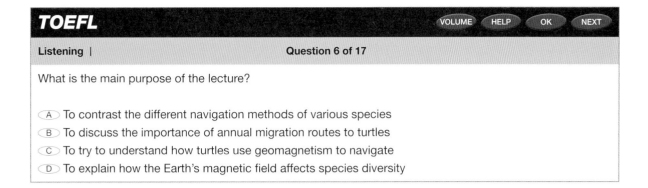

What is the main purpose of the lecture?

- (A) To contrast the different navigation methods of various species
- (B) To discuss the importance of annual migration routes to turtles
- (C) To try to understand how turtles use geomagnetism to navigate
- (D) To explain how the Earth's magnetic field affects species diversity

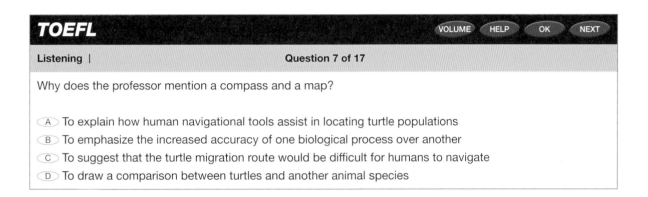

Why does the professor mention a compass and a map?

- (A) To explain how human navigational tools assist in locating turtle populations
- (B) To emphasize the increased accuracy of one biological process over another
- (C) To suggest that the turtle migration route would be difficult for humans to navigate
- (D) To draw a comparison between turtles and another animal species

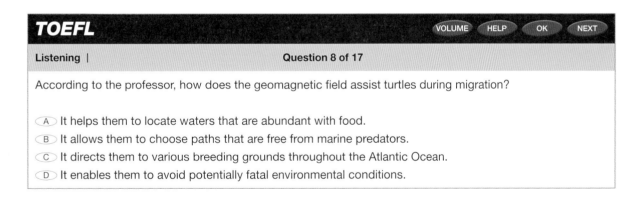

According to the professor, how does the geomagnetic field assist turtles during migration?

- (A) It helps them to locate waters that are abundant with food.
- (B) It allows them to choose paths that are free from marine predators.
- (C) It directs them to various breeding grounds throughout the Atlantic Ocean.
- (D) It enables them to avoid potentially fatal environmental conditions.

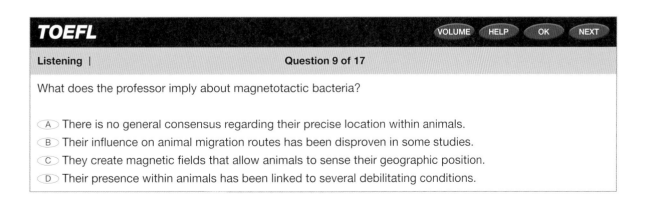

What does the professor imply about magnetotactic bacteria?

- (A) There is no general consensus regarding their precise location within animals.
- (B) Their influence on animal migration routes has been disproven in some studies.
- (C) They create magnetic fields that allow animals to sense their geographic position.
- (D) Their presence within animals has been linked to several debilitating conditions.

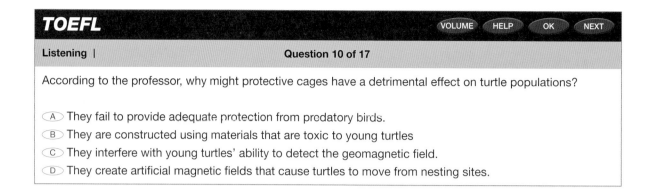

According to the professor, why might protective cages have a detrimental effect on turtle populations?

(A) They fail to provide adequate protection from predatory birds.

(B) They are constructed using materials that are toxic to young turtles

(C) They interfere with young turtles' ability to detect the geomagnetic field.

(D) They create artificial magnetic fields that cause turtles to move from nesting sites.

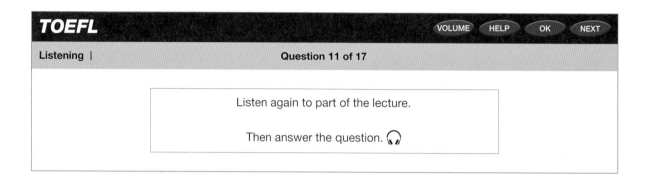

Listen again to part of the lecture.

Then answer the question. 🎧

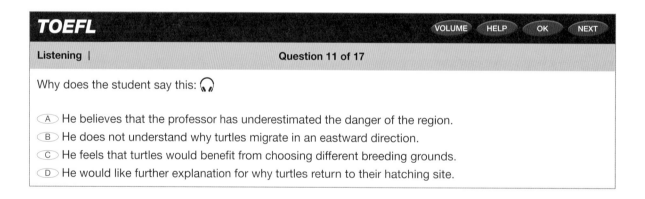

Why does the student say this: 🎧

(A) He believes that the professor has underestimated the danger of the region.

(B) He does not understand why turtles migrate in an eastward direction.

(C) He feels that turtles would benefit from choosing different breeding grounds.

(D) He would like further explanation for why turtles return to their hatching site.

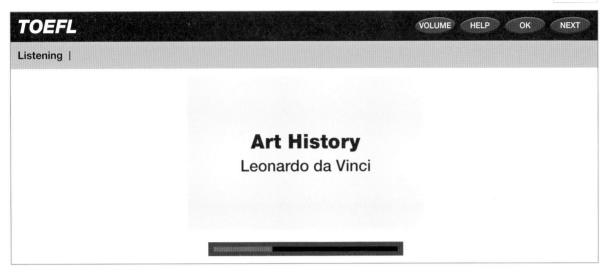

Art History
Leonardo da Vinci

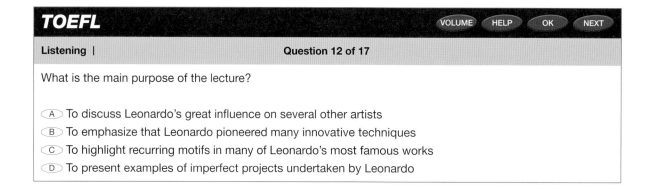

What is the main purpose of the lecture?

   Ⓐ To discuss Leonardo's great influence on several other artists

   Ⓑ To emphasize that Leonardo pioneered many innovative techniques

   Ⓒ To highlight recurring motifs in many of Leonardo's most famous works

   Ⓓ To present examples of imperfect projects undertaken by Leonardo

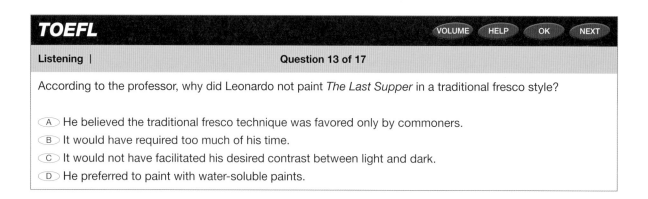

According to the professor, why did Leonardo not paint *The Last Supper* in a traditional fresco style?

   Ⓐ He believed the traditional fresco technique was favored only by commoners.

   Ⓑ It would have required too much of his time.

   Ⓒ It would not have facilitated his desired contrast between light and dark.

   Ⓓ He preferred to paint with water-soluble paints.

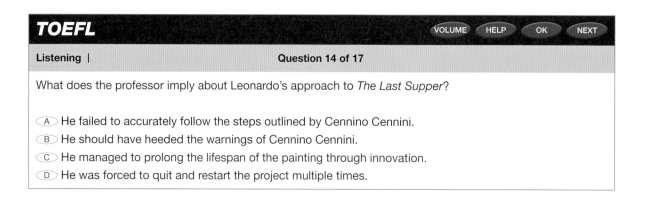

What does the professor imply about Leonardo's approach to *The Last Supper*?

   Ⓐ He failed to accurately follow the steps outlined by Cennino Cennini.

   Ⓑ He should have heeded the warnings of Cennino Cennini.

   Ⓒ He managed to prolong the lifespan of the painting through innovation.

   Ⓓ He was forced to quit and restart the project multiple times.

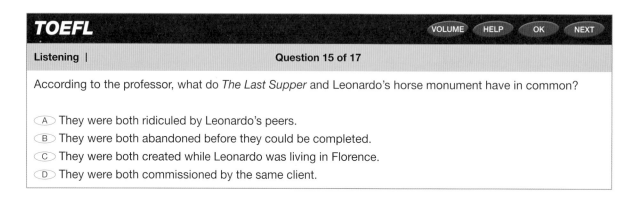

According to the professor, what do *The Last Supper* and Leonardo's horse monument have in common?

   Ⓐ They were both ridiculed by Leonardo's peers.

   Ⓑ They were both abandoned before they could be completed.

   Ⓒ They were both created while Leonardo was living in Florence.

   Ⓓ They were both commissioned by the same client.

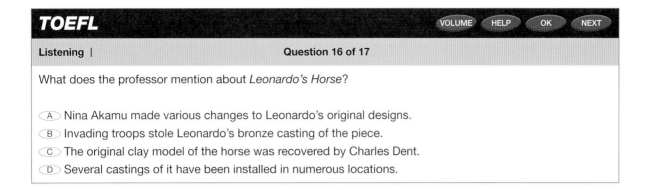

What does the professor mention about *Leonardo's Horse*?

- (A) Nina Akamu made various changes to Leonardo's original designs.
- (B) Invading troops stole Leonardo's bronze casting of the piece.
- (C) The original clay model of the horse was recovered by Charles Dent.
- (D) Several castings of it have been installed in numerous locations.

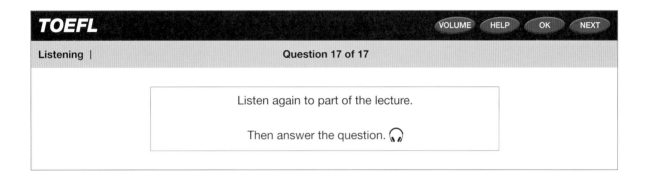

Listen again to part of the lecture.

Then answer the question.

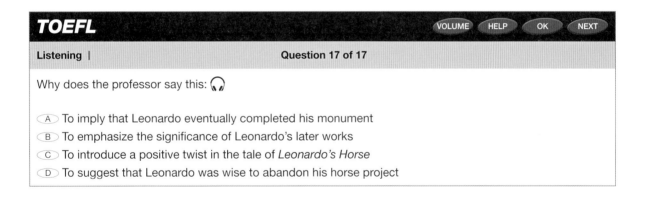

Why does the professor say this:

- (A) To imply that Leonardo eventually completed his monument
- (B) To emphasize the significance of Leonardo's later works
- (C) To introduce a positive twist in the tale of *Leonardo's Horse*
- (D) To suggest that Leonardo was wise to abandon his horse project

Listening Directions

You will now begin the next part of the Listening Section.

You must answer each question. After you answer, click on **NEXT**. Then click on **OK** to confirm your answer and go on to the next question. After you click on **OK**, you cannot return to previous questions.

Click on **CONTINUE** to go on.

Why does the student go to see the professor?

- A She wants him to extend the deadline on her term paper.
- B She wants to check that her idea for a term paper is suitable.
- C She is having difficulty in choosing a unique topic for her term paper.
- D She needs his assistance in locating specific books for her term paper.

Why is the student interested in learning more about dialects?

- A She is conscious of the differences between her dialect and those of her roommates.
- B She would like to change her current dialect.
- C She moved around various regions with different dialects while growing up.
- D She wants to have a better understanding of the things other students say.

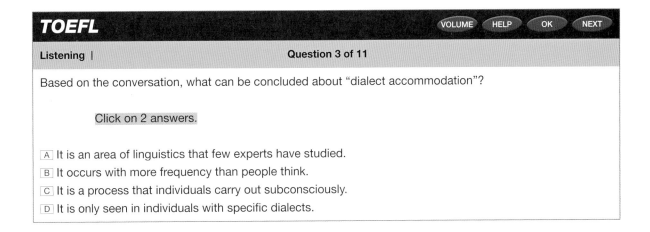

Based on the conversation, what can be concluded about "dialect accommodation"?

Click on 2 answers.

A It is an area of linguistics that few experts have studied.
B It occurs with more frequency than people think.
C It is a process that individuals carry out subconsciously.
D It is only seen in individuals with specific dialects.

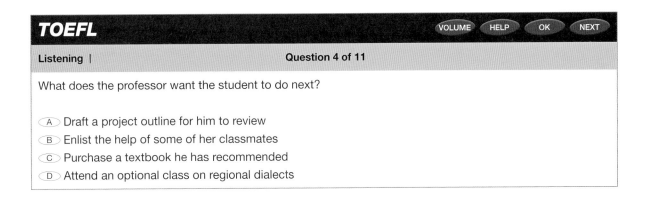

What does the professor want the student to do next?

A Draft a project outline for him to review
B Enlist the help of some of her classmates
C Purchase a textbook he has recommended
D Attend an optional class on regional dialects

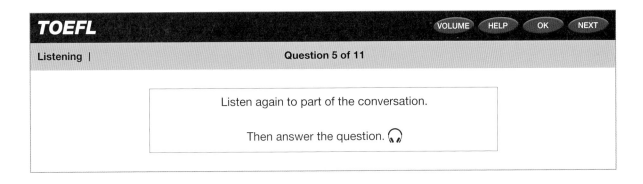

Listen again to part of the conversation.

Then answer the question. 🎧

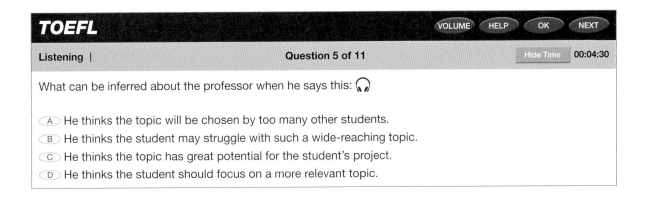

What can be inferred about the professor when he says this: 🎧

A He thinks the topic will be chosen by too many other students.
B He thinks the student may struggle with such a wide-reaching topic.
C He thinks the topic has great potential for the student's project.
D He thinks the student should focus on a more relevant topic.

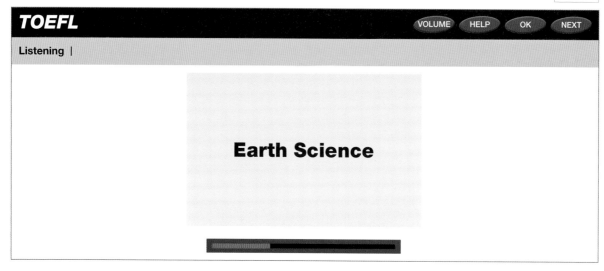

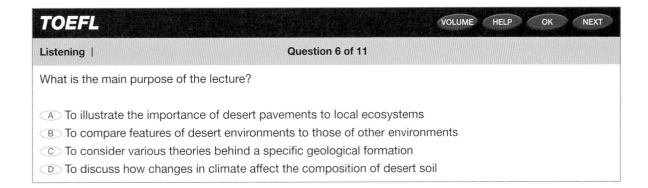

What is the main purpose of the lecture?

  Ⓐ To illustrate the importance of desert pavements to local ecosystems

  Ⓑ To compare features of desert environments to those of other environments

  Ⓒ To consider various theories behind a specific geological formation

  Ⓓ To discuss how changes in climate affect the composition of desert soil

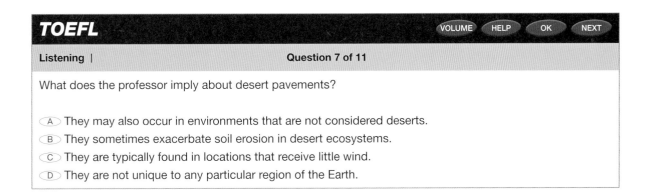

What does the professor imply about desert pavements?

  Ⓐ They may also occur in environments that are not considered deserts.

  Ⓑ They sometimes exacerbate soil erosion in desert ecosystems.

  Ⓒ They are typically found in locations that receive little wind.

  Ⓓ They are not unique to any particular region of the Earth.

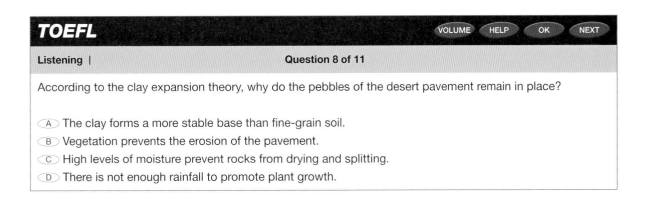

According to the clay expansion theory, why do the pebbles of the desert pavement remain in place?

  Ⓐ The clay forms a more stable base than fine-grain soil.

  Ⓑ Vegetation prevents the erosion of the pavement.

  Ⓒ High levels of moisture prevent rocks from drying and splitting.

  Ⓓ There is not enough rainfall to promote plant growth.

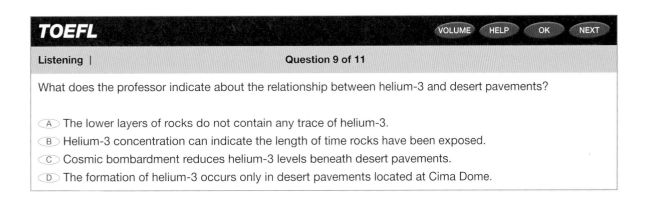

What does the professor indicate about the relationship between helium-3 and desert pavements?

  Ⓐ The lower layers of rocks do not contain any trace of helium-3.

  Ⓑ Helium-3 concentration can indicate the length of time rocks have been exposed.

  Ⓒ Cosmic bombardment reduces helium-3 levels beneath desert pavements.

  Ⓓ The formation of helium-3 occurs only in desert pavements located at Cima Dome.

According to the professor, why were Stephen Wells' findings about desert pavements significant?

A He disproved traditional theories about the formation of desert pavements.

B He confirmed that surfaces on the ocean floor undergo the same process of formation.

C He proved that desert pavements form more quickly than previously thought.

D He highlighted the usefulness of desert pavements in fields such as climatology.

Listen again to part of the lecture.

Then answer the question.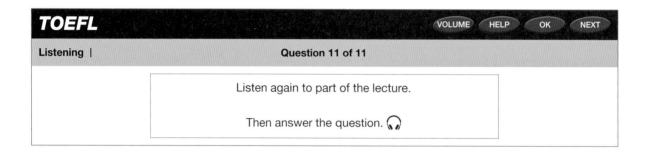

What can be inferred about the professor when he says this: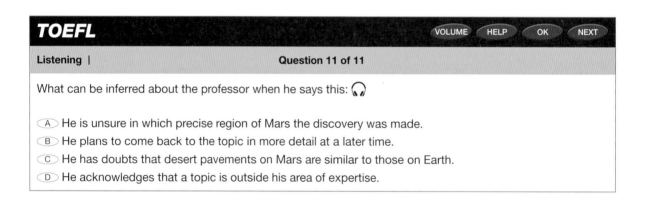

A He is unsure in which precise region of Mars the discovery was made.

B He plans to come back to the topic in more detail at a later time.

C He has doubts that desert pavements on Mars are similar to those on Earth.

D He acknowledges that a topic is outside his area of expertise.

TOEFL

CONTINUE | VOLUME

Speaking |

Speaking Section Directions

In this speaking test, you will be able to demonstrate your ability to speak about a wide range of subjects. There are four questions, and you must use the microphone to answer each one. Provide complete answers for all questions.

In question one, you will be required to speak about a familiar topic. Your ability to speak clearly and coherently will determine your score.

In questions two and three, you will first have to read a short text. The text will then disappear from the screen, and you will hear a talk on the same topic. You will then have to respond to a question. To answer this question, you must combine details from the text and talk. Your ability to speak clearly and coherently and to accurately convey what you have read and heard will determine your score.

In question four, you will hear part of a lecture. You must then respond to a question about this lecture. Your ability to speak clearly and coherently and to accurately convey what you have heard will determine your score.

Taking notes while listening to a conversation or lecture is allowed. These notes may be used as you prepare your response.

Listen carefully to the directions for each question. The directions will not appear on the screen.

You will have a limited amount of time to prepare a response for each question, as indicated by the clock on the screen. You will be instructed to begin your response once you have no preparation time remaining. Likewise, the amount of response time you have remaining will be shown by a clock on the screen. When you have run out of response time, a message will appear on the screen.

TOEFL

VOLUME

Speaking | Question 1 of 4

It has become a controversial issue that all university students should take math and science courses in their universities. For instance, many universities require art and music major students to take math and science courses. Do you agree or disagree with this? Use specific examples and details to support your opinion.

Preparation Time   15 Seconds
Response Time   45 Seconds

PREPARATION TIME
00:00:15

Running Time: 45 Seconds

Dear sir/madam,

I am writing to you to propose that the university designate a special zone in the library where students are allowed to talk freely. This would make it a more comfortable environment for students who wish to work together on group projects and engage in discussions or debates about class topics and assignments. At the moment, the library provides an ideal environment for quiet self-study, but there are not enough spaces available for group study. I hope you will seriously consider my proposal.

Regards,

Paul Tomlinson

TOEFL VOLUME

Speaking | Question 2 of 4

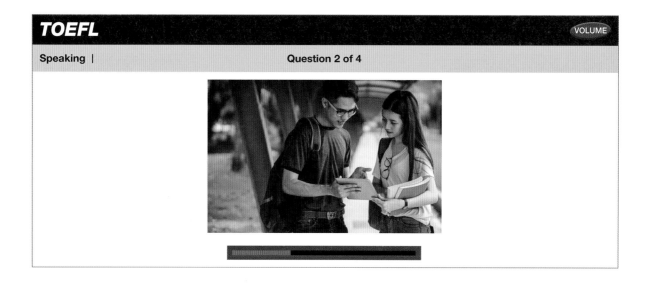

TOEFL VOLUME

Speaking | Question 2 of 4

The man expresses his opinion about the proposal made in the student's letter. Briefly summarize the letter writer's proposal. Then state the man's opinion on the proposal and explain the reasons he gives for holding that opinion.

Preparation Time   30 Seconds
Response Time   60 Seconds

PREPARATION TIME
00:00:30

Running Time: 45 Seconds

Visual Perception in Children

Children aged 12 and under perceive visual information differently than adults do because humans at a young age lack the ability to fully integrate multiple pieces of sensory information. Adults generally process various visual cues by combining them into one integrated package of information, while children tend to process visual cues by receiving them as multiple smaller packages of visual information. This allows children to notice the finer details of an image, whereas adults have a more comprehensive understanding of the complete image.

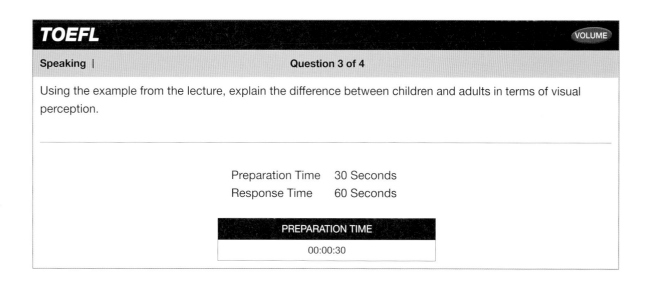

Using the example from the lecture, explain the difference between children and adults in terms of visual perception.

Preparation Time   30 Seconds
Response Time   60 Seconds

PREPARATION TIME
00:00:30

Using the examples mentioned by the professor, explain the benefits of shorter pregnancy periods in mammals.

Preparation Time	20 Seconds
Response Time	60 Seconds

PREPARATION TIME
00:00:20

Writing Section Directions

This section measures your ability to use writing to communicate in an academic environment. There will be two writing tasks.

For the first writing task, you will read a passage and listen to a lecture and then answer a question based on what you have read and heard. For the second task, you will answer a question based on your own knowledge and experience.

Now listen to the directions for the first writing task.

Writing based on Reading and Listening

In this task, you will read a passage about an academic topic and you will listen to a lecture about the same topic. You may take notes while you read and listen.

Then you will write a response to a question that asks you about the relationship between the lecture you heard and the reading passage. Try to answer the question as completely as possible using information from the reading passage and the lecture. The question does not ask you to express your opinion. You may refer to the reading passage when you write. You may use your notes to help you answer the question.

Try to make a response that is somewhere between 150 to 225 words. Your response will be judged on the quality of your writing and on the completeness and accuracy of the content.

You should allow 3 minutes to read the passage. Then listen to the lecture. Then allow 20 minutes to plan and write your response.

In our solar system, there are hundreds of thousands of asteroids. These large objects, composed of rock and ice, have been suggested as potential colonization options for humans. In fact, some scientists have hypothesized that asteroids may be more suitable for colonization than the Moon or Mars, and they believe that humans may one day live and work on any number of asteroids. These hypotheses are generally based on three main reasons.

First of all, a large number of asteroids periodically come close to Earth's orbit. Some of them even come closer to our planet than the Moon does. This means that it would be relatively easy and affordable to reach some asteroids from Earth, compared to a destination such as Mars, which would require a journey of at least two years to reach, and another two years to return from. The comparatively short time it would take for us to travel to our closest asteroids makes them ideal for colonization.

Next, because asteroids are typically far less massive than planets or moons, they exert lower gravitational force. This makes it easier and safer to land a spacecraft on an asteroid than on Mars or the Moon, where higher gravity strongly pulls spacecraft toward the surface. This in turn would allow a spacecraft to transport larger loads of materials required to establish the colony. Also, the spacecraft can take off more efficiently in low gravity, so it would require less fuel for its return trip to Earth.

Last but not least, many asteroids are abundant with valuable precious metals, such as gold and platinum, that are in high demand on Earth. Therefore, establishing a colony on an asteroid would prove very profitable, as large quantities of these raw materials could be mined and sent to Earth, and this would offset the expenses incurred by setting up and expanding the colony.

Directions: You have 20 minutes to plan and write your response. Your response will be judged on the basis of the quality of your writing and on how well your response presents the points in the lecture and their relationship to the reading passage. Typically, an effective response will be 150 to 225 words.

Question: Summarize the points made in the lecture, being sure to explain how they challenge specific points made in the reading passage.

Cut　Paste　Undo　Redo　　　　　　Word Count: 0

In our solar system, there are hundreds of thousands of asteroids. These large objects, composed of rock and ice, have been suggested as potential colonization options for humans. In fact, some scientists have hypothesized that asteroids may be more suitable for colonization than the Moon or Mars, and they believe that humans may one day live and work on any number of asteroids. These hypotheses are generally based on three main reasons.

First of all, a large number of asteroids periodically come close to Earth's orbit. Some of them even come closer to our planet than the Moon does. This means that it would be relatively easy and affordable to reach some asteroids from Earth, compared to a destination such as Mars, which would require a journey of at least two years to reach, and another two years to return from. The comparatively short time it would take for us to travel to our closest asteroids makes them ideal for colonization.

Next, because asteroids are typically far less massive than planets or moons, they exert lower gravitational force. This makes it easier and safer to land a spacecraft on an asteroid than on Mars or the Moon, where higher gravity strongly pulls spacecraft toward the surface. This in turn would allow a spacecraft to transport larger loads of materials required to establish the colony. Also, the spacecraft can take off more efficiently in low gravity, so it would require less fuel for its return trip to Earth.

Last but not least, many asteroids are abundant with valuable precious metals, such as gold and platinum, that are in high demand on Earth. Therefore, establishing a colony on an asteroid would prove very profitable, as large quantities of these raw materials could be mined and sent to Earth, and this would offset the expenses incurred by setting up and expanding the colony.

Writing for an Academic Discussion

For this task, you will read an online discussion. A professor has posted a question about a topic, and some classmates have responded with their ideas.

Write a response that contributes to the discussion. You will have 10 minutes to write your response. It is important to use your own words in the response. Including memorized reasons or examples will result in a lower score.

Your professor is teaching a class on business management. Write a post responding to the professor's question. In your response you should:
  • express and support your opinion
  • make a contribution to the discussion
An effective response will contain at least 100 words. You have 10 minutes to write it.

Dr. Foster

As we discussed in class, we all encounter advertisements on a daily basis, whether it be on the internet, TV, or billboards. Companies invest a lot of money in creating these advertisements and making sure they reach the right people. I would like you to write about this question in the class discussion board:

Are advertisements helpful for consumers to make an informed decision, or are they manipulative in making people spend money on unnecessary products?

Ryan

I think advertising products is useful for people. After seeing an advertisement, people look at reviews online and decide whether to purchase the product or not. For example, I once saw an advertisement of a pair of headphones with good online reviews. I ended up buying them and I am happy with my purchase.

Claire

I disagree with Ryan. I think most people do not want to see ads especially on the internet. I read somewhere that the number of people who use ad blockers increased by about half a million last year. Obviously, most people find ads to be more annoying than useful.

Cut   Paste   Undo   Redo   Word Count: 0

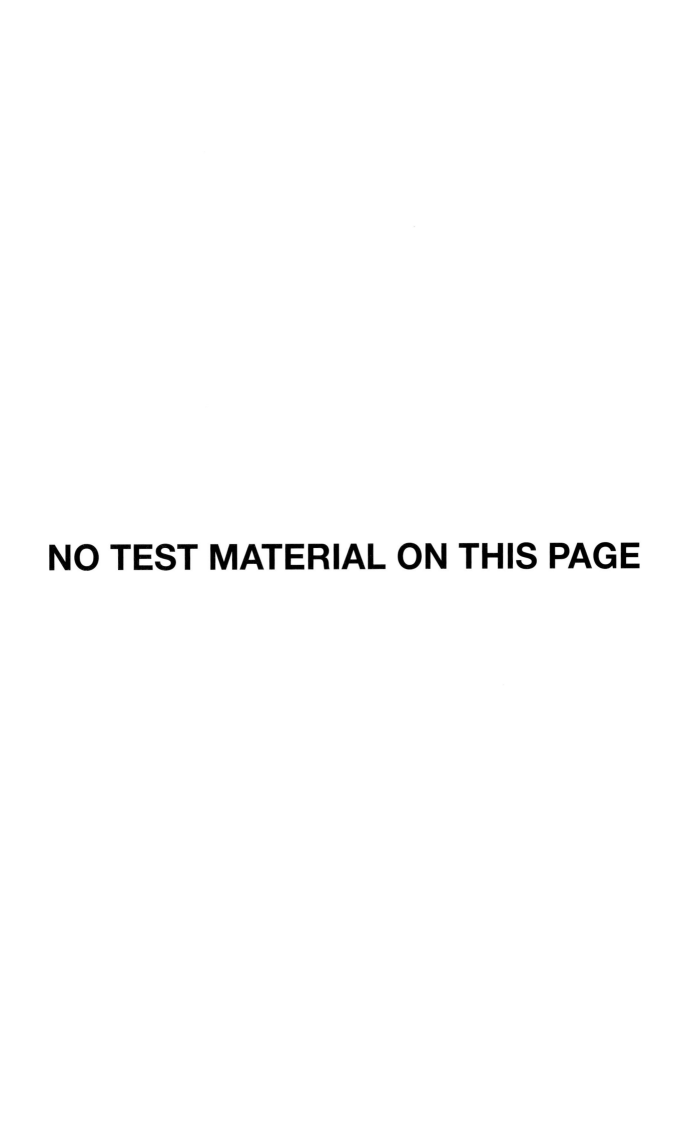

NO TEST MATERIAL ON THIS PAGE

NO TEST MATERIAL ON THIS PAGE

시원스쿨LAB 강사 라인업

20년 노하우의 토플/아이엘츠/듀오링고/토익/토스/오픽/지텔프/텝스/SPA
기출 빅데이터 심층 연구로 빠르고 효율적인 목표 점수 달성을 보장합니다.

시험영어 전문 연구 조직

시원스쿨어학연구소

 시험영어 전문   기출 빅데이터   264,000시간

TOEFL/IELTS/Duolingo/
TOEIC/TOEIC Speaking/
TEPS/ OPIc/G-TELP/SPA
공인 영어시험 콘텐츠 개발 경력
20년 이상의 국내외 연구원들이
포진한 전문적인 연구 조직입니다.

본 연구소 연구원들은
매월 각 전문 분야의
시험에 응시해 시험에 나온
모든 문제를 철저하게 해부하고,
시험별 기출문제 빅데이터 분석을
통해 단기 고득점을 위한
학습 솔루션을 개발 중입니다.

각 분야 연구원들의 연구시간
모두 합쳐 264,000시간
이 모든 시간이 쌓여
시원스쿨어학연구소가
탄생했습니다.

토플 개정 도서&인강 업데이트 완료
사자마자 50%, 최대 300% 환급까지!

**토플
긴급 개정
완료**

300%
시원스쿨 토플 환급반

SIWONSCHOOL LAB

• benefit01 •

50%
출석 NO 성적 NO
사자마자 현금 환급

*환급조건 : 성적표 제출 및 후기 작성 등
제세공과금&교재비 제외, 유의사항 참고

+

• benefit02 •

300%
미션 성공하면
최대 300% 현금 환급

*제세공과금 부담. 교재비 제외,
미션 유의사항 참고, 구매상품에 따라 다름

+

• benefit03 •

교재 7권
레벨 맞춤 교재
최대 7권 포함

*구매 상품에 따라 다름

목표 달성 후기가 증명합니다

고민하지 말고 지금 시작하세요!

류형진 선생님 강의
듣고 110점 맞았습니다!

수강생 강*희

특히 **라이팅 부분은 많은 주제를 써보는 것이 유리합니다.** 이번
시험에 황당한 주제를 받아서 당황했지만 선생님께서 알려주신
브레인스토밍 기법으로 어느 방향으로 쓰는 것이 쉬운지 먼저
파악했고 다른 주제들에서 사용했던 아이디어들을 잘 응용해서
다행히 잘 썼습니다.
나름 명문대를 다니고 있지만 주변 친구들 중 100점 넘는 친구를
거의 못 봤습니다. 이번에 단기간에 목표 점수를 잘 받아서 내년에
괜찮은 영어권 대학으로 교환학생을 갈 수 있게 됐습니다.

Listening Lecture 6개 중
4개 틀리던 제게 희망을!

수강생 정*연

영어를 5분 이상 듣는 것조차 너무 스트레스였고, 리스닝은
한 번에 늘지 않는다는 것에 절망했습니다. 하지만, 레이첼 쌤과
함께 수업을 하고 정답률이 많이 높아졌습니다.

리스닝을 구조화해서 노트테이킹 하는법을 배웠고, 이는 내가
100% 이해하지 않아도 "이부분에서 이러한 이야기가 나왔으니
이게 정답이겠다"라는 생각으로 문제를 풀 수 있었습니다.
덕분에 2주만에 리스닝 6점이 올랐습니다.

시험 직전 최종 점검 실전 모의고사

SIWONSCHOOL
TOEFL Actual Tests

개정 1쇄 발행 2023년 8월 1일
개정 2쇄 발행 2023년 12월 1일

지은이 시원스쿨어학연구소
펴낸곳 (주)에스제이더블유인터내셔널
펴낸이 양홍걸 이시원

홈페이지 www.siwonschool.com
주소 서울시 영등포구 국회대로74길 12 시원스쿨
교재 구입 문의 02)2014-8151
고객센터 02)6409-0878

ISBN 979-11-6150-716-3 13740
Number 1-110505-18180400-09

시원스쿨 TOEFL

TOEFL

Test of English as a Foreign Language

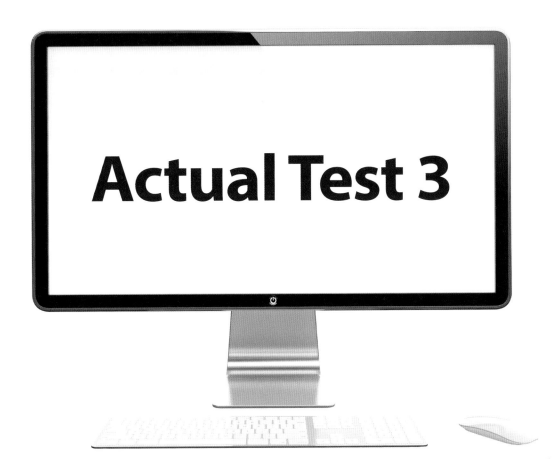

Actual Test 3

시원스쿨 **LAB**

TOEFL

Reading |

Reading Section Directions

The Reading section measures your ability to understand academic passages in English. A clock at the top of the screen will show you how much time is remaining.

Most questions are worth 1 point, but the last question for each passage is worth more than 1 point. The directions for the last question indicate how many points you may receive.

Some passages include a word or phrase that is underlined in blue. To see a definition or an explanation, click on the word or phrase.

You may skip a question and return to it later, provided there is time remaining. To move on to the next question, click **NEXT**. To return to a question, click **BACK**.

Click **REVIEW** to access the review screen. The screen will show which questions have been answered and which have not been answered. You may go directly to any previous question from the review screen.

Click **CONTINUE** to proceed.

Determining the Age of the Earth

The ancient Greek historian Herodotus, who lived from 480 B.C. to 425 B.C., was one of the first scholars to pose the age-old question: how old is the Earth? His observations centered on the Nile River Delta, where he noted the series of sediment deposits that had been stacked upon each other by annual flooding. He recognized that each thin layer represented one episode of flooding and concluded that the sediments around the Nile Delta must have built up over thousands of years. His estimation was negligible compared to the actual age of the Earth, but he contributed the concept that the ages of geologic features could be estimated by understanding the constant processes that create them and, critically, the rate at which they occur. Herodotus was the first to apply this fundamental concept of geology, which would later become known as the principle of uniformitarianism. This idea would be applied repeatedly in later centuries to all manner of geologic features to estimate the ages of the layers of sediment that had compacted through time to become sedimentary rocks.

The idea resurfaced in the 17th century as new attempts were initiated to understand the age of the Earth through geology. Danish scientist Nicolas Steno (1638-1686) laid out the principles of stratigraphy, the layering of rocks. Then, a century later, Scottish geologist James Hutton (1726-1797) developed these ideas with his proposal that geological processes are cyclical. He asserted that the formation of the Earth's topography started long ago, with forces deep in the planet raising mountains and plateaus that are whittled down by wind and water over immense stretches of time. Reduced to sediments, the rock is transported by water and settles on a lakebed or the ocean floor, where time and pressure compact it again into sedimentary rock. The cycle repeats as the rock is uplifted again to form a new mountain range. Most importantly, the layers in rock features record this long history of deposition and erosion.

Hutton's recognition of the repetition inherent in geological processes unified several distinct phenomena and observations into a single, whole image of Earth's past. Coupling his findings with the correct assumption that these land-forming processes were perpetual and no weaker at the present than they were in the past, Hutton's observation of sedimentary layers led him to conclude the Earth's history was vast, with "no vestige of a beginning, no prospect of an end," and human history was but a blink on the geological timescale.

With Hutton's work as a foundation, geologists began their attempts at estimating the age of the Earth through observing the totality of the stratigraphic record and determining the rate of sedimentation. Studies at the turn of the 20th century estimated the Earth's age from 100 million to 400 million years old—a miscalculation that underestimated the actual value by factors of 10 to 50. This was due to information still unknown to geologists at the time. Namely, great chunks of the sedimentary record are missing at various locations.

Another misguided method to find the Earth's age depended on first discovering the Sun's. The idea originated with German philosopher Immanuel Kant (1724-1804), who—lacking the knowledge of nuclear fusion—suggested that the energy required for the dramatic chemical reactions happening within the Sun could not be sustained for more than a millennium. Nineteenth century physicists applied this idea to estimate the age of the Sun based on the energy forced out of it by gravitational contraction—the energy released by an object compressed by gravity. Calculations with this method aged the Earth in the tens of millions of years, much less than the concurrent geological estimates.

The discovery of radioactivity in the 19th century paved the way to accurately determining the age of the Earth. The understanding and recognition of radioactivity revolutionized various methods and techniques in separate fields, one of which was radioactive dating. Application of radioactive dating revealed the age of the Earth to be in the billions—far older than previous estimates. Dating techniques continued to advance and were supported by studies of meteorites and improvements to the solar evolution model. It was concluded that the solar system, and thus the Earth, was 4.5 billion years old.

Determining the Age of the Earth

The ancient Greek historian Herodotus, who lived from 480 B.C. to 425 B.C., was one of the first scholars to pose the age-old question: how old is the Earth? His observations centered on the Nile River Delta, where he noted the series of sediment deposits that had been stacked upon each other by annual flooding. He recognized that each thin layer represented one episode of flooding and concluded that the sediments around the Nile Delta must have built up over thousands of years. His estimation was negligible compared to the actual age of the Earth, but he contributed the concept that the ages of geologic features could be estimated by understanding the constant processes that create them and, critically, the rate at which they occur. Herodotus was the first to apply this fundamental concept of geology, which would later become known as the principle of uniformitarianism. This idea would be applied repeatedly in later centuries to all manner of geologic features to estimate the ages of the layers of sediment that had compacted through time to become sedimentary rocks.

According to paragraph 1, observing layers of sedimentation along the Nile River Delta allowed Herodotus to

- A create a detailed record of the river's annual flooding.
- B recognize a method for estimating geologic age.
- C figure out when the waterway first formed.
- D predict when the next flood would likely occur.

The idea resurfaced in the 17th century as new attempts were initiated to understand the age of the Earth through geology. Danish scientist Nicolas Steno (1638-1686) laid out the principles of stratigraphy, the layering of rocks. Then, a century later, Scottish geologist James Hutton (1726-1797) developed these ideas with his proposal that geological processes are cyclical. He asserted that the formation of the Earth's topography started long ago, with forces deep in the planet raising mountains and plateaus that are whittled down by wind and water over immense stretches of time. Reduced to sediments, the rock is transported by water and settles on a lakebed or the ocean floor, where time and pressure compact it again into sedimentary rock. The cycle repeats as the rock is uplifted again to form a new mountain range. Most importantly, the layers in rock features record this long history of deposition and erosion.

According to paragraph 2, James Hutton was the first person to

- A describe how erosion affects geological features.
- B identify the successive layers of sedimentation in rock.
- C explain the origin of major mountain ranges.
- D realize that geological processes are recurring.

Hutton's recognition of the repetition inherent in geological processes unified several distinct phenomena and observations into a single, whole image of Earth's past. Coupling his findings with the correct assumption that these land-forming processes were perpetual and no weaker at the present than they were in the past, Hutton's observation of sedimentary layers led him to conclude the Earth's history was vast, with "no vestige of a beginning, no prospect of an end," and human history was but a blink on the geological timescale.

The word "perpetual" in the passage is closest in meaning to

A universal
B substantial
C changing
D continuous

With Hutton's work as a foundation, geologists began their attempts at estimating the age of the Earth through observing the totality of the stratigraphic record and determining the rate of sedimentation. Studies at the turn of the 20th century estimated the Earth's age from 100 million to 400 million years old—a miscalculation that underestimated the actual value by factors of 10 to 50. This was due to information still unknown to geologists at the time. Namely, great chunks of the sedimentary record are missing at various locations.

Which of the sentences below best expresses the essential information in the highlighted sentence in the passage? Incorrect answer choices change the meaning in important ways or leave out essential information.

With Hutton's work as a foundation, geologists began their attempts at estimating the age of the Earth through observing the totality of the stratigraphic record and determining the rate of sedimentation.

A While Hutton's discoveries were popular, other geologists investigated rock layers and sediment dispersal to guess how old the Earth was.
B Geologists successfully dated the Earth by elaborating on the ideas established by James Hutton.
C Scientists made new measurements of the Earth's age based on Hutton's ideas about rock layers and their formation.
D Hutton aided other geologists as they tried to reconstruct the total catalog of rock layers by analyzing the sediments in them.

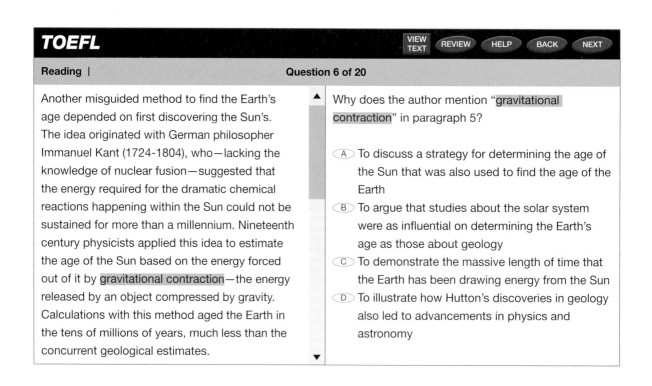

Another misguided method to find the Earth's age depended on first discovering the Sun's. The idea originated with German philosopher Immanuel Kant (1724-1804), who—lacking the knowledge of nuclear fusion—suggested that the energy required for the dramatic chemical reactions happening within the Sun could not be sustained for more than a millennium. Nineteenth century physicists applied this idea to estimate the age of the Sun based on the energy forced out of it by gravitational contraction—the energy released by an object compressed by gravity. Calculations with this method aged the Earth in the tens of millions of years, much less than the concurrent geological estimates.

The word "dramatic" in the passage is closest in meaning to

- (A) powerful
- (B) constant
- (C) complicated
- (D) emotional

Another misguided method to find the Earth's age depended on first discovering the Sun's. The idea originated with German philosopher Immanuel Kant (1724-1804), who—lacking the knowledge of nuclear fusion—suggested that the energy required for the dramatic chemical reactions happening within the Sun could not be sustained for more than a millennium. Nineteenth century physicists applied this idea to estimate the age of the Sun based on the energy forced out of it by gravitational contraction—the energy released by an object compressed by gravity. Calculations with this method aged the Earth in the tens of millions of years, much less than the concurrent geological estimates.

Why does the author mention "gravitational contraction" in paragraph 5?

- (A) To discuss a strategy for determining the age of the Sun that was also used to find the age of the Earth
- (B) To argue that studies about the solar system were as influential on determining the Earth's age as those about geology
- (C) To demonstrate the massive length of time that the Earth has been drawing energy from the Sun
- (D) To illustrate how Hutton's discoveries in geology also led to advancements in physics and astronomy

The discovery of radioactivity in the 19th century paved the way to accurately determining the age of the Earth. The understanding and recognition of radioactivity revolutionized various methods and techniques in separate fields, one of which was radioactive dating. Application of radioactive dating revealed the age of the Earth to be in the billions—far older than previous estimates. Dating techniques continued to advance and were supported by studies of meteorites and improvements to the solar evolution model. It was concluded that the solar system, and thus the Earth, was 4.5 billion years old.

According to paragraph 6, the author mentions all of the following about scientists' most recent estimate of the Earth's age EXCEPT:

   (A) It has drawn from studies of meteorites.
   (B) The current estimate for the Earth's age is 4.5 billion years.
   (C) Advancements to the solar evolution model support it.
   (D) It is only slightly older than estimates made in the 19th century.

The discovery of radioactivity in the 19th century paved the way to accurately determining the age of the Earth. The understanding and recognition of radioactivity revolutionized various methods and techniques in separate fields, one of which was radioactive dating. Application of radioactive dating revealed the age of the Earth to be in the billions—far older than previous estimates. Dating techniques continued to advance and were supported by studies of meteorites and improvements to the solar evolution model. It was concluded that the solar system, and thus the Earth, was 4.5 billion years old.

What does the author imply about the formation of the Solar System in paragraph 6?

   (A) The Sun formed billions of years before the Earth did.
   (B) Meteorites recovered on Earth are older than the Solar System.
   (C) The entire Solar System formed at approximately the same time.
   (D) The planets furthest from the Sun took the longest to form.

With Hutton's work as a foundation, geologists began their attempts at estimating the age of the Earth through observing the totality of the stratigraphic record and determining the rate of sedimentation. ■ Studies at the turn of the 20th century estimated the Earth's age from 100 million to 400 million years old—a miscalculation that underestimated the actual value by factors of 10 to 50. ■ This was due to information still unknown to geologists at the time. ■ Namely, great chunks of the sedimentary record are missing at various locations. ■

Look at the four squares [■] that indicate where the following sentence could be added to the passage.

In addition, an ancient rock sequence older than 500 million years is difficult to distinguish as it lacks defining features and fossils.

Where would the sentence best fit? Click on a square [■] to add the sentence to the passage.

Directions: An introductory sentence for a brief summary of the passage is provided below. Complete the summary by selecting the THREE answer choices that express the most important ideas in the passage. Some answer choices do not belong in the summary because they express ideas that are not presented in the passage or are minor ideas in the passage. **This question is worth 2 points.**

Drag your answer choices to the space where they belong. To remove an answer choice, click on it. To review the passage, click on **VIEW TEXT**.

Until the 20th century, scholars and scientists had difficulty determining the age of the Earth.

- •
- •
- •

Answer Choices

A) Using evidence from the sedimentary records, scientists in the 20th century argued that the Earth must be far older than the timeline proposed by James Hutton.

B) Advances in the 20th century revolving around radioactive dating and a clearer understanding of the solar system established the Earth's age to be 4.5 billion years.

C) Earlier estimates were trivial compared to Earth's actual age due to a misunderstanding of the sedimentary record and limited knowledge about the Sun.

D) The discovery of meteorites in the 20th century helped construct a timeline of the Solar System that placed its formation around one billion years ago.

E) Herodotus used sedimentary layers along the Nile River to estimate the Earth's age, which was later developed by Steno and Hutton into a key principle of geology.

F) Geologists would have been able to figure out the age of the Earth centuries ago, but much of the sedimentary record had eroded, making it indecipherable.

Bird Migration

Bird migration has been observed in the natural world since antiquity, yet scientists still lack a full understanding of this phenomenon. It is known that not all birds migrate, and that bird species with breeding grounds in northern regions are more likely to migrate south during the colder months. This aspect of bird migration is easily enough explained, as scarce food and severe weather during the winter make survival difficult. Some hardier bird species have adapted to the demands of their northern climates, but those that have not must migrate to seek more hospitable conditions.

The long flight south can be initiated by changes in the weather, but birds in the Northern Hemisphere also respond to other stimuli to recognize that it is time to start preparing for migration. The changes are automatic and physiological. For instance, in some species, changes in the length of the day activate special glands in the birds' bodies that release hormones. These then trigger additional changes in the birds that help prepare them for the arduous journey. Fat will start to accumulate under the skin, storing extra energy that will be necessary as the birds expend more calories than they can recover during their short breaks during migration.

Bird migrations are also more complex and varied than the typical north-to-south route. This trip is reversed for bird species in the Southern Hemisphere since they must migrate north for their winter homes. Still other birds migrate easterly and westerly seeking the milder climates found along the coastal areas of continental regions. Migration even occurs in response to altitude, as some birds descend from their mountainous habitats to lower elevations each winter.

The most intriguing—and yet to be explained—aspect regarding bird migration is how birds can cover such long distances and arrive at their destinations with such accuracy. There are a few explanations as to how they do this. A pragmatic and long-held view suggests that birds navigate their journeys using the topographic features of the land along their route. However, some bird species travel great distances, while others even cross oceans. Another popular theory holds that birds exploit magnetic fields. Miniscule fragments of magnetite have been discovered in the olfactory tract of some species, and homing pigeons' tracking of the Earth's magnetic field lines has been well documented.

It is also possible that birds have the ability to detect polarization patterns in sunlight. The atmosphere absorbs some light waves from the sun, but not all. This contrast creates a pattern of light waves in the sky in the form of a large bowtie with blurry ends. It is known as Haidinger's brush, named after the physicist who discovered the effect. The image points in a north and south direction and appears at sunset. Birds cannot perceive this shape, but they can make out the gradations of polarization, which then act as a sort of compass.

Scientists have found that some birds use celestial navigation to orient themselves. This trait was demonstrated in a series of studies in which caged birds were placed in a planetarium and exposed to a projection of the Northern Hemisphere's night sky. Every star rotates around the North Star, the pole star, and this movement seemed to guide the birds in how they needed to position themselves to find the correct direction. However, further testing revealed that birds used more than just the movement of the stars. It is likely birds learn a star map based off the pole star and then look for constellation patterns when travelling. Subsequent stages of the experiment revealed that the birds' sense of direction worsened when several stars were obscured on the planetarium ceiling. This supports the idea that celestial patterns also direct bird migration.

The current body of research suggests that birds acquire directional information from all these methods, most likely in different orders of priority. Furthermore, some species may rely on only one navigational tool, while others might incorporate each one in varying scenarios.

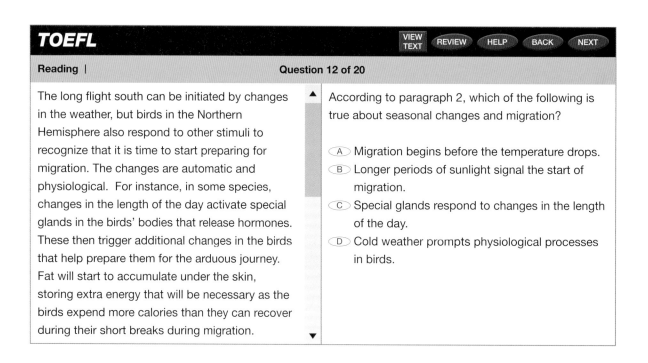

Bird Migration

Bird migration has been observed in the natural world since antiquity, yet scientists still lack a full understanding of this phenomenon. It is known that not all birds migrate, and that bird species with breeding grounds in northern regions are more likely to migrate south during the colder months. This aspect of bird migration is easily enough explained, as scarce food and severe weather during the winter make survival difficult. Some hardier bird species have adapted to the demands of their northern climates, but those that have not must migrate to seek more hospitable conditions.

According to paragraph 1, bird migration occurs because

- (A) some bird species cannot endure winter conditions.
- (B) the bird population becomes too dense in an area.
- (C) birds must relocate to their breeding grounds.
- (D) food sources require time to replenish.

The long flight south can be initiated by changes in the weather, but birds in the Northern Hemisphere also respond to other stimuli to recognize that it is time to start preparing for migration. The changes are automatic and physiological. For instance, in some species, changes in the length of the day activate special glands in the birds' bodies that release hormones. These then trigger additional changes in the birds that help prepare them for the arduous journey. Fat will start to accumulate under the skin, storing extra energy that will be necessary as the birds expend more calories than they can recover during their short breaks during migration.

According to paragraph 2, which of the following is true about seasonal changes and migration?

- (A) Migration begins before the temperature drops.
- (B) Longer periods of sunlight signal the start of migration.
- (C) Special glands respond to changes in the length of the day.
- (D) Cold weather prompts physiological processes in birds.

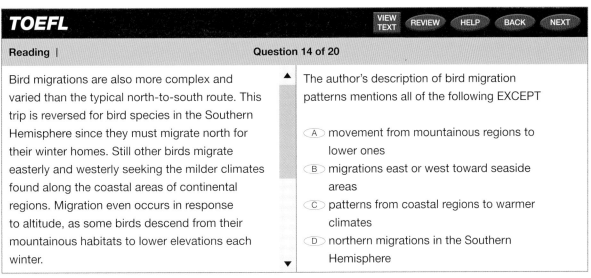

The long flight south can be initiated by changes in the weather, but birds in the Northern Hemisphere also respond to other stimuli to recognize that it is time to start preparing for migration. The changes are automatic and physiological. For instance, in some species, changes in the length of the day activate special glands in the birds' bodies that release hormones. These then trigger additional changes in the birds that help prepare them for the arduous journey. Fat will start to accumulate under the skin, storing extra energy that will be necessary as the birds expend more calories than they can recover during their short breaks during migration.

The word "recover" in the passage is closest in meaning to

- Ⓐ distribute
- Ⓑ heal
- Ⓒ consume
- Ⓓ gather

Bird migrations are also more complex and varied than the typical north-to-south route. This trip is reversed for bird species in the Southern Hemisphere since they must migrate north for their winter homes. Still other birds migrate easterly and westerly seeking the milder climates found along the coastal areas of continental regions. Migration even occurs in response to altitude, as some birds descend from their mountainous habitats to lower elevations each winter.

The author's description of bird migration patterns mentions all of the following EXCEPT

- Ⓐ movement from mountainous regions to lower ones
- Ⓑ migrations east or west toward seaside areas
- Ⓒ patterns from coastal regions to warmer climates
- Ⓓ northern migrations in the Southern Hemisphere

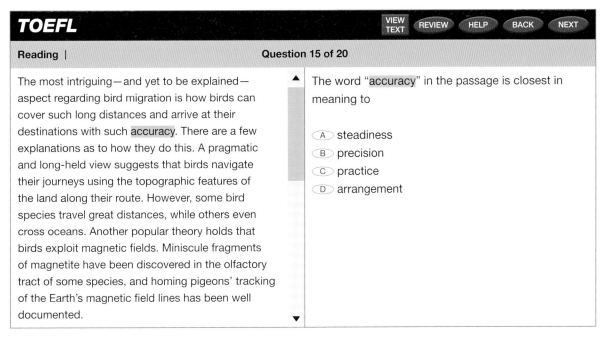

The most intriguing—and yet to be explained— aspect regarding bird migration is how birds can cover such long distances and arrive at their destinations with such accuracy. There are a few explanations as to how they do this. A pragmatic and long-held view suggests that birds navigate their journeys using the topographic features of the land along their route. However, some bird species travel great distances, while others even cross oceans. Another popular theory holds that birds exploit magnetic fields. Miniscule fragments of magnetite have been discovered in the olfactory tract of some species, and homing pigeons' tracking of the Earth's magnetic field lines has been well documented.

The word "accuracy" in the passage is closest in meaning to

- Ⓐ steadiness
- Ⓑ precision
- Ⓒ practice
- Ⓓ arrangement

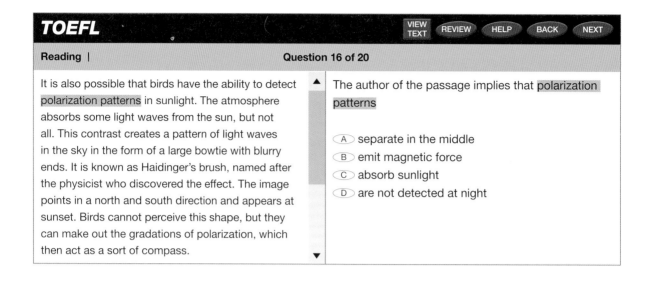

It is also possible that birds have the ability to detect polarization patterns in sunlight. The atmosphere absorbs some light waves from the sun, but not all. This contrast creates a pattern of light waves in the sky in the form of a large bowtie with blurry ends. It is known as Haidinger's brush, named after the physicist who discovered the effect. The image points in a north and south direction and appears at sunset. Birds cannot perceive this shape, but they can make out the gradations of polarization, which then act as a sort of compass.

The author of the passage implies that polarization patterns

A separate in the middle
B emit magnetic force
C absorb sunlight
D are not detected at night

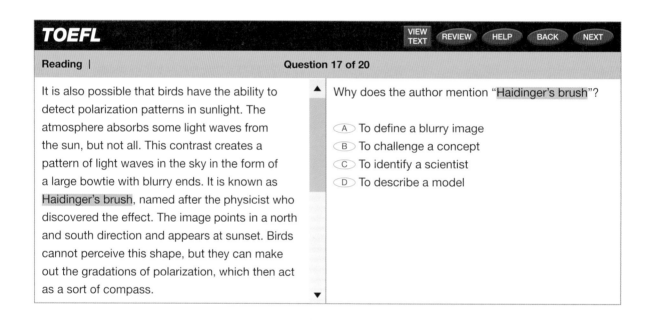

It is also possible that birds have the ability to detect polarization patterns in sunlight. The atmosphere absorbs some light waves from the sun, but not all. This contrast creates a pattern of light waves in the sky in the form of a large bowtie with blurry ends. It is known as Haidinger's brush, named after the physicist who discovered the effect. The image points in a north and south direction and appears at sunset. Birds cannot perceive this shape, but they can make out the gradations of polarization, which then act as a sort of compass.

Why does the author mention "Haidinger's brush"?

A To define a blurry image
B To challenge a concept
C To identify a scientist
D To describe a model

Scientists have found that some birds use celestial navigation to orient themselves. This trait was demonstrated in a series of studies in which caged birds were placed in a planetarium and exposed to a projection of the Northern Hemisphere's night sky. Every star rotates around the North Star, the pole star, and this movement seemed to guide the birds in how they needed to position themselves to find the correct direction. However, further testing revealed that birds used more than just the movement of the stars. It is likely birds learn a star map based off the pole star and then look for constellation patterns when travelling. Subsequent stages of the experiment revealed that the birds' sense of direction worsened when several stars were obscured on the planetarium ceiling. This supports the idea that celestial patterns also direct bird migration.

Which of the sentences below best expresses the essential information in the highlighted sentence in the passage? Incorrect answer choices change the meaning in important ways or leave out essential information.

Subsequent stages of the experiment revealed that the birds' sense of direction worsened when several stars were obscured on the planetarium ceiling.

- (A) The birds' sense of direction improved during migration when there were more observable stars in the night sky.
- (B) When the birds had fewer stars to orient themselves with during the experiment, they were less able to do so correctly.
- (C) Birds that used fewer stars on the planetarium ceiling had a harder time finding the right direction.
- (D) The experiment was repeated unsuccessfully by reducing the number of stars on the planetarium ceiling.

The most intriguing—and yet to be explained—aspect regarding bird migration is how birds can cover such long distances and arrive at their destinations with such accuracy. There are a few explanations as to how they do this. ■ A pragmatic and long-held view suggests that birds navigate their journeys using the topographic features of the land along their route. ■ However, some bird species travel great distances, while others even cross oceans. ■ Another popular theory holds that birds exploit magnetic fields. ■ Miniscule fragments of magnetite have been discovered in the olfactory tract of some species, and homing pigeons' tracking of the Earth's magnetic field lines has been well documented.

Look at the four squares [■] that indicate where the following sentence could be added to the passage.

It is not feasible that they can manage these trips based only off the landscape alone.

Where would the sentence best fit? Click on a square [■] to add the sentence to the passage.

Directions: An introductory sentence for a brief summary of the passage is provided below. Complete the summary by selecting the THREE answer choices that express the most important ideas in the passage. Some answer choices do not belong in the summary because they express ideas that are not presented in the passage or are minor ideas in the passage. **This question is worth 2 points.**

Drag your answer choices to the space where they belong. To remove an answer choice, click on it. To review the passage, click on **VIEW TEXT**.

The ability of birds to successfully navigate during seasonal migrations may be explained by several methods.

-
-
-

Answer Choices

A⟩ Seasonal changes, including those with weather and day length, activate changes in birds' bodies that prepare them for migration.

B⟩ Migration is primarily a survival skill as birds must leave northern regions to find food and avoid harsh winter weather.

C⟩ Bird migrations also occur in east-west directions toward coastal regions and away from mountainous areas.

D⟩ Clues and landmarks along migration routes may direct birds, though this is unlikely considering the great distances they cover.

E⟩ Birds may be able to determine their direction by perceiving gradations of polarization patterns in sunlight.

F⟩ Constellations and other celestial patterns help birds orient themselves in the direction they need to travel.

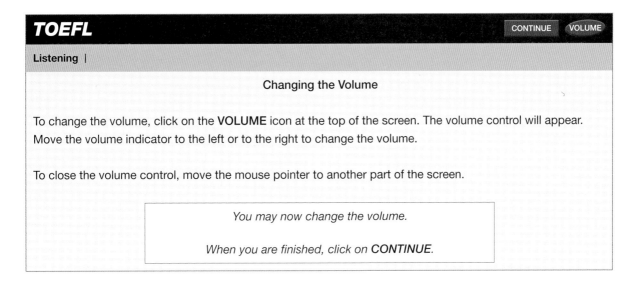

TOEFL

CONTINUE VOLUME

Listening |

Changing the Volume

To change the volume, click on the **VOLUME** icon at the top of the screen. The volume control will appear. Move the volume indicator to the left or to the right to change the volume.

To close the volume control, move the mouse pointer to another part of the screen.

You may now change the volume.

When you are finished, click on CONTINUE.

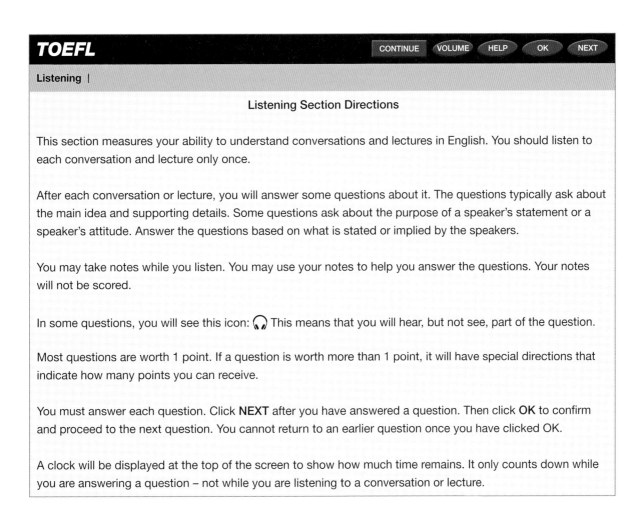

TOEFL

CONTINUE VOLUME HELP OK NEXT

Listening |

Listening Section Directions

This section measures your ability to understand conversations and lectures in English. You should listen to each conversation and lecture only once.

After each conversation or lecture, you will answer some questions about it. The questions typically ask about the main idea and supporting details. Some questions ask about the purpose of a speaker's statement or a speaker's attitude. Answer the questions based on what is stated or implied by the speakers.

You may take notes while you listen. You may use your notes to help you answer the questions. Your notes will not be scored.

In some questions, you will see this icon: 🎧 This means that you will hear, but not see, part of the question.

Most questions are worth 1 point. If a question is worth more than 1 point, it will have special directions that indicate how many points you can receive.

You must answer each question. Click **NEXT** after you have answered a question. Then click **OK** to confirm and proceed to the next question. You cannot return to an earlier question once you have clicked OK.

A clock will be displayed at the top of the screen to show how much time remains. It only counts down while you are answering a question – not while you are listening to a conversation or lecture.

Why does the student visit the professor?

- A To go over some resources for a presentation
- B To get help preparing for a presentation
- C To request a later date for a presentation
- D To ask about a grade on a presentation

Why does the professor say the student is lucky?

- A She has plenty of time until the due date.
- B She has an interesting topic to cover.
- C She will be working with her classmates.
- D She has already completed some research.

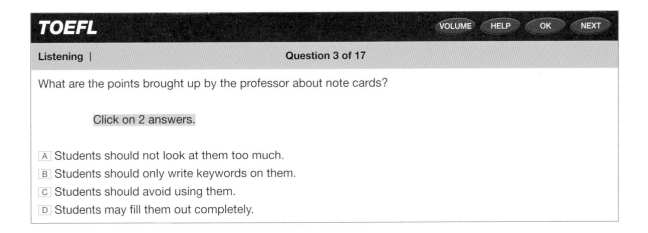

What are the points brought up by the professor about note cards?

       Click on 2 answers.

A   Students should not look at them too much.

B   Students should only write keywords on them.

C   Students should avoid using them.

D   Students may fill them out completely.

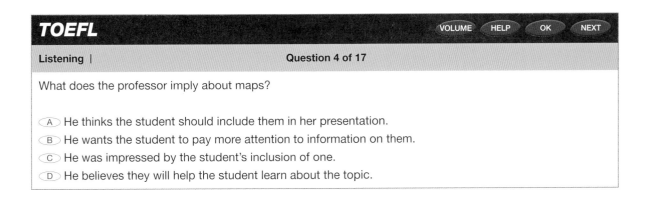

What does the professor imply about maps?

A   He thinks the student should include them in her presentation.

B   He wants the student to pay more attention to information on them.

C   He was impressed by the student's inclusion of one.

D   He believes they will help the student learn about the topic.

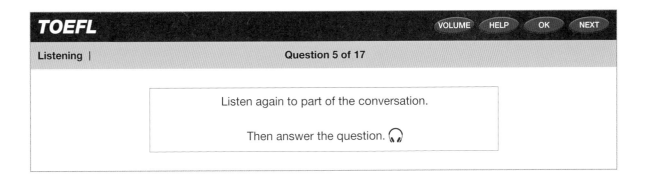

Listen again to part of the conversation.

Then answer the question. 🎧

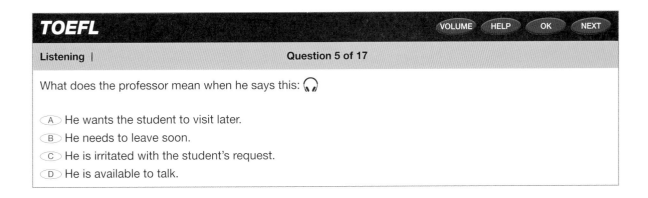

What does the professor mean when he says this: 🎧

A   He wants the student to visit later.

B   He needs to leave soon.

C   He is irritated with the student's request.

D   He is available to talk.

17

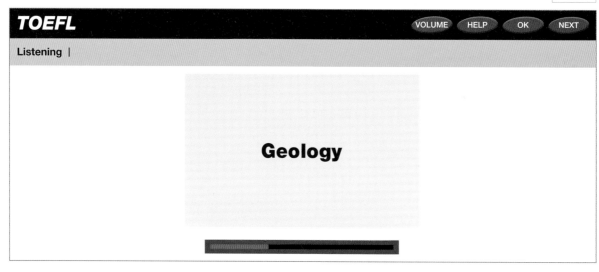

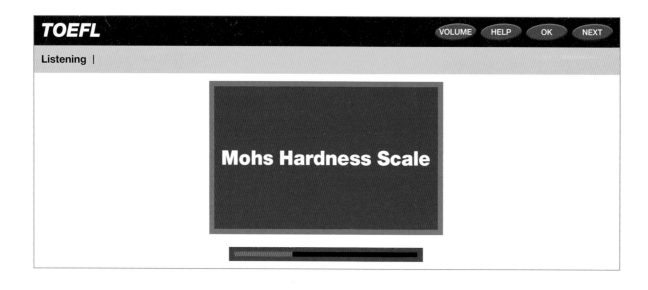

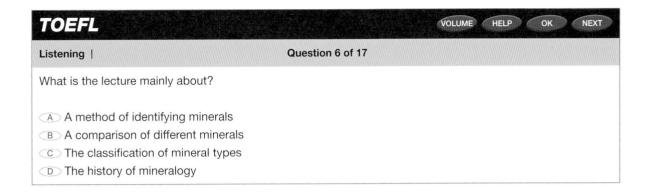

What is the lecture mainly about?

   (A) A method of identifying minerals

   (B) A comparison of different minerals

   (C) The classification of mineral types

   (D) The history of mineralogy

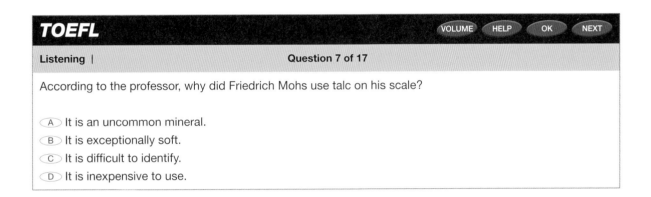

According to the professor, why did Friedrich Mohs use talc on his scale?

   (A) It is an uncommon mineral.

   (B) It is exceptionally soft.

   (C) It is difficult to identify.

   (D) It is inexpensive to use.

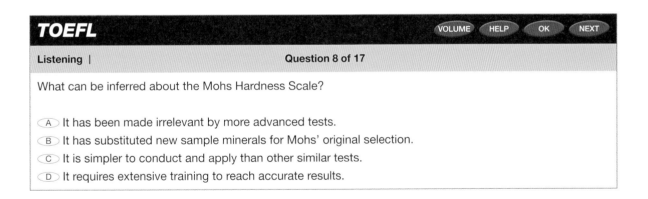

What can be inferred about the Mohs Hardness Scale?

   (A) It has been made irrelevant by more advanced tests.

   (B) It has substituted new sample minerals for Mohs' original selection.

   (C) It is simpler to conduct and apply than other similar tests.

   (D) It requires extensive training to reach accurate results.

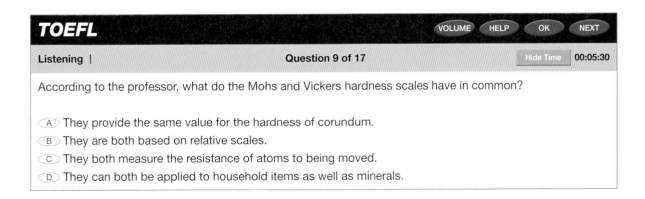

According to the professor, what do the Mohs and Vickers hardness scales have in common?

   (A) They provide the same value for the hardness of corundum.

   (B) They are both based on relative scales.

   (C) They both measure the resistance of atoms to being moved.

   (D) They can both be applied to household items as well as minerals.

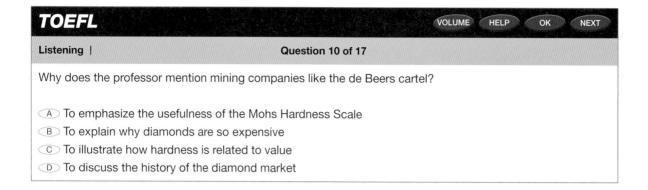

Why does the professor mention mining companies like the de Beers cartel?

- Ⓐ To emphasize the usefulness of the Mohs Hardness Scale
- Ⓑ To explain why diamonds are so expensive
- Ⓒ To illustrate how hardness is related to value
- Ⓓ To discuss the history of the diamond market

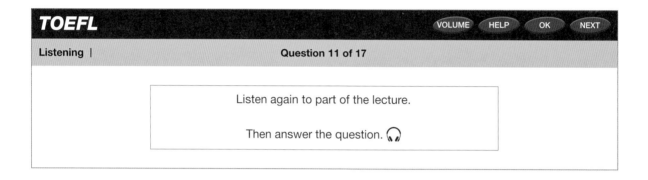

Listen again to part of the lecture.

Then answer the question. 🎧

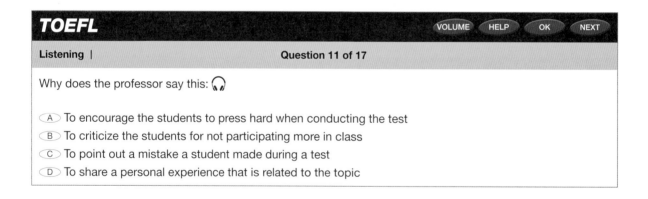

Why does the professor say this: 🎧

- Ⓐ To encourage the students to press hard when conducting the test
- Ⓑ To criticize the students for not participating more in class
- Ⓒ To point out a mistake a student made during a test
- Ⓓ To share a personal experience that is related to the topic

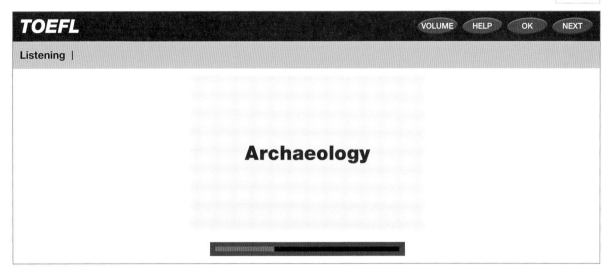

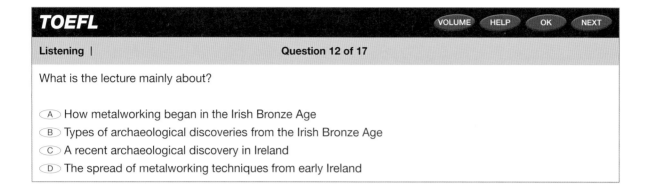

What is the lecture mainly about?

- (A) How metalworking began in the Irish Bronze Age
- (B) Types of archaeological discoveries from the Irish Bronze Age
- (C) A recent archaeological discovery in Ireland
- (D) The spread of metalworking techniques from early Ireland

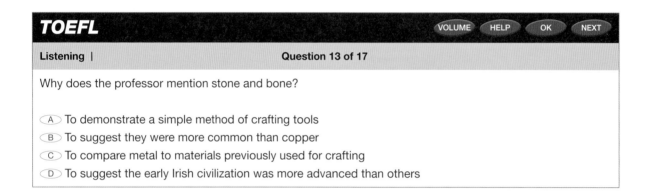

Why does the professor mention stone and bone?

- (A) To demonstrate a simple method of crafting tools
- (B) To suggest they were more common than copper
- (C) To compare metal to materials previously used for crafting
- (D) To suggest the early Irish civilization was more advanced than others

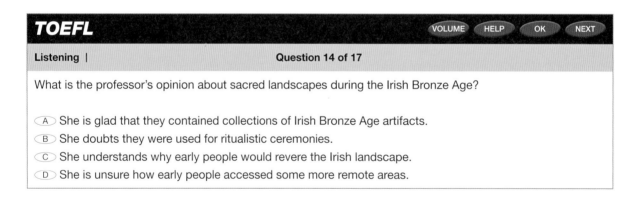

What is the professor's opinion about sacred landscapes during the Irish Bronze Age?

- (A) She is glad that they contained collections of Irish Bronze Age artifacts.
- (B) She doubts they were used for ritualistic ceremonies.
- (C) She understands why early people would revere the Irish landscape.
- (D) She is unsure how early people accessed some more remote areas.

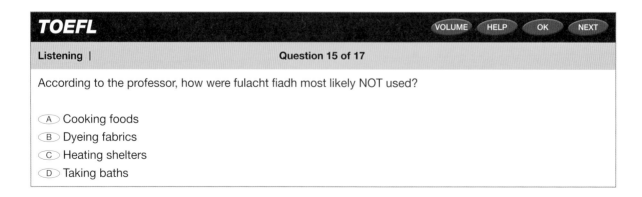

According to the professor, how were fulacht fiadh most likely NOT used?

- (A) Cooking foods
- (B) Dyeing fabrics
- (C) Heating shelters
- (D) Taking baths

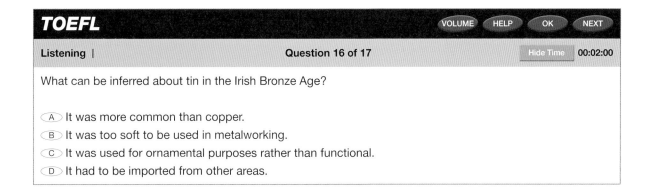

What can be inferred about tin in the Irish Bronze Age?

- (A) It was more common than copper.
- (B) It was too soft to be used in metalworking.
- (C) It was used for ornamental purposes rather than functional.
- (D) It had to be imported from other areas.

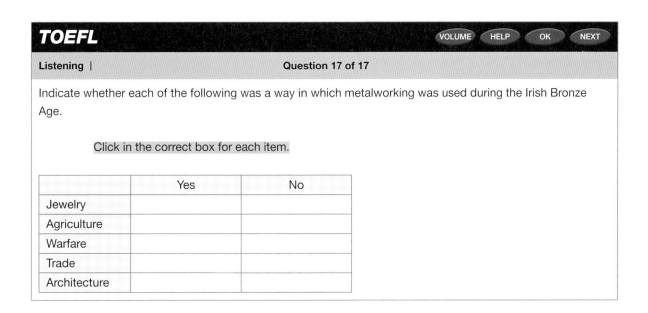

Indicate whether each of the following was a way in which metalworking was used during the Irish Bronze Age.

Click in the correct box for each item.

	Yes	No
Jewelry		
Agriculture		
Warfare		
Trade		
Architecture		

Listening Directions

You will now begin the next part of the Listening Section.

You must answer each question. After you answer, click on **NEXT**. Then click on **OK** to confirm your answer and go on to the next question. After you click on **OK**, you cannot return to previous questions.

Click on **CONTINUE** to go on.

Why does the student visit the dean's office?

- (A) To request permission to start a new club on campus
- (B) To discuss a student organization's financial problems
- (C) To arrange an interview for a college radio show
- (D) To inquire about changes made to tuition fees

What does the dean imply about the university's extracurricular activities?

- (A) They mostly focus on sports activities.
- (B) They are fully supported by fundraising events.
- (C) They all received less funding this year.
- (D) They are reviewed each year by the administration.

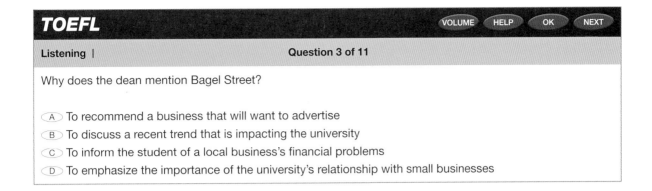

Why does the dean mention Bagel Street?

- A To recommend a business that will want to advertise
- B To discuss a recent trend that is impacting the university
- C To inform the student of a local business's financial problems
- D To emphasize the importance of the university's relationship with small businesses

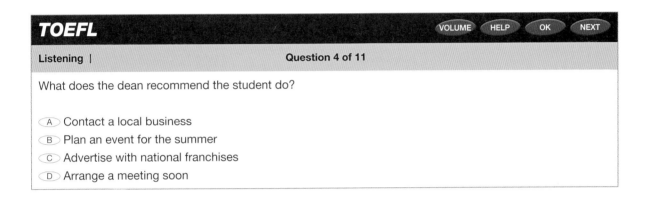

What does the dean recommend the student do?

- A Contact a local business
- B Plan an event for the summer
- C Advertise with national franchises
- D Arrange a meeting soon

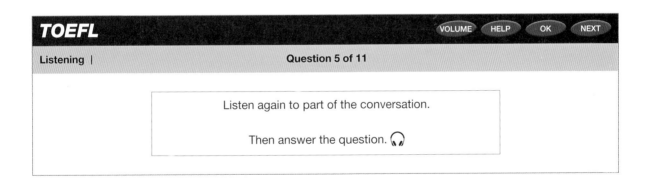

Listen again to part of the conversation.

Then answer the question.

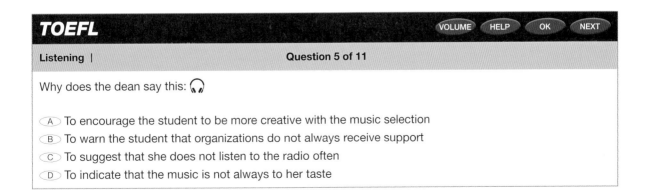

Why does the dean say this:

- A To encourage the student to be more creative with the music selection
- B To warn the student that organizations do not always receive support
- C To suggest that she does not listen to the radio often
- D To indicate that the music is not always to her taste

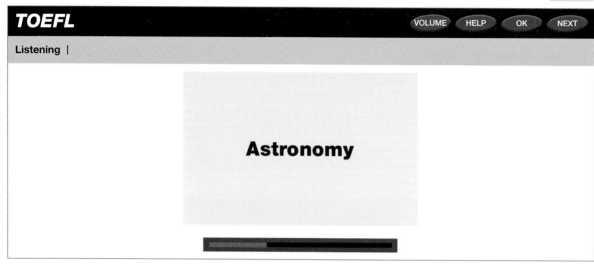

Astronomy

What is the main topic of the lecture?

- Ⓐ The comparison of the planets in the Solar System
- Ⓑ The search for extra-terrestrial life
- Ⓒ The conditions that allow Earth to support life
- Ⓓ The criteria for finding habitable planets

What is the professor's attitude toward investigating every planet for life?

- Ⓐ It requires decades of work.
- Ⓑ It will soon be successful.
- Ⓒ It is a waste of time.
- Ⓓ It allows us to learn more about planets.

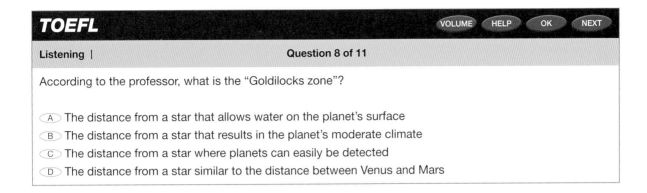

According to the professor, what is the "Goldilocks zone"?

- (A) The distance from a star that allows water on the planet's surface
- (B) The distance from a star that results in the planet's moderate climate
- (C) The distance from a star where planets can easily be detected
- (D) The distance from a star similar to the distance between Venus and Mars

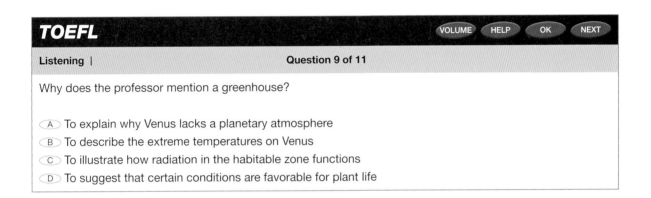

Why does the professor mention a greenhouse?

- (A) To explain why Venus lacks a planetary atmosphere
- (B) To describe the extreme temperatures on Venus
- (C) To illustrate how radiation in the habitable zone functions
- (D) To suggest that certain conditions are favorable for plant life

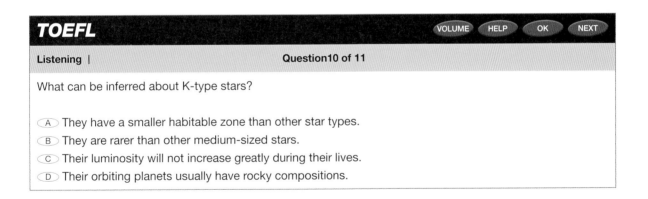

What can be inferred about K-type stars?

- (A) They have a smaller habitable zone than other star types.
- (B) They are rarer than other medium-sized stars.
- (C) Their luminosity will not increase greatly during their lives.
- (D) Their orbiting planets usually have rocky compositions.

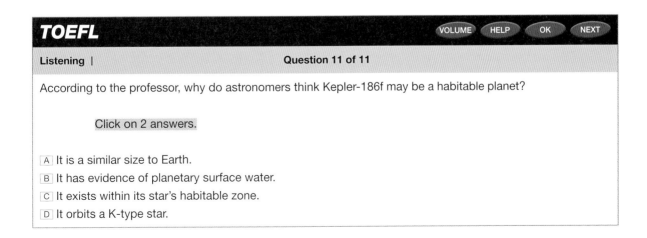

According to the professor, why do astronomers think Kepler-186f may be a habitable planet?

Click on 2 answers.

- [A] It is a similar size to Earth.
- [B] It has evidence of planetary surface water.
- [C] It exists within its star's habitable zone.
- [D] It orbits a K-type star.

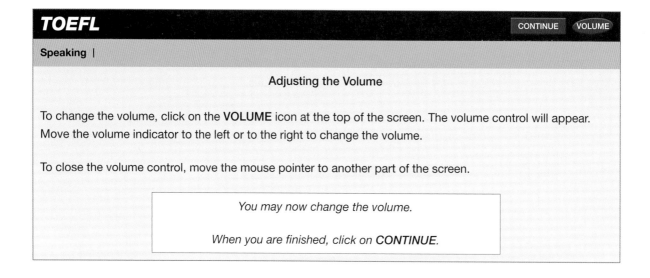

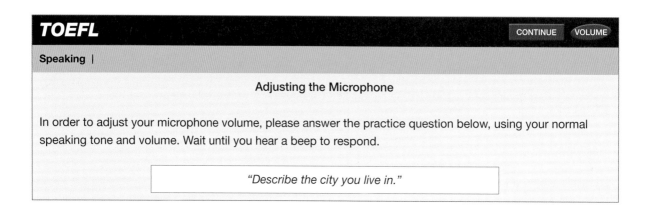

Speaking Section Directions

In this speaking test, you will be able to demonstrate your ability to speak about a wide range of subjects. There are four questions, and you must use the microphone to answer each one. Provide complete answers for all questions.

In question one, you will be required to speak about a familiar topic. Your ability to speak clearly and coherently will determine your score.

In questions two and three, you will first have to read a short text. The text will then disappear from the screen, and you will hear a talk on the same topic. You will then have to respond to a question. To answer this question, you must combine details from the text and talk. Your ability to speak clearly and coherently and to accurately convey what you have read and heard will determine your score.

In question four, you will hear part of a lecture. You must then respond to a question about this lecture. Your ability to speak clearly and coherently and to accurately convey what you have heard will determine your score.

Taking notes while listening to a conversation or lecture is allowed. These notes may be used as you prepare your response.

Listen carefully to the directions for each question. The directions will not appear on the screen.

You will have a limited amount of time to prepare a response for each question, as indicated by the clock on the screen. You will be instructed to begin your response once you have no preparation time remaining. Likewise, the amount of response time you have remaining will be shown by a clock on the screen. When you have run out of response time, a message will appear on the screen.

Some university students choose to take difficult classes even though they know they might not get good grades in the classes. Other students prefer to take easier classes in which they know they will get good grades.
Which do you prefer? Use specific examples and details to explain your preference.

Preparation Time   15 Seconds
Response Time   45 Seconds

PREPARATION TIME
00:00:15

Running Time: 45 Seconds

Plan to Provide Free Tutoring

The university is pleased to announce that, starting next semester, we plan to offer free tutoring to all students throughout their first year of study. The university dean, Elizabeth Mearns, recently acknowledged that first-year students face many academic problems when trying to adjust to university life after leaving high school. The tutoring service that will be made available to these students will give them access to additional support to ensure that they are able to complete their academic assignments. Each and every first-year student will have a chance to work with a tutor who is currently majoring in their own specific field of study, at no cost to the students.

The woman expresses her opinion about the university's plan. Briefly summarize the plan. Then state her opinion about the plan and explain the reasons she gives for holding that opinion.

Preparation Time   30 Seconds
Response Time   60 Seconds

PREPARATION TIME
00:00:30

TOEFL

VOLUME

Running Time: 45 Seconds

Carrying Capacity

To survive in nature, animals must have access to adequate supplies of resources such as water and food. However, because habitats have a limited supply of such resources, they can only support and sustain a limited number of animals of each species. The maximum number of animals of a particular species that can survive in a given habitat is referred to as the carrying capacity. Assuming there is no disruption that alters the relationship between a species and its habitat, the carrying capacity and population will remain balanced. However, when environmental changes or human activities alter certain factors in a habitat, populations may begin to exceed the carrying capacity.

TOEFL

VOLUME

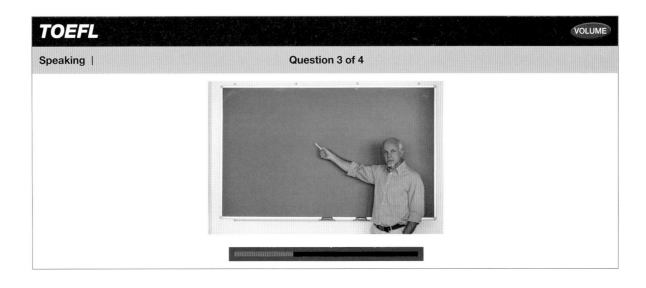

TOEFL

VOLUME

Explain the concept of carrying capacity using the example of the white-tailed deer and wolves.

Preparation Time   30 Seconds
Response Time   60 Seconds

PREPARATION TIME
00:00:30

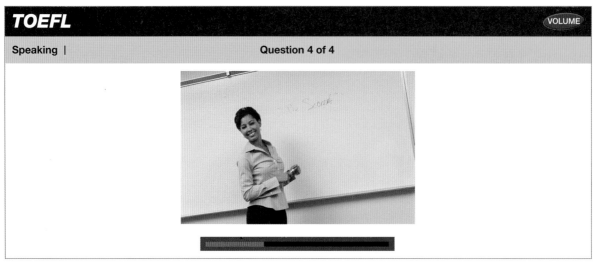

How is moral suasion used to increase environmental awareness? Use the Woodsy Owl mascot and recycling campaigns to explain how it works.

<table>
<tr><td>Preparation Time</td><td>20 Seconds</td></tr>
<tr><td>Response Time</td><td>60 Seconds</td></tr>
</table>

PREPARATION TIME
00:00:20

WRITING

TOEFL CONTINUE VOLUME

Writing |

Writing Section Directions

This section measures your ability to use writing to communicate in an academic environment. There will be two writing tasks.

For the first writing task, you will read a passage and listen to a lecture and then answer a question based on what you have read and heard. For the second task, you will answer a question based on your own knowledge and experience.

Now listen to the directions for the first writing task.

TOEFL CONTINUE VOLUME

Writing |

Writing based on Reading and Listening

In this task, you will read a passage about an academic topic and you will listen to a lecture about the same topic. You may take notes while you read and listen.

Then you will write a response to a question that asks you about the relationship between the lecture you heard and the reading passage. Try to answer the question as completely as possible using information from the reading passage and the lecture. The question does not ask you to express your opinion. You may refer to the reading passage when you write. You may use your notes to help you answer the question.

Try to make a response that is somewhere between 150 to 225 words. Your response will be judged on the quality of your writing and on the completeness and accuracy of the content.

You should allow 3 minutes to read the passage. Then listen to the lecture. Then allow 20 minutes to plan and write your response.

In the 1950s, six small dams were constructed in Montana, which eventually resulted in blocking spawning migration routes for the pallid sturgeon and caused populations to significantly decrease. In order to rejuvenate the pallid sturgeon population, state officials planned to give the fish access to their spawning sites through Yellowstone River. Currently, however, migrating fish find their passage along Yellowstone River blocked by the Intake Diversion Dam, which raises water levels and keeps local irrigation canals full for nearby farms. State officials have proposed replacing the Intake Diversion Dam with a larger, fish-friendlier system, based on three key factors.

First, government engineers have proposed building a larger concrete dam with an artificial side channel that the pallid sturgeon could use to reach their spawning grounds. The side channel would be a winding, 4-kilometer-long passage that would recreate the slow flows and habitat that sturgeon are used to in the wild, helping the fish to navigate around the dam on their way upriver. In order for a side channel to be attractive to fish, it must replicate the velocity and depth conditions that the fish are known to prefer; otherwise, the side channel will see only limited use.

Second, the proposed dam would include a series of gates that could provide more optimal conditions for fish using the side channel to move upriver. Flow control gates would be operated to ensure a steady water flow along the channel, and access gates would be used to allow temporary closure of the channel for cleaning and maintenance activities.

Third, as an alternative approach, state officials propose installing a network of pumping stations at the site where the Intake Diversion Dam will be removed. The pumping stations would meet the needs of local farms by taking water from the river, passing it through fish screens or filters, and dumping it into irrigation canals. Such an approach would allow the pallid sturgeon to travel upriver with very few obstructions.

Directions: You have 20 minutes to plan and write your response. Your response will be judged on the basis of the quality of your writing and on how well your response presents the points in the lecture and their relationship to the reading passage. Typically, an effective response will be 150 to 225 words.

Question: Summarize the points made in the lecture, being sure to explain how they challenge the specific points made in the reading passage.

In the 1950s, six small dams were constructed in Montana, which eventually resulted in blocking spawning migration routes for the pallid sturgeon and caused populations to significantly decrease. In order to rejuvenate the pallid sturgeon population, state officials planned to give the fish access to their spawning sites through Yellowstone River. Currently, however, migrating fish find their passage along Yellowstone River blocked by the Intake Diversion Dam, which raises water levels and keeps local irrigation canals full for nearby farms. State officials have proposed replacing the Intake Diversion Dam with a larger, fish-friendlier system, based on three key factors.

First, government engineers have proposed building a larger concrete dam with an artificial side channel that the pallid sturgeon could use to reach their spawning grounds. The side channel would be a winding, 4-kilometer-long passage that would recreate the slow flows and habitat that sturgeon are used to in the wild, helping the fish to navigate around the dam on their way upriver. In order for a side channel to be attractive to fish, it must replicate the velocity and depth conditions that the fish are known to prefer; otherwise, the side channel will see only limited use.

Second, the proposed dam would include a series of gates that could provide more optimal conditions for fish using the side channel to move upriver. Flow control gates would be operated to ensure a steady water flow along the channel, and access gates would be used to allow temporary closure of the channel for cleaning and maintenance activities.

Third, as an alternative approach, state officials propose installing a network of pumping stations at the site where the Intake Diversion Dam will be removed. The pumping stations would meet the needs of local farms by taking water from the river, passing it through fish screens or filters, and dumping it into irrigation canals. Such an approach would allow the pallid sturgeon to travel upriver with very few obstructions.

Cut   Paste   Undo   Redo   Word Count: 0

Writing for an Academic Discussion

For this task, you will read an online discussion. A professor has posted a question about a topic, and some classmates have responded with their ideas.

Write a response that contributes to the discussion. You will have 10 minutes to write your response. It is important to use your own words in the response. Including memorized reasons or examples will result in a lower score.

Your professor is teaching a class on social studies. Write a post responding to the professor's question. In your response you should:

• express and support your opinion
• make a contribution to the discussion

An effective response will contain at least 100 words. You have 10 minutes to write it.

Dr. Hoffman

Social media is prevalent in today's society. Most people own at least one social media account on Facebook, Twitter, or Instagram. Before our class next week, I want to know what you think about this topic. Discuss the following question on the class discussion board:

Is social media largely beneficial, or does it cause more harm than good?

Eric

I think social media is beneficial in that it has made it easier for people to stay in touch with family and friends who live far away. Thanks to social media platforms, we can upload our pictures and post messages for our loved ones to see. Moreover, we can make calls and send pictures for free.

Rose

While social media is useful when communicating, it has more negative effects. Studies have shown that social media has contributed to a rise in depression, anxiety, and other mental health issues. This is especially true for teenagers who are prone to cyberbullying and social media addiction.

Cut   Paste   Undo   Redo   Word Count: 0

NO TEST MATERIAL ON THIS PAGE

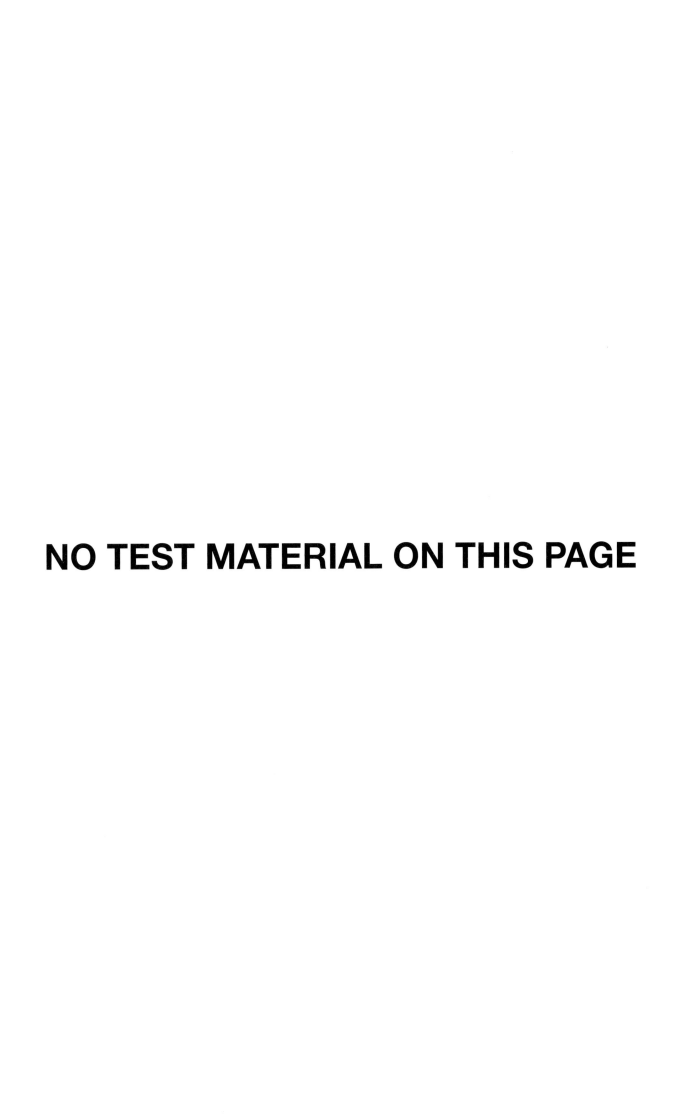

NO TEST MATERIAL ON THIS PAGE

시원스쿨LAB 강사 라인업

20년 노하우의 토플/아이엘츠/듀오링고/토익/토스/오픽/지텔프/텝스/SPA
기출 빅데이터 심층 연구로 빠르고 효율적인 목표 점수 달성을 보장합니다.

시험영어 전문 연구 조직

시원스쿨어학연구소

 시험영어 전문

 기출 빅데이터

 264,000시간

TOEFL/IELTS/Duolingo/
TOEIC/TOEIC Speaking/
TEPS/ OPIc/G-TELP/SPA
공인 영어시험 콘텐츠 개발 경력
20년 이상의 국내외 연구원들이
포진한 전문적인 연구 조직입니다.

본 연구소 연구원들은
매월 각 전문 분야의
시험에 응시해 시험에 나온
모든 문제를 철저하게 해부하고,
시험별 기출문제 빅데이터 분석을
통해 단기 고득점을 위한
학습 솔루션을 개발 중입니다.

각 분야 연구원들의 연구시간
모두 합쳐 264,000시간
이 모든 시간이 쌓여
시원스쿨어학연구소가
탄생했습니다.

목표 달성 후기가 증명합니다
고민하지 말고 지금 시작하세요!

류형진 선생님 강의
듣고 110점 맞았습니다!

수강생 강*희

특히 **라이팅 부분은 많은 주제를 써보는 것이 유리합니다.** 이번 시험에 황당한 주제를 받아서 당황했지만 선생님께서 알려주신 **브레인스토밍 기법으로 어느 방향으로 쓰는 것이 쉬운지 먼저** 파악했고 다른 주제들에서 사용했던 아이디어들을 잘 응용해서 다행히 잘 썼습니다.
나름 명문대를 다니고 있지만 주변 친구들 중 100점 넘는 친구를 거의 못 봤습니다. 이번에 **단기간에 목표 점수를 잘 받아서** 내년에 괜찮은 영어권 대학으로 교환학생을 갈 수 있게 됐습니다.

Listening Lecture 6개 중
4개 틀리던 제게 희망을!

수강생 정*연

영어를 5분 이상 듣는 것조차 너무 스트레스였고, 리스닝은 한 번에 늘지 않는다는 것에 절망했습니다. 하지만, 레이첼 쌤과 함께 수업을 하고 정답률이 많이 높아졌습니다.

리스닝을 구조화해서 노트테이킹 하는법을 배웠고, 이는 내가 100% 이해하지 않아도 "이부분에서 이러한 이야기가 나왔으니 **이게 정답이겠다"라는 생각으로 문제를 풀 수 있었습니다. 덕분에 2주만에 리스닝 6점이 올랐습니다.**

시험 직전 최종 점검 실전 모의고사

SIWONSCHOOL
TOEFL Actual Tests

개정 1쇄 발행 2023년 8월 1일
개정 2쇄 발행 2023년 12월 1일

지은이 시원스쿨어학연구소
펴낸곳 (주)에스제이더블유인터내셔널
펴낸이 양홍걸 이시원

홈페이지 www.siwonschool.com
주소 서울시 영등포구 국회대로74길 12 시원스쿨
교재 구입 문의 02)2014-8151
고객센터 02)6409-0878

ISBN 979-11-6150-716-3 13740
Number 1-110505-18180400-09

시원스쿨 TOEFL

TOEFL

Test of English as a Foreign Language

Answers,
Explanations,
and Scripts

시원스쿨 **LAB**

Actual Test 1

Reading

ANSWERS

1. (B)	2. (C)	3. (D)	4. (A)	5. (C)	6. (A)	7. (C)	8. (D)	9. 3rd	10. (C), (D), (F)
11. (B)	12. (D)	13. (D)	14. (B)	15. (A)	16. (C)	17. (B)	18. (D)	19. 1st	20. (A), (D), (E)

Questions 1-10

나일 강과 고대 이집트

5,000년 넘게 지속된 – 아마 다른 어떤 고대 문명 사회보다 더 오래 유지된 것일 수도 있는 – 고대 이집트는 나일 강둑을 따라 번성했다. 메소포타미아의 티그리스 강과 유프라테스 강처럼, 나일 강은 이집트에게 있어 끊임없는 생명 유지의 원천이었다. 게다가, 이 강의 범람, 즉 유익하면서 시기 적절한 홍수로 인해 나일 계곡은 전 세계에서 가장 비옥한 지역들 중 한 곳이 되었다. [1(B)]이렇게 확실한 농업의 토대가 생기면서 고대 이집트는 다수의 왕국과 외세의 침략을 겪으면서도 지속될 수 있었다. 대단히 중요했던 나일 강의 연례적인 범람이 이집트 문명의 사회적, 정치적, 그리고 종교적 신념을 형성시켰다.

해마다, 장마철 같은 날씨가 에티오피아의 고지대에 아주 많은 강수량을 촉발시켰는데, 이것이 나일 강의 원천이었다. 이 빗물은 나일 강의 두 지류 중 하나인 청나일 강 유역으로 토사와 퇴적물을 쓸려 보냈다. 그런 다음 나일 강을 따라 이동하고 강둑마다 침전되면서 수분으로 땅을 흠뻑 적셔 삼각주의 토양을 대단히 풍요롭게 하고 범람원을 에워싸게 된다. [2(C)]그 결과로 생겨난 것이 고대의 몇몇 가장 비옥한 농지였다. 게다가, 이러한 상황이 매년 발생되었기 때문에, 성가신 토지 관리 문제가 좀처럼 나타나지 않았다. 농지는 묵혀 놓는 상태로 있을 필요가 없었으며, 토양의 염분이 자연적으로 유지되었다.

연례적으로 나타나는 나일 강의 범람은 이집트인들이 활용한 역년의 토대가 되었는데, 이는 세 가지 계절, 즉 아크헷과 페레트, 그리고 셰무로 나뉘었다. 말 그대로 '범람'을 뜻하는 아크헷은 홍수 발생 기간이었는데, [3(D)]대략 9월에서 1월까지 나타났다. 홍수가 절정에 이르는 시기에, 삼각주와 범람원은 수위보다 1.5미터 아래에 잠기곤 했다. 8월말에 아스완 주변에서 물이 불어나기 시작했다가 강 하류 쪽으로 서서히 흘러 나갔다. 아크헷 다음은 겨울철인 페레트, 즉 '출현'에 해당되는 시기로, 작물이 자라는 때였다. 홍수로 불어난 물이 줄어들면, 농지에 밀과 보리, 아마, 그리고 파피루스 같은 주요 작물을 심었다. 이 작물들은 토양의 풍요로움 덕분에 3월에서 5월까지 대체로 별 도움 없이 자라면서 익었다. 그 후 셰무, 즉 '불타는 것'을 의미하는 기간이 추수와 함께 이어졌는데, 범람원이 마르고 나일 강의 흐름이 줄어드는 시기였다. [4(A)]그 후, 고대 이집트인들에게 마치 마법이라도 발생하듯, 그 전체 주기가 8월 중순에서 하순쯤 다시 시작되었다.

범람이 매년 발생하기는 했지만, 홍수의 규모가 제각각이었기 때문에 이집트 사회에 심각한 영향을 미칠 수 있었다. 홍수 규모가 너무 작으면 범람원의 최대 3분의 1에 달하는 곳이 경작할 수 없는 상태가 되어 식량 부족과 기근 문제로 이어졌으며, 마찬가지로, 홍수 규모가 너무 크면 관개를 용이하게 하는 강 유역과 제방, 그리고 수로를 파괴했다. [5(C)]이러한 문제들을 예견하기 위해, 제사장들이 나일 강 수위계를 활용했는데, 이는 예상 홍수 수준을 [6(A)]가늠하기 위해 물이 처음 불어나기 시작하는 상류에 지은 특수 구조물이었다. 그 뒤로 작물 생산 가능성을 추정할 수 있었으며, 여러 부족 현상을 예상할 수 있었다.

이집트 문명 사회가 하천 제방에 밀접하게 초점을 맞추면서, 지리적으로 정치적 통합을 이루기에 유리했다. 농부들과 소작농들은 단체로 범람원의 비옥함을 이용할 수 있었으며, 통치자들은 수확물에 세금을 매기고 기근에 맞선 잉여 농산물 및 변덕스러운 범람에 따른 직접적인 노동력을 비축하고 분배할 수 있었다. [7(C)]통치자들이 식량 공급 실패에 대한 책임을 졌기 때문에, 노동자들과 엘리트 계층 사이의 협력은 더 작은 사회 집단들 사이의 협동성을 더욱 면밀히 보여주는 것이었다. 게다가, 중앙 집권화된 노동 인구 조직은 고대 이집트를 불멸의 존재로 만든 기념비적인 건축물들을 짓는 데 도움이 되었던 규율 및 조직화에 기여했다. [8(D)]심지어 가능성 높은 한 이론은 농부들이 셰무에 해당되었던 느슨한 여름 기간에 피라미드 작업을 했다는 내용도 제시하고 있다.

당연하게도, 나일 강 범람의 변덕스러운 특성은 고대 이집트의 종교적 믿음에도 크게 영향을 미쳤다. 종교적 관찰은 고대 이집트인들이 다소 실용적인 태도를 보였던 나일 강 자체가 아니라 범람을 바탕으로 했다. ■ 왕과 파라오가 최적의 홍수 수준을 보장받기 위해 여러 신들과의 중재에 나서야 했다. ■ 이는 범람의 화신인 하피를 통해 이뤄졌다. [9]■ 고대 이집트 신들 중 주요 신은 아니었지만, 하피는 비옥함과의 관련성으로 인해 여러 신들의 아버지로 여겨졌다. 하피는 질서정연하고 조화로운 시스템을 관리했는데, 모두 범람의 축복 속에 이뤄진 것이었다. ■

[Vocabulary]

1. **ceaseless source** 끊임없는 원천 **sustenance** 생명 유지 **inundation** 범람 **fertile region** 비옥한 지역 **persist** 지속되다

2. **monsoon-like weather** 장마철 같은 날씨 **unleash** ~을 촉발시키다 **a deluge of** 아주 많은 **precipitation** 강수(량) **tributary** 지류 **delta** 삼각주 **floodplain** 범람원 **saturate** ~을 흠뻑 적시다 **in antiquity** 고대의 **vexing** 성가신, 귀찮은 **fallow** (토지 등이) 묵히고 있는, 휴한 중인 **salinity** 염분

3. **become submerged under** ~ 밑으로 잠기게 되다 **swell** 물이 불어나다 **course downriver** 강 하류로 흘러 나가다 **dwindle** 줄어들다

4. **magnitude** 규모 **unfarmable** 경작할 수 없는 **famine** 기근 **basin** 강 유역 **dike** 제방, 둑 **canal** 수로 **facilitate** ~을 용이하게 하다 **irrigation** 관개

5. **favor** ~에 유리하다 **peasant** 소작농 **collectively** 집단으로, 한데 묶어서 **exploit** ~을 이용하다, 활용하다 **surplus** 잉여 농산물 **whim** 변덕 **assume accountability for** ~에 대한 책임을 지다 **provision** 식량/필수품 공급 **mirror** ~을 반영하다, 잘 보여 주다 **contribute to** ~에 기여하다, 도움이 되다

discipline 규율, 훈육 immortalize ~을 불멸의 존재로 만들다 slack 해이한, 느슨한

6. capricious 변덕스러운 observation 관찰, 관측 pragmatic 실용적인 intervene with ~와 중재하다 optimal 최적의 personify ~의 화신이다
preserve ~을 관리하다, 보존하다

1 첫 번째 단락에 따르면, 다음 중 어느 것이 고대 이집트에 관해 사실인가?
(A) 다른 어떤 고대 문명 사회보다 더 오래 지속되었다.
(B) 그 역사 전반에 걸쳐 여러 차례 침략되었다.
(C) 그 발전이 메소포타미아의 발전과 동시에 일어났다.
(D) 티그리스 강과 유프라테스 강 근처에 위치해 있었다.

해설 This strong agricultural base allowed Ancient Egypt to persist through multiple kingdoms and foreign invasions을 통해 (B)가 사실임을 확인할 수 있다. (A)는 본문에서는 추측을 나타내므로(possibly longer than any other ancient civilization), 오답이다.

어휘 coincide with ~와 동시에 일어나다

2 두 번째 단락에 따르면, 다음 중 어느 것이 범람의 이점으로 언급되지 않는 것인가?
(A) 침전된 토사가 강둑을 따라 위치한 토양을 더욱 비옥하게 만들었다.
(B) 토양의 염분 농도가 관리될 필요가 없었다.
(C) 관개 시스템이 물을 먼 곳의 밭으로 보냈다.
(D) 농지가 여러 해 동안 연속으로 새로 식물을 심을 수 있었다.

해설 두 번째 문단에서는 관개 시스템(irrigation system)에 대한 언급이 전혀 없다. 오히려 관리가 거의 필요없다는 내용이 나오므로 (since this happened each year, the vexing issue of land management rarely arose), (C)가 정답이다.

어휘 channel water to ~로 물을 보내다, 물줄기를 돌리다 in consecutive years 여러 해 동안 연속으로

3 해당 단락의 단어 "roughly"와 의미가 가장 가까운 것은 무엇인가?
(A) 우연히, 무심코
(B) 폭력적으로
(C) 자주
(D) 대략

해설 지문의 roughly(대략)와 approximately(대략)는 동의어로 정답은 (D)이다.

4 세 번째 단락에서, 이집트의 달력과 관련해 무엇을 유추할 수 있는가?
(A) 고대 이집트인들은 아크헷 기간에 무엇이 강물을 범람하도록 초래했는지 알지 못했다.
(B) 홍수로 불어난 물은 셰무 기간 중의 높은 기온으로 인해 약해졌다.
(C) 그 달력은 나일 강이 범람하지 않았을 때는 쓰이지 않았다.
(D) 대부분의 작물이 페레트 기간이 끝날 때 심어졌다.

해설 Then, magically to the Ancient Egyptians, the whole cycle started again around mid to late August를 통해, 고대 이집트인들이 강물 범람 원인을 제대로 알지 못했음을 유추할 수 있다.

또한 세 번째 단락 전체에도 강물 범람 원인을 고대 이집트인들이 알았는지에 대한 내용은 없으므로 (A)가 정답이다. (B)는 오답으로 홍수물이 약해지는(floodwaters receded) 기간은 페레트이다.

5 글쓴이는 네 번째 단락에서 왜 "나일 강 수위계"를 이야기하는가?
(A) 초기 이집트인의 공학 기술을 설명하기 위해
(B) 범람으로 인해 초래된 혁신의 예시를 제공하기 위해
(C) 고대 이집트인이 어떻게 다양한 홍수 수준에 대비했는지 알려주기 위해
(D) 고대 이집트인이 홍수 수준에 크게 영향받지 않았음을 주장하기 위해

해설 네 번째 단락은 홍수가 미치는 영향과 그에 따른 문제점들을 설명하며 이를 예측하기 위해(To foresee such problems), nilometers(나일 강 수위계)가 사용되었음을 언급하고 있으므로, (C)가 정답이다.

6 해당 단락의 단어 "gauge"와 의미가 가장 가까운 것은 무엇인가?
(A) 측정하다
(B) 추측하다
(C) 보고하다
(D) 조정하다

해설 지문의 gauge(측정하다)와 measure(측정하다)는 동의어로 정답은 (A)이다.

7 다음 문장들 중 어느 것이 지문의 하이라이트 표기된 문장에 담긴 핵심 정보를 가장 잘 표현하는가? 오답 선택지는 중요한 방식으로 의미를 변경하거나 핵심 정보를 배제한다.

통치자들이 식량 공급 실패에 대한 책임을 졌기 때문에, 노동자들과 엘리트 계층 사이의 협력은 더 작은 사회 집단들의 협력을 더욱 밀접하게 반영하는 것이었다.

(A) 통치자들이 고대 이집트의 전체 인구를 지속시킬 정도로 충분한 작물을 재배하지 못한 것에 대해 소규모 지역 사회에 속한 노동자들을 직접적으로 비난할 수 있었다.
(B) 고대 이집트의 상류층은 더 낮은 계층의 일상적인 일과와 직접적인 관련성을 지니고 있었다.
(C) 통치자들이 식량 부족에 대한 책임을 졌기 때문에 다른 대규모 문명 사회들에 비해 소작농 계급과 더욱 밀접한 관계를 맺고 있었다.
(D) 매번 수확 후에 노동자들과 엘리트 계층 모두를 위해 충분한 식량이 재배되고 저장되도록 통치자들이 보장해 주었다.

해설 하이라이트 문장의 핵심 정보는 통치자들이 식량 공급에 책임을 지기에(As the rulers assumed accountability for provision failures), 더 작은 사회에서의 노동자와 엘리트 간 협력을 보여준다(the cooperation between workers and elites more

3

closely mirrored that of smaller societies)로, 정답은 (C)이다. (A)는 잘못된 내용을 기술하고(Rulers could directly blame workers), (B)는 식량 공급(provision)에 대한 내용이 빠져 있고, (D)는 협력(cooperation) 내용이 없으므로 오답이다.

어휘   sustain ~을 지속시키다, 유지하다   have an intimate connection with ~와 밀접한 관련성을 지니다

8   다섯 번째 지문에 따르면, 농부들이 세무 기간에 기념비적인 건축물 작업을 한 이유는 무엇인가?
   (A) 그 구조물들이 연말 전까지 완성되어야 했기 때문에
   (B) 홍수로 인해 농사를 지을 수 없었기 때문에
   (C) 날씨가 공사 작업에 도움이 되었기 때문에
   (D) 해야 할 농사일이 더 적었기 때문에

해설   농부들이 느슨한 여름에 일을 했다고 언급되기에(farmers worked on the pyramids during the slack summer months of Shemu), 정답은 (D)이다. 지문에서 (A), (B), (C)에 대한 내용은 나와 있지 않다.

어휘   conducive to ~에 도움이 되는, ~에 좋은

9   다음 문장이 지문에 추가될 수 있는 곳을 나타내는 네 개의 네모 표기[■]를 찾아 보시오.

과다 체중에 중성적인 인물로 묘사된, 그는 비옥함을 상징했으며, 파라오에게 물과 기타 물품을 제공했다.

위 문장은 어느 곳에 가장 적합하겠는가? 네모 표기[■]를 클릭해 지문에 이 문장을 추가하시오.

해설   제시된 삽입 문장은 Hapi(하피)에 대한 묘사이므로, Hapi에 대한 언급이(This was done through the god Hapi, who personified inundation) 먼저 나와야 삽입 문장과 자연스럽게 연결된다. 따라서 세 번째 ■가 정답이다.

어휘   androgynous 중성적인

10   설명: 간략한 지문 요약에 필요한 도입 문장이 아래에 제공되어 있다. 지문에서 가장 중요한 개념들을 나타내는 세 가지 답안 선택지를 골라 요약 내용을 완성하시오. 일부 답안 선택지는 지문에 제시되지 않는 개념을 나타내거나 지문에서 중요하지 않은 개념들이므로 요약 내용에 속하지 않는다. **이 문제는 2점에 해당된다.**

나일 강의 범람은 고대 이집트 문명의 여러 측면에 영향을 미쳤다.

   (A) 에티오피아 고지대의 폭우는 청나일 강으로 흘러 들어갔으며, 나일 계곡을 따라 홍수를 초래했다.
   (B) 나일 강의 화신인 하피는 고대 이집트 종교의 주요 신이었다.
   (C) 홍수 수준의 변동성이 고대 이집트의 정치 및 종교적 신념을 형성했다.
   (D) 범람이 나일 강을 따라 위치한 토지를 비옥하게, 그리고 농사에 매우 유리하게 만들었다.
   (E) 고대 이집트인들은 범람을 더 잘 이용하기 위해 강 유역의 관개 시설을 개발했다.
   (F) 이집트의 달력은 나일 강 홍수를 바탕으로 세 가지 계절로 나뉘었다.

해설   도입 문장은 나일 강의 범람이 고대 이집트 여러 분야에 영향을 미쳤다고 하므로(The inundation of the Nile influenced several aspects of Ancient Egyptian civilization), 이 도입 문장과 연관성이 있으면서, 지문의 중요 내용이 기술된 보기를 선택해야 한다. 따라서, 지문 전체에 그러한 내용을 담고 있으며 첫 번째 단락 마지막 문장에 그 내용이 명시된 보기 (C), 농사에 미친 영향을 잘 명시한 (D), 그리고 달력에 영향을 미친 내용을 명시한 (F)가 정답이다.
  (A)는 도입 문장과 연관성이 적은, 중요하지 않은 세부 사항이기에 오답이다. (B)는 부정확한 정보(하피는 나일 강이 아닌 범람의 화신으로 주요 신도 아님)로, (E)는 언급되지 않은 내용으로 오답이다.

어휘   embodiment 화신, 구현   deity 신, 신령   volatility 변동성

Questions 11-20

식물 번식 전략

[11(B)]일생 동안 한 생물체가 이용 가능한 에너지와 자원의 양이 제한되어 있다는 점은 생물학의 기본 법칙이다. 삶의 이력 전반에 걸쳐, 생물체는 반드시 이 제한된 에너지를 성장과 먹을 것을 모으는 일, 그리고 짝을 찾는 과정과 같은 다양한 기능에 분배해야 하며, 그 궁극적인 목표는 번식과 유전자 정보 전달이다. 자연 선택에 따라 생물체는 번식 성공률을 극대화하도록 적응하며, 자원 분배 과정에서 반드시 균형이 이뤄져야 한다. 삶의 이력과 관련된 특성들 사이에 존재하는 수많은 균형들은 자연 세계에 예시로 남겨져 있으며, 그 대부분의 중심이 되는 것이 번식 문제이다. 이러한 문제에는 다른 수많은 무엇보다도 현재의 생산성 대 생존, 현재의 생산성 대 미래의 생산성, 그리고 자손의 숫자 대 규모가 포함된다.

이러한 균형들은 대체로 일회 번식 또는 반복 번식 중의 하나에 대한 선택을 통해 다뤄진다. 그 이름이 나타내듯, 일회 번식 전략을 지니고 있는 종은 가용할 수 있는 모든 자원을 한 번의 대규모 번식 과정에 [12(D)]쏟아 붓는다. 이러한 자원 소모는 해당 생물체가 번식 후에 맞는 죽음으로 막을 내리지만, 무수히 많은 자손을 생산하기도 한다. 그 반대의 경우가 반복 번식인데, 이는 한 생물체가 성숙해져서 일생 동안에 걸쳐 여러 차례 번식 주기를 갖는 것으로, 각각의 개별 주기를 통해 일회 번식에서 고유하게 나타나는 자손 숫자보다 훨씬 더 적은 수를 생산한다.

번식 전략들 사이에 존재하는 차별성은 한해살이 식물과 여러해살이 식물 사이의 차이를 세밀하게 잘 보여준다. [13(D)]정의에 따르면, 한해살이 식물은 발아와 종자 생산, 그리고 죽음에 이르는 모든 수명 주기를 단 한 번의 성장 기간에 거친다. 따라서 이 식물은 일회 번식을 실행한다. 대부분의 초본 식물이 한해살이이며, 사실상 모든 곡물이 그러하다. 쌀과 옥수수가 재배와 일회 번식 사이의 관계를 완벽히 보여주는 예시이자, 이 작물들의 조상이 처음에 농업을 위해 선택된 이유와 관련된 단서일 가능성이 있다. 수명 주기가 2년인 두해살이 식물도 이 범주에 속한다.

반복 번식을 하는 식물은 여러해살이 식물, 즉 수명 주기가 2년보다 더 긴 식물인 경향이 있다. [19■]예를 들어, 미국삼나무는 수백 년 넘게 자라며, 각 번식

주기 중에 수천 개의 씨앗을 방출한다. ■ 과일 나무들도 이 모델을 대표하는데, 자라면서 반복적으로 과일을 생산하기 때문이다. ■ [14(B)]하지만, 모든 여러해살이 식물이 여러 차례 번식하는 것은 아니다. ■ 일부 장수 식물들도 일회 번식을 실행하는데, 그 예가 백년식물인 용설란이다. 이 식물은 100년이 아니라 평균 80년을 살지만, 그 긴 수명의 마지막에 단 한 번 꽃을 피운다.

자연이 어느 방식을 선호하는지에 대한 질문이 그 동안 [15(A)]광범위한 이론 연구의 주제였다. 만일 자연 선택으로 인해 총 수명 번식량이 극대화된다면, 도대체 [16(C)]그것이 어떻게 단 한 번의 번식 과정 후에 끝내버리는 더 짧은 수명을 선호할 수 있겠는가? 역설적으로 보이기는 하지만, [17(C)]일회 번식 종이 반복적으로 번식하는 관련 종보다 흔히 더 많은 자손을 생산한다. 발육기 사망률과 성체 사망률의 비교가 일회 번식이 지니는 장점과 둘 중 한 가지 전략을 택할 가능성이 있는 경향에 따른 장점을 모두 설명하는 데 도움이 된다. 예를 들어, 성장 시작 후 1년 내에 죽는 한해살이 식물은 단 한 번의 번식 과정 속에서 대량의 어린 나무들을 생산하지만, 다수의 주기를 거치는 밀접하게 관련된 종은 한 번의 과정 속에서 훨씬 더 적은 수를 생산한다. [17(A)]만일 그 식물이 높은 성체 사망률을 보인다면, 이후의 주기들을 거치지 못할 가능성이 높다. 이러한 시나리오에서는, 반복 번식이 덜 다산적이다. 게다가, [17(D)]식물이 나이를 먹으면서 이후의 각 주기에 더 낮은 씨앗 생산성을 보이게 된다. 여러 차례 번식하는 식물이 일회 번식의 다산성을 상대로 경쟁하려면 반드시 잘 생존해서 성체기에 접어들어야 한다.

실증적인 데이터로 증명하는 것이 어려운 일이기는 하지만, 가능성 있는 한 가지 기본 모델에 포함되는 것이 사망률이다. [18(D)]낮은 발육기 사망률과 높은 성체 사망률이 존재하는 환경에 처한 종은 일회 번식을 선호하며, 그 반대의 시나리오는 반복 번식을 촉진한다. 하지만, 이렇게 분리된 번식 방식들은 순수한 대안이 아니라 범주 내에서 훨씬 더 반대되는 양 극단을 나타내는 것이다. 종은 환경적 자극에 반응하여 나머지 한쪽 방식으로 이동할 수 있다. 사망률이 높고 반복 주기를 거치는 식물들이 한 번의 번식 과정마다 더 많은 에너지를 쏟는 것으로 관찰되어 왔다. 마찬가지로, 일회 번식 종은 성공적인 자손을 보장하는 데 도움이 되기 위해 분할 번식 모델로 자신들의 주기를 확대해 왔다.

용어 설명 초본 식물: 지상부에 지속성 목본 줄기를 갖고 있지 않은 관다발 식물

[Vocabulary]

1. reproductive strategy 번식 전략 organism 생물체 partition ~을 분할하다, 나누다 pass on ~을 전하다, 넘겨 주다 genetic 유전의 shape ~을 적응시키다 optimize ~을 극대화하다, 최적화하다 trade-off (서로 대립되는 요소 간) 균형, 교환, 거래 trait 특징 exemplify ~을 예시하다, 예로 들다 revolve around ~을 중심으로 하다, ~을 위주로 하다 offspring 자손
2. election 선택 big bang reproduction 일회 번식 repeated reproduction 반복 번식 expenditure 소모, 소비 culminate in ~로 끝이 나다 myriad 무수히 많은 mature 성장하다, 성숙하다 yield ~을 생산하다 inherent in ~에 고유하게 나타나는
3. distinction 차별성, 차이 mirror ~을 반영하다 annual plant 한해살이 식물 perennial plant 여러해살이 식물 germination 발아, 성장 시작 maize 옥수수 domestication 재배, 사육 as to ~에 관해서 biennial 2년에 한 번씩의, 두해살이 식물
4. flower 꽃을 피우다
5. favor ~을 선호하다 paradoxical 역설적인 juvenile 발육기의, 어린 mortality 사망(률) illustrate ~을 설명하다, 보여주다 inclination 경향 seedling 어린 나무 subsequent 이후의, 그 다음의 fecund 다산의 compete against ~을 상대로 경쟁하다 fecundity 다산성
6. empirical 실증적인 incorporate ~을 통합하다 opposite extremes 정반대의 양 극단 spectrum 범주, 범위 alternative 대안, 대체 stimuli 자극 drift toward ~을 향해 이동하다 bet-hedging 분할 번식, 분할 산란 vascular 유관속의, 관이 있는 persistent 지속성의

11 첫 번째 단락에 따르면, 생물체는 왜 반드시 삶의 이력에 나타나는 특성으로 균형을 이뤄야 하는가?
(A) 개체들이 너무 밀집되어 있기 때문에
(B) 자원이 제한되어 있기 때문에
(C) 번식에 많은 에너지가 필요하기 때문에
(D) 성장 과정이 적응할 수 있는 것이기 때문에

해설 한 생물체가 이용 가능한 에너지와 자원의 양이 제한되어 있다면서(an organism has a limited amount of energy and resources available to it), 자원 분배 과정에서 반드시 균형이 이뤄져야 한다고 명시되어 있으므로(trade-offs must be made with resource distribution), 정답은 (B)이다.

어휘 dense 밀집된 maturation 성숙, 성장 adaptive 적응할 수 있는, 적응성의

12 해당 단락의 단어 "contribute"와 의미가 가장 가까운 것은 무엇인가?
(A) 철회하다, 철수하다
(B) 숨기다
(C) 통합하다
(D) 쏟다, 바치다

해설 지문의 contribute(쏟다, 바치다)와 devote(쏟다, 바치다)는 동의어로 정답은 (D)이다.

13 쌀과 옥수수에 관해서 다음 중 어느 것을 유추할 수 있는가?
(A) 반드시 번식 시기까지 생존하도록 신중히 돌봐야 한다.
(B) 조상이 여러 차례 씨앗을 방출했던 한해살이 식물이었다.
(C) 인간의 재배 이후에 일회 번식 방식으로 바뀌었다.
(D) 각 재배 기간이 시작될 때 반드시 다시 심어야 한다.

해설 쌀과 옥수수는 한해살이 식물의 대표적인 예이므로(annuals, as are virtually all grains. Rice and maize are perfect examples), 한해살이 식물의 특징을 보여주는 (D)가 정답이다.

14 글쓴이는 왜 "용설란"을 언급하는가?
(A) 오래가는 식물의 예시를 알려주기 위해

(B) 한 가지 경향에 대한 예외를 제공하기 위해

(C) 다른 한해살이 식물들과 비교하기 위해

(D) 일회 번식 방식을 설명하기 위해

해설 모든 여러해살이 식물이 여러 차례 번식하는 것은 아니라고 한 후 (However, not all perennials reproduce multiple times), 용 설란(Agave americana)을 언급하므로, 정답은 (B)이다. 한해살 이 식물(annuals)이 아닌 다른 여러해살이 식물(perennial)과 비 교하는 것이므로 (C)는 오답이다.

15 해당 단락의 단어 "extensive"와 의미가 가장 가까운 것은 무엇인가?

(A) 폭넓은

(B) 불충분한

(C) 구체적인

(D) 훌륭한, 드문, 예사롭지 않은

해설 지문의 extensive(폭넓은)와 broad(폭넓은)는 동의어로 정답은 (A)이다.

16 해당 단락의 단어 "it"이 가리키는 것은 무엇인가?

(A) 방식

(B) 연구

(C) 자연 선택

(D) 번식량

해설 보기 중 지시어 it에 대입하였을 때 해석이 가장 자연스러운 것은 (C) 자연 선택(natural selection)이다.

17 다음 중 다섯 번째 단락에서 번식 전략에 대한 글쓴이의 설명이 언 급하지 않은 것은 무엇인가?

(A) 사망률이 번식에 미치는 영향

(B) 발육기 사망률 증가의 원인

(C) 일회 번식의 이점들

(D) 시간이 지날수록 더 낮아지는 반복 번식의 생산성

해설 (A), (C), (D)는 각각 다음과 같이 언급되어 있지만, (B)는 언급되 어 있지 않으므로 정답이다.

(A) If the plant has a high adult mortality rate, then there is a high chance that it will fail to have subsequent cycles.

(C) big bang species often produce more offspring than related species that repeatedly reproduce.

(D) each subsequent cycle will see lower seed yields as the plant ages.

어휘 yield 생산(량), 산출(량)

18 여섯 번째 단락에 따르면, 발육기 사망률이 높은 종은 무엇을 할 가 능성이 높은가?

(A) 번식률을 높이기 위해 빠르게 성장한다.

(B) 단 한 번의 번식 과정 후에 죽는다.

(C) 번식 전략들을 번갈아 가면서 활용한다.

(D) 일생 동안 여러 차례 번식한다.

해설 낮은 발육기 사망률과 높은 성체 사망률이 존재하는 환경에 처한 종은 일회 번식을 선호하며, 그 반대의 시나리오는 반복 번식을 촉 진하므로(Species in an environment with a low juvenile mortality rate and a high adult one will favor big bang reproduction; the opposite scenario promotes repeated reproduction), 발육기 사망률이 높으면 일회 번식이 아닌 여러 차례 번식을 한다. 따라서 정답은 (D)이다.

어휘 alternate between ~을 번갈아 가며 하다

19 다음 문장이 지문에 추가될 수 있는 곳을 나타내는 네 개의 네모 표 기[■]를 찾아 보시오.

여기에는 대부분의 목본 식물이 포함된다.

위 문장은 어느 곳에 가장 적합하겠는가? 네모 표기[■]를 클릭해 지문에 이 문장을 추가하시오.

해설 제시된 삽입 문장은 목본 식물(woody plants)에 대한 소개이 고, 이후 이어지는 문장에서 목본 식물의 다양한 종류(redwood trees, fruit trees)가 언급되는 것이 자연스럽다. 따라서 첫 번째 ■ 가 정답이다.

20 **설명:** 간략한 지문 요약에 필요한 도입 문장이 아래에 제공되어 있 다. 지문에서 가장 중요한 개념들을 나타내는 세 가지 답안 선택지 를 골라 요약 내용을 완성하시오. 일부 답안 선택지는 지문에 제시 되지 않는 개념을 나타내거나 지문에서 중요하지 않은 개념들이므 로 요약 내용에 속하지 않는다. **이 문제는 2점에 해당된다.**

여러 식물 유형의 생명 주기는 서로 다른 번식 전략을 보여준다.

(A) 한해살이 식물은 일회 번식 방식을 보여주는데, 단 한 번의 번 식 과정 후에 죽기 때문이다.

(B) 생물체는 성공적인 번식을 보장하기 위해 반드시 다양한 균형 을 이뤄야 한다.

(C) 백년식물은 80년 동안 살지만, 오직 죽기 전에 한 차례 씨앗을 방출한다.

(D) 여러해살이 식물은 긴 일생 동안에 걸쳐 여러 차례 번식할 가능 성이 있다.

(E) 일생의 여러 다른 시점에 나타나는 사망률이 번식 전략에 영향 을 미치는 것으로 보인다.

(F) 일부 식물은 환경에 대한 대응으로 번식 전략을 바꿀 수 없다.

해설 도입 문장은 여러 식물 유형의 생명 주기가 서로 다른 번식 전략을 보 여준다고 하므로(The life cycle of plant types exhibits different reproductive strategies.), 이 도입 문장과 연관성이 있으면서, 지문의 중요 내용이 기술된 보기를 선택해야 한다. 따라서, 한해 살이 식물(annuals)의 번식 방식(big bang reproduction)을 제대로 설명한 (A), 여러해살이 식물(perennials)의 반복 번식 (reproduce multiple times)을 옳게 설명한 (D), 그리고 다섯 번 째 단락 전체에 걸쳐 설명된 사망률(mortality rates)과 번식 전략 을 언급한 (E)가 정답이다.

(B)는 일반적인 생물체에 대한 언급으로, 도입 문장과 연관성이 적 기 때문에 오답이다. (C)는 세부 예시(백년식물, 용설란)에 대한 언 급으로 오답이다. (F)는 지문 내용과 반대되는 내용으로 오답이다.

Listening

ANSWERS

Part 1	**1.** (C)	**2.** (D)	**3.** (A)	**4.** (B)	**5.** (D)	
	6. (D)	**7.** (A)	**8.** (D)	**9.** (B)	**10.** (C)	**11.** (B)
Part 2	**1.** (A)	**2.** (B)	**3.** (D)	**4.** (A)	**5.** (B)	
	6. (D)	**7.** (A)	**8.** (C)	**9.** (D)	**10.** (C)	**11.** (D)
	12. (D)	**13.** (A)-(B)-(D)-(C)-(E)	**14.** (A)	**15.** (D)	**16.** (A)	**17.** (A)

PART 1

Questions 1-5

Listen to a conversation between a student and an architecture professor.

P: Hi, Ross. Thanks for coming in. I have a favor to ask of you.

S: Sure. What can I help you with?

P: Well, as you know, we're approaching the end of the semester, and it's normal for advisors to take their students out for a meal to celebrate everyone's hard work. [1(C)]The problem is, I'm still relatively new here, so I have no idea what nice restaurants this city has to offer. I was hoping you could give me a hand.

S: Of course. I've grown up here, so I have a pretty good idea of where to go. Would you like me to make a list of some potential places?

P: Actually, I was hoping you could just go ahead and make the booking. I trust your judgment.

S: Well, I appreciate that you have so much faith in me! I'd be happy to do it, but I'll need a little bit more information.

P: I'd like to schedule it for Friday, May 12th, at around 7 p.m. Obviously, it's an open invitation to all students taking my architecture course, so there will be about 30 people in total. [2(D)]It'd be great if we could get a private dining room so that we can celebrate without disturbing any of the other diners.

S: That sounds like a great idea. Let me see what I can come up with, and I'll get back to you when it has been finalized. Actually, while I'm here, I wanted to ask you something about my final report: the case study on the work of a historically significant architect.

P: [3(A)]Okay. So, each student was assigned a different figure to research, just to eliminate any potential copying and collaboration, and If I remember correctly, I gave you Frank Lloyd Wright. You shouldn't have any problems finding information on Wright. He's probably the most well-known and influential architect of the 20th century.

한 학생과 건축학 교수 사이의 대화를 들으시오.

교수: 안녕하세요, 로스. 와 줘서 고마워요. 부탁하고 싶은 일이 하나 있어요.

학생: 네. 제가 뭘 도와 드리면 될까요?

교수: 음, 알다시피, 학기말이 다가오고 있는데, 지도 교수가 학생들을 데리고 나가서 모두의 수고를 축하하기 위해 식사하는 게 일반적이죠. [1(C)]문제는, 제가 여전히 이곳에 비교적 익숙하지 않아서, 이 도시에 있는 훌륭한 식당들이 무엇을 제공하는지 몰라요. 그래서 좀 도와줄 수 있기를 바라고 있었습니다.

학생: 물론이죠. 제가 여기서 자라 왔기 때문에, 어디로 가면 되는지 아주 잘 알고 있습니다. 몇몇 가능성 있는 장소를 목록으로 만들어 드릴까요?

교수: 실은, 그냥 바로 진행해서 예약해 주었으면 합니다. 판단력을 믿어 볼게요.

학생: 네, 절 그렇게 많이 믿어 주셔서 감사합니다! 기꺼이 그렇게 해 드릴 수는 있지만, 조금 더 정보가 필요할 겁니다.

교수: 5월 12일 금요일 저녁 7시쯤으로 일정을 잡았으면 합니다. 분명한 점은, 제 건축학 수업을 수강하는 모든 학생들을 대상으로 누구나 참석할 수 있는 초대이기 때문에, 총 인원이 약 30명일 겁니다. [2(D)]다른 어떤 식사 손님들도 방해하지 않고 축하할 수 있도록 개별 식사 공간을 잡을 수 있다면 아주 좋을 것 같아요.

학생: 아주 좋은 생각인 것 같습니다. 제가 제안해 드릴 수 있는 것을 확인해 본 다음, 최종 결정이 내려지면 다시 알려 드리겠습니다. 실은, 여기 온 김에, 제 기말 과제인 <역사적으로 중요한 건축가의 작품에 관한 사례 연구>와 관련해 여쭤 보고 싶은 게 있었습니다.

교수: [3(A)]좋아요. 자, 어떠한 잠재적 베끼기나 협업 과정도 없애기 위해 각 학생에게 조사할 서로 다른 인물이 할당되었고, 제가 제대로 기억하고 있다면, 프랭크 로이드 라이트로 정해 드렸죠. 라이트에 관한 정보를 찾는 데 별 문제가 없을 겁니다. 아마 가장 잘 알려져 있고 영향력이 컸던 20세기 건축가일 테니까요.

S: Well, the thing is, even though Wright is one of the most important figures in the field, I was hoping to do my report on the German architect Walter Gropius instead. I have a keen interest in his style, and I'd really enjoy having a chance to dig deeper into his background and learning more about how he approached his work.

P: What is it that you find fascinating about Gropius?

S: Well, as you know, he founded the Bauhaus School, and he was one of the pioneers of modernist architecture. [4(B)]But, the main thing that draws me to him is the work he carried out in the UK and the US after fleeing from Germany prior to the Second World War. I find that to be the most remarkable period of his life.

P: Well, first of all... I agree! The problem is that we'll be doing an extensive group project on the life and work of Gropius when we reconvene for the following semester. That's why I intentionally avoided having any class member write a final report on him for this current assignment.

S: [5(D)]Yes, well, I knew it was a bit of a long shot, but still...

P: No, it was a very reasonable request. But the other issue is... I can't let students just pick and choose their own topics after I've already assigned topics. If I allow you to do it, then I'm sure many more will want to do the same.

S: Oh, I totally understand. Thanks for explaining it to me, though. I'll get started on my report about Wright sometime this week. And, I'll get back to you soon about the restaurants.

P: Thanks, Ross. You can just contact me by e-mail if that's easier.

S: Okay, Professor Werner. I'll do that.

학생: 저, 문제는, 라이트가 이 분야에서 가장 중요한 인물들 중의 한 사람이기는 하지만, 저는 대신 독일의 건축가 발터 그로피우스에 관해 과제를 했으면 했습니다. 그의 건축 양식에 깊은 관심을 갖고 있어서, 배경 정보를 더 깊이 파고 들어갈 기회를 가지면서 그가 본인의 작품에 접근했던 방식에 관해 더 알아보는 게 정말로 즐거울 거예요.

교수: 무엇 때문에 그로피우스가 매력적이라고 느끼는 거죠?

학생: 음, 아시다시피, 바우하우스를 설립하였고, 현대 건축학의 선구자들 중 하나였죠. [4(B)]하지만, 제가 이끌린 가장 주된 부분은 2차 세계 대전에 앞서 독일에서 도망친 뒤로 영국과 미국에서 완수한 작업물입니다. 그 당시가 그의 삶에서 가장 주목할 만한 시기라고 생각됩니다.

교수: 음, 우선은… 동의합니다! 문제는 우리가 다음 학기에 다시 모이면 그로피우스의 삶과 작품에 관한 대규모 그룹 프로젝트를 할 예정이라는 점입니다. 그게 바로 제가 현재 이번 과제로 어느 수강생에게도 그에 관한 기말 과제를 작성하게 하는 것을 의도적으로 피한 이유입니다.

학생: [5(D)]네, 음, 저도 가능성이 좀 희박한 일이었다는 건 알았지만, 그래도…

교수: 아뇨, 아주 합리적인 요구였어요. 하지만 또 다른 문제는… 제가 이미 주제들을 배정하고 난 뒤에는 학생들에게 단순히 각자의 주제를 골라 선택하게 할 수 없어요. 그렇게 하도록 허용한다면, 분명 더 많은 학생들이 똑같이 하길 원할 거예요.

학생: 오, 전적으로 이해합니다. 하지만 설명해 주셔서 감사드립니다. 다음 주 중으로 라이트에 관한 제 과제를 시작할 겁니다. 그리고, 레스토랑과 관련된 일도 곧 다시 말씀드리겠습니다.

교수: 고마워요, 로스. 이메일이 더 편하면 그냥 그걸로 연락해요.

학생: 알겠습니다, 베르너 교수님, 그렇게 하겠습니다.

[Vocabulary]

semester 학기 advisor 지도 교수 celebrate ~을 축하하다, 기념하다 relatively 비교적, 상대적으로 give A a hand A를 돕다 make a booking 예약하다 judgment 판단(력) architecture 건축학 disturb ~을 방해하다 come up with ~을 생각해내다 get back to ~에게 다시 연락하다 finalize ~을 최종 결정하다 case study 사례 연구 architect 건축가 assign A B A에게 B를 할당하다, 배정하다 figure 인물 eliminate ~을 없애다, 제거하다 collaboration 협업, 공동 작업 influential 영향력 있는 have a keen interest in ~에 깊은 관심을 갖고 있다 dig deep 깊이 파고 들다 find A 형용사 A를 ~하다고 생각하다 fascinating 매력적인, 매혹적인 pioneer 선구자 carry out ~을 완수하다, 이행하다 flee from ~에서 도망치다 prior to ~에 앞서 reconvene 다시 모이다 long shot 가능성이 희박한 일

1 교수는 왜 학생에게 자신의 사무실로 오도록 요청했는가?
(A) 지역 내에서 거주할 곳을 추천받기 위해
(B) 현재의 과제물에 관한 진행 보고서를 요청하기 위해
(C) 한 행사를 마련하는 것에 있어서 도와 달라고 요청하기 위해
(D) 이번 학기에 수고한 것에 대해 칭찬해 주기 위해

해설 도입부에서 교수가 식사를 대접하려고 하는데 학생에게 식당을 소개해 달라고 요청하고 있으므로, 정답은 (C)이다.

어휘 commend A on B: B에 대해 A를 칭찬하다

2 교수는 왜 개별적인 모임을 개최하기를 선호할 것 같은가?
(A) 여러 가지 중요한 문제들을 논의할 계획이다.
(B) 대학 측으로부터 허락을 받지 못했다.
(C) 더 많은 사람들이 참석할 가능성이 있을 것으로 생각한다.
(D) 일반 사람들 중 누구도 방해하기를 원하지 않는다.

해설 교수는 다른 어떤 식사 손님들도 방해하지 않고 축하할 수 있도록 개별 식사 공간을 잡을 수 있다면 아주 좋을 것 같다고 하므로, 정답은 (D)이다.

어휘   hold ~을 개최하다 gathering 모임

3 교수는 왜 각 학생에게 서로 다른 주제를 할당했는가?
(A) 학생들이 공통된 주제에 관해 함께 작업하는 것을 우려했다.
(B) 개별적인 과제물들을 모아 하나의 큰 보고서로 만들 계획이다.
(C) 너무 많은 학생들이 동일한 사람에 관해 작성하기를 요청했다.
(D) 할당한 주제들이 다음 학기 중에 검토될 것이다.

해설   어떠한 잠재적 베끼기나 협업 과정도 없애기 위해 각 학생에게 조사할 서로 다른 인물이 할당되었다고 하므로, 정답은 (A)이다.

어휘   compile A into B A를 수집해 B로 만들다 individual a. 개별적인 n. 사람, 개인

4 학생은 발터 그로피우스의 어떤 측면이 가장 흥미롭다고 생각하는가?
(A) 영향력 있는 한 학교의 설립
(B) 조국을 탈출한 후의 삶
(C) 현대 건축학 분야에 미친 영향
(D) 프랭크 로이드 라이트와의 공동 작업

해설   학생은 그로피우스에게 가장 이끌린 주된 부분으로, 2차 세계 대전에 앞서 독일에서 도망친 뒤로 영국과 미국에서 작업한 시기가 가장 주목할 만한 시기라고 하므로, 정답은 (B)이다.

어휘   founding 설립 collaboration with ~와의 공동 작업

5 대화의 일부를 다시 들으시오. 그런 다음, 질문에 답하시오.

교수: 음, 우선은… 동의합니다! 문제는 우리가 다음 학기에 다시 모이면 그로피우스의 삶과 작품에 관한 대규모 그룹 프로젝트를 할 예정이라는 점입니다. 그게 바로 제가 현재 이번 과제물로 어느 수강생에게도 그에 관한 기말 과제를 작성하게 하는 것을 의도적으로 피한 이유입니다.

학생: 네, 음, 저도 가능성이 좀 희박한 일이었다는 건 알고 있었지만, 그렇다 해도…

교수: 아뇨, 아주 합리적인 요구였어요. 하지만 또 다른 문제는… 제가 이미 주제들을 배정하고 난 뒤에는 학생들에게 단순히 각자의 주제를 골라 선택하게 할 수 없다는 거예요. 그렇게 하도록 허용한다면, 분명 더 많은 학생들이 똑같이 하길 원할 거예요.

학생은 왜 "네, 음, 저도 가능성이 좀 희박한 일이었다는 건 알고 있었지만, 그렇다 해도…"라고 말하는가?

(A) 왜 그로피우스가 학생들 사이에서 인기 있는 선택인지 이해하고 있다.
(B) 건축학에 대한 그로피우스의 공헌이 과소평가되고 있다고 생각한다.
(C) 교수가 자신에게 주제를 변경하도록 요청해서 놀라워하고 있다.
(D) 교수가 자신의 요청을 거절하지 않을까 생각했다.

해설   학생은 교수가 안 된다고 할 줄 알았으면서도, 혹시나하는 마음에 한 번 물어봤다는 얘기이므로, 정답은 (D)이다.

어휘   contribution to ~에 대한 공헌, 기여 undervalue ~을 과소평가하다 turn down ~을 거절하다

Questions 6-11

Listen to part of a lecture in a film studies class.

P: [6(D)]So, today I'd like to talk to you about one of the most prominent and influential documentary filmmakers of all time: Ken Burns. "Who?" you might ask. Well, if so, I wouldn't be surprised. Most of you are probably more familiar with documentary makers like Michael Moore and Werner Herzog, while the work of Ken Burns is usually unfairly overlooked by audiences, despite being critically praised. Burns has been making films and television miniseries for around four decades now, and his first documentary feature, Brooklyn Bridge, released in 1981, was nominated for an Academy Award. Rachel, you have a question?

S: Yes, umm... I think I actually have heard of him. Didn't he win a few awards for a television documentary miniseries back in the early 90s?

P: You must mean The Civil War, and to say he won a few awards would be an understatement. The series ended up winning more than 40 awards - Grammy awards, Emmy awards, you name it - and it still stands as one of the biggest successes of his career. But, it's worth noting that it had its fair share of critics, too. [7(A)]A lot of historians took exception

영화학 수업의 강의 일부를 들으시오.

교수: [6(D)]자, 오늘 저는 역사상 가장 중요하면서 영향력이 컸던 다큐멘터리 영화감독들 중 한 명인 켄 번즈에 관해 이야기하고자 합니다. "누구지?"라는 질문이 생길 수도 있을 텐데요. 음, 그렇다 해도, 저는 놀랍지 않을 겁니다. 여러분 대부분이 아마 마이클 무어나 베르너 헤어조크 같은 다큐멘터리 영화감독들이 더 익숙한 반면, 켄 번즈의 작품은 찬사를 아주 많이 받고 있음에도 불구하고 일반적으로 관객들로부터 불공평하게 외면 당하고 있습니다. 번즈 감독은 지금까지 약 40년 동안 영화와 텔레비전 미니시리즈들을 만들어 왔으며, 1981년에 개봉한 첫 번째 다큐멘터리 장편 영화 <브루클린 다리>는 아카데미 상 후보로 지명되었습니다. 레이첼, 질문이 있나요?

학생: 네. 음… 저는 사실 그분 이름을 들어 본 것 같아요. 과거 90년대 초에 텔레비전 다큐멘터리 미니시리즈로 몇몇 상을 받지 않으셨나요?

교수: <남북전쟁>을 말하는 게 틀림없는 것 같은데, 몇몇 상을 받았다고 말하는 건 과소평가일 겁니다. 그 시리즈는 결과적으로 그래미상과 에미상을 비롯해 40개가 넘는 온갖 상을 받게 되었으며, 여전히 그의 경력에서 가장 큰 성공작 중 하나로 우뚝 서 있습니다. 하지만, 이 작품이 비평가들

9

to Burns's focus on the battles of the American Civil War rather than the issues that caused them, or their repercussions. Despite these concerns, there's no doubting that his filmmaking talent was on full display in The Civil War, and it serves as a perfect example for one of the main things I'd like to discuss, and that's Burns's characteristic filmmaking techniques.

S: Oh, I just remembered... isn't there something called the "Ken Burns effect"? I'm sure one of the other professors mentioned that.

P: Yes, you're right! The "Ken Burns effect", as it is often called, refers to a technique that has actually been used in filmmaking - particularly documentary filmmaking - for decades. [8(D)]The technical name for it is the rostrum camera, and it involves taking still photographs and slowly zooming out from one object or person of interest, panning to the next subject, and then zooming in slowly. While this has been employed in film production for a long time, nobody uses it as effectively as Burns does, and he really seems to bring old photographs to life with the technique, which is why his name is associated with it today. It just goes to show that you can capture a viewer's attention and imagination through subtlety. You don't always need to beat them over the head with flashy visual tricks and special effects. The same can be said for Burns's use of minimal music in his work. For instance, in The Civil War, he used a leitmotif, a repeating musical pattern, throughout the entire series. It was a very distinctive, melancholic violin melody that strongly reflected the sad events depicted on screen, and viewers would eventually closely associate it with the docuseries. Burns's masterful use of camera shots and music is present in all of his films, around 30 in all, and this has cemented his place as one of the most important filmmakers of our time.

S: [11(B)]I guess I have a lot of catching up to do.

P: Well, no matter where you start, you won't be disappointed. Another impressive thing about Burns is the sheer range of topics he has covered in his work... political history, art, sports, mass media, war, environmentalism, it's all there. But, if you ask me, there's no better place to begin than at the beginning, with Brooklyn Bridge. I know, I know, how can a film about a bridge be interesting? Well, you'll just have to trust me on this one. Burns really captures the imagination of viewers with his detailed descriptions of the engineering process, charting the seemingly impossible problems and the intelligent solutions. He uses a combination of archival photographs and videos and present-day interviews with people who were involved in the bridge's construction. [9(B)]When it opened in 1883, the bridge was seen as a symbol of American advancement and engineering prowess, and Burns manages to convey that feeling perfectly in his film.

로부터 그에 합당한 대가를 치렀다는 점도 주목해 볼 만한 가치가 있습니다. [7(A)]많은 역사가들이 미국남북전쟁의 전투들을 초래한 문제점들이나 그 후의 영향보다는 오히려 전투들에 초점을 맞춘 번즈에게 이의를 제기했습니다. 이러한 우려에도 불구하고, 의심의 여지없이 그가 지닌 영화 제작 능력이 <남북전쟁>에 온전히 드러났는데, 이는 제가 이야기하고자 하는 주안점들 중의 하나에 대한 완벽한 예시에 해당되는 것으로서, 바로 번즈 특유의 영화 제작 기법입니다.

학생: 오, 방금 기억난 게 있는데요… "켄 번즈 효과"라고 불리는 게 있지 않나요? 다른 교수님들 중 한 분께서 언급하셨던 게 분명해요.

교수: 네, 맞습니다! 흔히 불리듯 "켄 번즈 효과"는 실제로 수십 년 동안 영화 제작, 특히 다큐멘터리 영화 제작에 활용되어 온 한 가지 기법을 가리킵니다. [8(D)]이에 대한 전문 명칭은 로스트럼 카메라이며, 스틸 사진들을 촬영해 흥미로운 한 가지 사물 또는 인물로부터 카메라 앵글을 서서히 넓게 빼다가 다음 대상을 보여준 다음, 서서히 확대해 들어가는 방식을 수반합니다. 이것이 오랫동안 영화 제작에 활용되어 오기는 했지만, 번즈만큼 효율적으로 이용한 사람은 없으며, 그는 이 기법으로 오래된 사진에 정말로 생명력을 불어넣고 있는 것처럼 보이는데, 이것이 바로 오늘날 그의 이름이 이 기법과 관련되어 있는 이유입니다. 이는 미묘함을 통해 보는 사람의 관심과 상상력을 사로잡을 수 있다는 사실을 고스란히 보여주는 것이죠. 항상 현란한 시각 효과나 특수 효과를 통해 보는 사람을 충격에 빠트릴 필요가 없다는 뜻입니다. 번즈가 자신의 작품에 활용한 미니멀 음악에 대해서도 마찬가지라고 말할 수 있습니다. 예를 들어, <남북전쟁>에서, 그는 시리즈 전체에 걸쳐 라이트모티프, 즉 반복적인 음악 패턴을 활용했습니다. 이는 아주 독특하면서 우울한 분위기의 바이올린 멜로디로서 화면상에 묘사된 슬픈 사건들을 강렬하게 반영했기 때문에, 관람객들은 결국 이 멜로디를 이 다큐 시리즈와 밀접하게 연관 짓게 되었습니다. 번즈가 능숙능란하게 활용한 카메라 촬영 장면들과 음악은 총 30여 편에 이르는 그의 모든 영화 작품에 나타나 있으며, 이는 우리 시대의 가장 중요한 영화감독들 중 한 사람으로서 그의 입지를 굳건하게 만들어 주었습니다.

학생: [11(B)]챙겨 봐야 할 게 많이 있는 것 같아요.

교수: 음, 어느 작품부터 시작하든 상관없이, 실망하지 않을 겁니다. 번즈에 관한 또 다른 인상적인 점은 그가 작품 속에서 다룬 진정으로 다양한 주제들인데… 정치사, 예술, 스포츠, 대중 매체, 전쟁, 환경보호주의 등 모든 것이 포함되어 있습니다. 하지만, 제 개인적인 생각으로는, 처음 봐야 하는 작품으로 강의 초반에 얘기를 꺼낸 <브루클린 다리> 만큼 좋은 게 없을 겁니다. 알아요, 알아요, 어떻게 다리에 관한 영화가 흥미로울 수 있는지 궁금하신 거죠? 음, 이 작품에 대해선 그냥 제 말을 믿어요. 번즈는 토목 공사 과정에 대한 세밀한 묘사를 통해 정말로 관람객들의 상상력을 사로잡으면서, 불가능하게 보이는 문제점들과 현명한 해결책들을 담아 두었습니다. 그는 기록 보관용 사진 및

S: And do you have any personal favorites?

P: ^{10(C)}If you made me choose, I'd have to go with his documentary series titled simply Baseball, which is a comprehensive look at "America's pastime" and the way it has shaped, and been shaped by our culture over many years. On that note, I'm also looking forward to his upcoming film about the boxer Muhammad Ali. But that's just because those topics are close to my heart. I'd strongly encourage anyone new to Burns's work to watch his excellent films on war and history, as these are probably regarded as his most important works.

영상물을 그 다리 공사에 참여했던 사람들에 대한 요즘 같은 인터뷰와 조화시키는 방식을 활용했습니다. ^{9(B)}그 다리가 1883년에 개통되었을 때, 미국의 발전상과 토목 공사 기술력에 대한 하나의 상징으로 여겨졌으며, 번즈는 자신의 영화에서 그러한 느낌을 완벽하게 구현해내고 있습니다.

학생: 그럼 교수님께서 개인적으로 가장 좋아하시는 게 있으신가요?

교수: ^{10(C)}저에게 선택하라고 한다면, 간단하게 <야구>라고 제목을 붙인 다큐멘터리 시리즈로 해야 할 것 같은데, 이 작품은 "미국의 국민 오락"을 포괄적으로 바라보면서 그것이 오랜 기간에 걸쳐 어떻게 우리 문화를 형성시켜 왔는지 그리고 반대로 어떻게 우리 문화에 의해 그것이 형성되어 왔는지를 모두 보여줍니다. 말 나온 김에, 저는 곧 공개될 복서 무하마드 알리에 관한 그의 영화도 고대하고 있습니다. 하지만 이는 단지 그러한 주제들이 제 마음에 와닿기 때문입니다. 저는 번즈의 작품이 생소한 누구든 전쟁과 역사에 관한 훌륭한 영화 작품들을 관람하도록 적극 권해 드리고 싶은데, 이것들이 아마 그가 만든 가장 중요한 작품들로 여겨지고 있기 때문일 겁니다.

[Vocabulary]

prominent 중요한, 주목할 만한 feature 장편 영화 be nominated for ~에 대한 후보로 지명되다 understatement 과소평가 note that ~라는 점에 주목하다 have one's fair share 합당한 대가를 치르다, ~을 당연히 받아 들이다 take exception to ~에 이의를 제기하다 repercussion 반향, 영향 serve as ~에 해당되다, ~의 역할을 하다 refer to ~을 가리키다 zoom out (축소되듯 보이도록) 화면을 넓게 잡다 pan to (카메라로) ~을 보여 주다 subject 대상, 피사체 zoom in (확대되듯 보이도록) 화면을 가까이 잡다 employ ~을 활용하다 associate A with B A를 B와 관련 짓다 capture ~을 사로잡다 subtlety 미묘함 beat A over the head A를 충격에 빠트리다 flashy 현란한 visual tricks 시각 효과 special effects 특수 효과 minimal music 미니멀 음악(악기 및 음을 극도로 제한해 짧은 선율의 패턴을 반복하는 음악) leitmotif 라이트모티프(특정 인물이나 사건, 감정 등과 관련해 반복되는 곡조) melancholic 우울한 masterful 능수능란한, 거장다운 cement one's place as ~로서의 입지를 굳건하게 하다 sheer 진정한, 순전한 chart ~을 기록으로 남기다 archival 기록의, 기록 보관의 prowess 기술력, 기량 convey ~을 전달하다 go with (결정 등) ~로 하다 comprehensive 포괄적인, 종합적인 pastime 오락 on that note 말 나온 김에

---

6 강의의 주된 목적은 무엇인가?
   (A) 여러 감독들의 영화 제작 방식을 비교하는 것
   (B) 한 유명 다큐멘터리의 문화적 영향을 강조하는 것
   (C) 왜 켄 번즈가 작품에 대해 인정받지 못했는지 설명하는 것
   (D) 한 유명 다큐멘터리 감독의 장점을 이야기하는 것

해설 교수가 도입부에서, 역사상 가장 중요하면서 영향력이 컸던 다큐멘터리 영화감독들 중 한 명인 켄 번즈에 관해 이야기하고자 한다고 하므로, 정답은 (D)이다.

어휘 recognition 인정 renowned 유명한

7 교수의 말에 따르면, <남북전쟁>이 왜 일부 역사가들에게 평이 좋지 않았는가?
   (A) 전쟁의 결과를 설명하는 데 충분한 시간을 쏟지 못했다.
   (B) 주요 군사적 충돌 중에 발생된 핵심 사건들을 잘못 전했다.
   (C) 관람객들의 관심을 사로잡기 위해 지나치게 특수 효과에 의존했다.
   (D) 전쟁에 참여한 특정 집단에 대해 명백한 편향을 드러냈다.

해설 많은 역사가들이 미국남북전쟁의 전투들을 초래한 문제점들이나 그 후의 영향보다는 오히려 전투들에 초점을 맞춘 번즈에게 이의를 제기했다고 하므로, (A)가 정답이다.

어휘 devote (시간, 노력 등) ~을 바치다 adequate 충분한 consequence 결과 misrepresent ~을 잘못 전하다 bias 편향

8 교수는 왜 로스트럼 카메라를 언급하는가?
   (A) 전통적인 카메라 방식과 번즈의 방식 사이에 존재하는 차이점을 간략히 설명하기 위해
   (B) 전통적인 영화 제작 방식의 한계를 집중 조명하기 위해
   (C) 한 가지 장치의 발명에 번즈가 관여한 것을 이야기하기 위해
   (D) 번즈와 동의어로 사용하게 된 촬영 기법을 설명하기 위해

해설 번즈만큼 로스트럼 카메라를 사용한 사람이 없어서 그의 이름이 이 기법과 관련되어 있다고 하므로, 정답은 (D)이다.

어휘 outline ~을 간략히 말하다 synonymous with ~와 동의어인

9 교수의 말에 따르면, <브루클린 다리>의 장점들 중 하나는 무엇인가?

(A) 번즈의 영화 제작 접근법이 시간이 흐름에 따라 얼마나 크게 변화했는지 보여준다.

(B) 미국의 독창성과 발전상에 대한 느낌을 효과적으로 묘사하고 있다.

(C) 해당 다리 건설에 참여한 사람들의 개인적인 삶에 초점을 맞추고 있다.

(D) 저예산 고품질 영화 제작의 한 가지 예시에 해당된다.

해설 다리가 미국의 발전상과 토목 공사 기술력에 대한 하나의 상징으로 여겨졌으며, 번즈는 자신의 영화에서 그러한 느낌을 완벽하게 구현해내고 있으므로, 정답은 (B)이다.

어휘 portray ~을 묘사하다 ingenuity 독창성, 창의력 budget 예산

10 교수는 다큐멘터리 영화에 대한 자신의 취향과 관련해 무엇을 암시하는가?

(A) 취향이 문화적 변화에 의해 직접적으로 영향받아 왔다.

(B) 취향이 시간이 흐를수록 크게 변화되어 왔다.

(C) 스포츠와 관련된 다큐멘터리를 선호한다.

(D) 전쟁과 역사에 관한 영화를 불만스러워하는 경향이 있다.

해설 교수는 야구와 권투 선수 무하마드 알리에 관한 영화를 말하면서 이러한 주제들이 자신의 마음에 와닿는다고 하므로, 정답은 (C)이다.

11 강의의 일부를 다시 들으시오. 그런 다음, 질문에 답하시오.

교수: 번즈가 능수능란하게 활용한 카메라 촬영 장면들과 음악은 총 30여 편에 이르는 그의 모든 영화 작품에 나타나 있으며, 이는 우리 시대의 가장 중요한 영화감독들 중 한 사람으로서 그의 입지를 굳건하게 만들어 주었습니다.

학생: 챙겨 봐야 할 게 많이 있는 것 같아요.

교수: 음, 어느 작품부터 시작하든 상관없이, 실망하지 않을 겁니다.

학생은 왜 "챙겨 봐야 할 게 많이 있는 것 같아요."라고 말하는가?

(A) 교수의 요점을 이해하는 데 힘겨워하고 있다.

(B) 켄 번즈의 영화를 많이 볼 계획이다.

(C) 영화감독으로서 자신의 능력이 불충분하다고 생각하고 있다.

(D) 켄 번즈에 관한 이전의 수업을 놓쳐서 후회하고 있다.

해설 교수는, 30여편에 이르는 영화들로 켄 번즈가 가장 중요한 영화감독 중 한 사람이 되었고, 이에 대해 학생은 봐야할 영화가 많다고 하므로, 문맥상 정답은 (B)이다.

PART 2
Questions 1-5

Listen to a conversation between a student and a music director. M: Ms. Deakins? W: Yes, what can I do for you? M: Hi, my name's Tony Schwarz, and I'm studying journalism here at the college. I have a few questions about the orchestra. W: ³⁽ᴰ⁾Oh, I'm afraid that only music majors can join the orchestra. M: Is that right? That's fine, because... W: I should mention that the policy will change next semester. Then we'll be allowing any student who has completed at least one music module to audition for a spot. M: I see. Actually, I did complete the Introduction to Music class in my first year, and I've played violin for a few years, so I might try out! But, that's not the reason I'm here. W: ²⁽ᴮ⁾Oh, I apologize! It's just that... well, that question comes up a lot! So... M: I understand. ¹⁽ᴬ⁾Anyway, I'm here because I work with The Herald, the college's monthly magazine. I'm writing an article about Friday's orchestra performance. I loved the concert, but I'd like some additional information.	한 학생과 음악부 책임자 사이의 대화를 들으시오. 남: 디킨스 음악부 책임자이신가요? 여: 네, 무슨 일이신가요? 남: 안녕하세요, 제 이름은 토니 슈워츠이며, 이 대학교에서 저널리즘을 공부하고 있습니다. 오케스트라와 관련해서 몇 가지 질문이 있어서요. 여: ³⁽ᴰ⁾오, 오직 음악 전공자만 오케스트라에 입단할 수 있습니다. 남: 그런가요? 괜찮습니다, 왜냐면… 여: 그 방침이 다음 학기에 변경된다는 사실을 언급해 드려야겠네요. 그러고 나면 최소한 한 가지 음악 수업 단위를 이수한 학생이면 누구든 오디션을 거쳐 한 자리를 얻을 수 있게 할 예정입니다. 남: 알겠습니다. 사실, 저는 1학년이었을 때 '음악의 입문'이라는 수업을 이수했고, 몇 년 동안 바이올린을 연주해 왔기 때문에, 한 번 도전해 볼 수도 있겠네요! 하지만, 그런 이유로 여기 온 것이 아닙니다. 여: ²⁽ᴮ⁾오, 미안해요! 저는 단지… 그러니까, 그 질문이 많이 나오거든요! 그래서… 남: 이해합니다. ¹⁽ᴬ⁾어쨌든, 이곳에 온 이유는 제가 대학 월간 잡지인 '더 헤럴드'에서 일하고 있기 때문입니다. 제가 금요일에 있었던 오케스트라 공연에 관한 기사를 쓰고 있거든요. 이 콘서트가 아주 마음에 들기는 했지만, 추가 정보가 좀 필요해서요.

W: Well, would you prefer a student's point of view? I could put you in touch with some of the musicians.

M: Hmm... that would be good. Thanks.. But...also...I'd love to hear from you to get some academic insight on the music, too. I mean, like, a little bit of background about the music that was performed during the concert, and where it came from, and how it has changed over the years.

W: Ah, of course! Well, several of our orchestra members are studying Appalachian music, and it was their idea to include that in the performance. So, they would be the best ones to speak with about that. But, basically, the orchestra played some Appalachian music that originated from various settlements and towns in the Appalachian Mountains in the US.

M: Great. That's interesting...

W: ⁵⁽ᴮ⁾Umm...Can you really keep track of all this just with your head?

M: Oh, I'm pretty good at remembering things. Anyway, I'll just get some general details from you and then type them out once I leave.

W: Okay. Well, much of the music is derived from old instrumental dance songs and folk ballads. Most of those arrived in the US with Irish and Scottish immigrants, who introduced Anglo-Celtic styles of music to Americans.

M: So, these musical traditions were passed on to and embraced by people in the US?

W: Yes, and this Anglo-Celtic influence can be seen in the way that Appalachian singers sing ballads. The vocal style has a nasal quality to it, just like in Celtic songs. ⁴⁽ᴬ⁾Of course, in the US, a lot of the traditional lyrics had to be changed to refer to American locations and occupations, so that the songs made sense. However, even then, many ballads kept their original lyrics about stuff like nobles and royalty, and similar stuff.

M: I see. And, did I notice somebody playing the dulcimer during the concert?

W: Yes, well spotted! Luckily, one of the orchestra members, Henry Miller, owns a genuine, old Appalachian dulcimer. It has been passed down through his family for many generations. This type of dulcimer is sometimes called a mountain dulcimer, and they were often used by traditional Appalachian musicians, along with banjoes, violins, and guitars. So, you could talk with Henry if you want to find out more about his instrument.

M: Thanks a lot, Ms. Deakins. You've given me some great information. Before I go, can you recommend any sources where I could learn more about this stuff?

W: Actually, there's an excellent documentary about it. I'd be

여: 음, 학생의 관점이 좋으신가요? 제가 몇몇 연주자들을 소개해 드릴 수 있습니다.

남: 흠… 그러면 좋긴 할 거예요. 감사합니다. 하지만… 또한… 공연된 음악에 관해 학문적인 측면에서 이해할 수 있도록 직접 말씀해 주시는 얘기도 꼭 들어 보고 싶어요. 제 말씀은, 그러니까, 콘서트 중에 연주된 음악과 그것이 어디에서 유래되었는지, 그리고 시간이 흐름에 따라 어떻게 변화되어 왔는지와 관련된 약간의 배경 지식을요.

여: 아, 물론이죠! 음, 우리 오케스트라 단원 여러 명이 애팔래치아 지역 음악을 공부하고 있는데, 공연에 그 음악을 포함시킨 건 그 단원들의 아이디어였어요. 그래서, 그 부분과 관련해서 그 단원들과 이야기해 보는 게 가장 좋을 겁니다. 하지만, 기본적으로, 우리 오케스트라는 미국 애팔래치아 산맥 부근 지역의 여러 정착지와 마을에서 유래한 일부 애팔래치아 음악을 연주했습니다.

남: 좋습니다. 흥미롭네요…

여: ⁵⁽ᴮ⁾음… 이 모든 얘기를 단지 머릿속에만 담아 두었다가 잘 파악하실 수 있겠어요?

남: 오, 제가 기억력이 꽤 좋은 편입니다. 어쨌든, 말씀해 주시는 전반적인 상세 정보를 얻은 다음에, 나가는 대로 타이핑해 둘 겁니다.

여: 알겠어요. 음, 그 음악의 많은 부분이 악기로만 연주하는 옛날 춤곡과 민요에서 유래된 것입니다. 이 곡들의 대부분이 아일랜드 및 스코틀랜드 이민자들과 함께 미국으로 건너왔는데, 이들은 미국인들에게 앵글로-켈틱 스타일의 음악을 전해주었죠.

남: 그럼, 그 음악적 전통들이 미국에 있는 사람들에 의해 전승되고 수용됐다는 건가요?

여: 네, 그리고 이 앵글로-켈틱 스타일의 영향은 애팔래치아 음악을 노래하는 사람들이 민요를 부르는 방식에서도 확인할 수 있습니다. 보컬 스타일이 마치 켈틱 노래에 담겨 있는 것처럼 비음이 섞인 특징을 지니고 있죠. ⁴⁽ᴬ⁾물론, 미국에서는, 많은 전통적인 가사들이 미국의 지명과 직업을 나타내기 위해 변경되어야 했고, 그래서 그 노래들이 앞뒤가 맞게 되었습니다. 하지만, 심지어 그때까지만 해도, 많은 민요들이 귀족 및 왕족과 관련된 내용, 그리고 그와 유사한 내용에 관한 기존의 가사를 유지했습니다.

남: 알겠습니다. 그리고 콘서트 중에 덜시머를 연주하던 사람이 보이던데 맞나요?

여: 맞아요, 잘 보셨네요! 다행히, 헨리 밀러라는 오케스트라 단원 한 명이 오래된 정통 애팔래치안 덜시머를 소유하고 있어요. 집안 대대로 물려 받았다고 하더라고요. 이런 종류의 덜시머는 때때로 마운틴 덜시머라고 불리기도 하는데, 반조와 바이올린, 그리고 기타와 함께 전통 애팔래치아 음악가들에 의해 흔히 사용되었죠. 그래서, 그 악기와 관련해 더 많은 것을 알아보고 싶으시면 헨리와 이야기해 보시면 될 겁니다.

남: 정말 감사합니다, 디킨스 씨. 아주 좋은 정보를 알려 주셨어요. 나가기 전에, 이 주제와 관련해서 더 많은 것을 알 수 있는 어떤 자료든 추천해 주실 수 있으세요?

happy to bring in the DVD tomorrow and lend it to you.	여: 실은, 훌륭한 다큐멘터리가 하나 있어요. 제가 내일 기꺼이 그 DVD를 가져와서 빌려 드리도록 할게요.

[Vocabulary]

module 수업 단위, 이수 단위 insight 이해, 통찰력 originate from ~에서 유래하다 settlement 정착지 keep track of ~을 파악하다, 기억해 두고 있다 be derived from ~에서 비롯되다 instrumental 악기로만 연주하는 folk ballad 민요 immigrant 이민자 pass A on to B A를 B에게 전수하다 embrace ~을 수용하다 nasal 비음의, 코의 lyrics 가사 occupation 직업 noble 귀족 royalty 왕족 dulcimer 덜시머(공명 상자에 여러 금속 줄을 고정시키고 작은 해머로 쳐서 연주하는 악기) well spotted 잘 알아차린, 잘 발견한 genuine 정통의, 진짜의 pass down ~을 물려주다

1 학생은 왜 여자의 사무실에 갔는가?
(A) 자신이 작성하고 있는 기사 주제와 관련해 조사하기 위해
(B) 오케스트라 입단 오디션에 관해 문의하기 위해
(C) 여자가 가르치는 한 대학 수업에 관해 물어보기 위해
(D) 자신이 등록한 한 가지 음악 수업에 관해 더 알아보기 위해

해설 학생은 대학 월간 잡지에 오케스트라 기사를 쓰려고 하는데 정보가 필요해서 왔다고 이유를 밝히므로, 정답은 (A)이다.

2 여자는 왜 학생이 오케스트라에 입단하고 싶어 한다고 속단했는가?
(A) 자신이 모든 학생들에게 오디션을 보도록 권했다.
(B) 학생들이 흔히 문의하는 내용이다.
(C) 그가 바이올린을 연주해 본 경험이 있다.
(D) 그가 필수 음악 수업을 이수했다.

해설 여자는 그 질문이 많이 나와서 그랬다고 하므로, 정답은 (B)이다.

3 여자가 오케스트라 단원들에 관해 암시하는 것은 무엇인가?
(A) 그들이 대화 속 학생에게 덜시머 연주법을 가르쳐 줄 것이다.
(B) 그들 중 많은 이들이 애팔래치아 산맥 부근에서 자랐다.
(C) 그들은 처음에 애팔래치아 음악을 연주하기를 꺼려 했다.
(D) 그들은 모두 음악을 전공하고 있다.

해설 오직 음악 전공자만 오케스트라에 입단할 수 있다고 하므로, 모든 단원들이 음악 전공자임을 추측할 수 있다. 따라서 정답은 (D)이다.

4 여자의 말에 따르면, 이민자들이 미국으로 건너 왔을 때 그들의 음악이 어떻게 변화되었는가?

(A) 일부 노래의 단어들이 변경되었다.
(B) 곡 구조가 더욱 단순화되었다.
(C) 음악인들이 다른 악기를 사용해 연주했다.
(D) 노래 스타일에 더 많은 비음이 나기 시작했다.

해설 많은 전통적인 가사들이 미국의 지명과 직업을 나타내기 위해 변경되었다고 하므로, (A)가 정답이다.

5 대화의 일부를 다시 들으시오. 그런 다음, 질문에 답하시오.

여: 아, 물론이죠! 음, 우리 오케스트라 단원 여러 명이 애팔래치아 지역 음악을 공부하고 있는데, 공연에 그 음악을 포함시킨 건 그 단원들의 아이디어였어요. 그래서, 그 부분과 관련해서 그 단원들과 이야기해 보는 게 가장 좋을 겁니다. 하지만, 기본적으로, 우리 오케스트라는 미국 애팔래치아 산맥 부근 지역의 여러 정착지와 마을에서 유래한 일부 애팔래치아 음악을 연주했습니다.

남: 좋습니다. 흥미롭네요…

여: 음… 이 모든 얘기를 단지 머릿속에만 담아 두었다가 잘 파악하실 수 있겠어요?

여자는 왜 "음… 이 모든 얘기를 단지 머릿속에만 담아 두었다가 잘 파악하실 수 있겠어요?"라고 말하는가?

(A) 학생이 음악 샘플 하나를 듣고 싶어 하는지 확인하기 위해
(B) 학생에게 메모를 하도록 권하기 위해
(C) 중요한 세부 사항 하나를 기억하는 것에 대해 학생을 칭찬하기 위해
(D) 자신이 말한 포인트가 복잡함을 인정하기 위해

해설 자신이 한 많은 이야기를 학생이 머릿속으로만 담아 두는 것에 대한 걱정을 나타내므로, 정답은 (B)이다.

어휘 commend A for B B에 대해 A를 칭찬하다

Questions 6-11

Listen to part of a lecture in a biology class.	생물학 수업의 강의 일부를 들으시오.
[7(A)]I'm sure that you've already learned in previous biology classes that lizards evolved into snakes, which weren't venomous to begin with, and it wasn't until much later that more advanced venomous snakes appeared. So, just to quickly go over it again, when we say venomous snakes, we mean ones that secrete venom, such as cobras and vipers. Non-venomous snakes, on the other hand, are ones like pythons and constrictors. But, did you know there's another snake	[7(A)]이전의 생물학 수업들을 통해 도마뱀이 뱀으로 진화하는 과정에서 처음에는 독성이 없는 상태였다가 그렇게 오래 지나지 않아 독성이 더욱 발달된 뱀이 나타났다는 점을 분명 이미 배웠습니다. 그럼, 간단히 다시 한번 되짚어 보자면, 우리가 독성이 있는 뱀을 말할 때, 우리는 코브라나 살모사 같이 독액을 분비하는 것들을 의미합니다. 반면에, 독이 있지 않은 뱀은 비단뱀이나 먹이를 졸라 죽이는 대형 뱀 같은 것들입니다. 하지만, 이 둘 중 어느 쪽 범주에도 속하지 않는 또 다른 뱀과가 있다는 사실을

family that doesn't fall into either category? These ones are called colubrids, which you might have heard about already in past classes. Sometimes they're classified as venomous snakes, but in general, they are usually non-venomous. The reason people assume they are venomous is that their features tend to resemble those of venomous snakes more so than those of the non-venomous varieties.

[7(A)]But, wait! It turns out that a lot of what I've just said is inaccurate. You see, a recent study has given new insights into the evolution of reptiles, and the basic theories of snake evolution that we once had now seem to be deeply flawed. I mean, we now have a better understanding of which reptiles descended from which ancestors. In the study, scientists collected several species of colubrids and analyzed the proteins of their venom genes. There are numerous proteins in snake venom, some of which are toxic, while some aren't. [6(D)] The scientists took a close look at the genetic material in the DNA, specifically tracking the toxic genes, and they managed to learn a great deal about the evolution of both venom and snakes.

In the past, when it came to understanding evolutionary relationships, [8(C)]we traditionally focused on obvious physical characteristics of species. I mean... things like brain size and bone structure. Then, we'd categorize the species according to the differences or similarities between them. [8(C)]The flaw in this approach is that some characteristics may have developed in very different ways, even though they eventually look the same in two different species. Take venom, for instance. Some of them are bacteria-based, while others are chemical-based, and this implies that they underwent different routes of development. As such, they might not actually bear much similarity after all, and may not be as closely related as we thought. These days, although some people still may disagree, it seems that classification based on DNA gives a much more accurate result.

So, regarding the research I mentioned before... the scientists determined that venom evolved approximately one hundred million years before snakes even existed! In this research study, they included a few venomous lizards, and they found DNA similarities between the lizards' venom and the snakes' venom. From this, they concluded that a venomous lizard was likely the common ancestor of all snakes. This is an important finding, because it means that, when considering the ancestry of snakes, we don't truly have any non-venomous snakes, even if we include colubrids.

The thing that sets colubrids apart from other snakes that we typically regard as being venomous is not that they don't have venom, but that they do not have any reliable method of getting the venom into prey. [9(D)]For the majority of venomous snakes, venom is used as a means of immobilizing prey, but colubrids only drip venom onto the prey once the snake already has the prey secure in its mouth. This implies that the colubrid venom

알고 있었나요? 이 뱀들은 콜루브리드라고 불리며, 이미 지난 수업들을 통해 들어 보셨을 수도 있습니다. 때때로 독성이 있는 뱀으로 분류되기도 하지만, 일반적으로, 보통 독성이 없는 뱀입니다. 사람들이 독성이 있을 것이라고 생각하는 이유는 그 특징이 독성이 없는 뱀 종류보다 독성이 있는 뱀과 훨씬 더 닮아 있는 경향이 있기 때문입니다.

[7(A)]그런데, 잠시만요! 방금 얘기한 것의 많은 부분이 부정확한 것으로 밝혀졌습니다. 그러니까, 최근의 한 연구에서 파충류의 진화와 관련해 새로운 통찰력을 제공해 주었는데, 우리가 한때 알고 있었던 기본적인 뱀 진화 이론이 현재 심각하게 결함이 있는 것으로 보이고 있습니다. 제 말은, 현재 우리는 어느 파충류가 어느 조상으로부터 내려온 자손인지에 관해 더 잘 이해할 수 있습니다. 해당 연구에서, 과학자들은 여러 종의 콜루브리드를 모아 독액 유전자의 단백질을 분석했습니다. 뱀의 독액에는 수많은 단백질이 존재하는데, 일부는 독성이 있지만, 일부는 그렇지 않습니다. [6(D)]과학자들은 DNA 속에 담긴 유전자 물질을 면밀히 살펴보는 과정에서 특히 독액 유전자를 추적했고, 독액과 뱀 모두의 진화에 관해 아주 많은 것을 알아낼 수 있었습니다.

과거에는, 진화 관계의 이해와 관련해서, [8(C)]우리는 전통적으로 종의 명확한 신체적 특징들에 초점을 맞췄습니다. 제 말은... 뇌의 크기나 뼈 구조 같은 것들을 말이죠. 그 뒤로, 우리는 종들 사이의 차이점 또는 유사성에 따라 그들을 분류하곤 했습니다. [8(C)]이러한 접근 방식의 결점은, 비록 일부 특징들이 두 가지 다른 종에서 동일하게 보일지라도, 그것들이 아주 다른 방식으로 발달되었을 수도 있다는 점이죠. 독액을 예로 들어 보겠습니다. 그 일부는 박테리아를 기반으로 하는 반면, 다른 것들은 화학 물질을 기반으로 하며, 이는 그 독액들이 서로 다른 발달 경로를 거쳤다는 것을 암시합니다. 따라서, 결국에는 실제로 많은 유사성을 지니고 있지 않을 수도 있고, 우리가 생각한 것만큼 밀접하게 연관되어 있지 않을 수도 있습니다. 요즘에는, 일부 사람들이 여전히 동의하지 않을 수도 있지만, DNA를 기반으로 하는 분류가 훨씬 더 정확한 결과물을 제공해 주는 것 같습니다.

자, 제가 앞서 언급한 연구와 관련해서… 그 과학자들은 독액이 심지어 뱀이 존재하기 시작한 것보다 대략 1억 년 전부터 진화했다는 점을 밝혀냈습니다! 이 연구 조사에서, 그 과학자들은 독성이 있는 몇몇 도마뱀을 포함시켰는데, 그 도마뱀이 지닌 독액과 뱀이 지닌 독액 사이의 DNA 유사성을 찾아냈습니다. 이를 통해, 독성이 있는 도마뱀이 모든 뱀들의 공통된 조상이었을 가능성이 있다는 결론을 내렸습니다. 이는 중요한 결과물인데, 뱀들의 혈통을 고려할 때, 설사 콜루브리드까지 포함한다 하더라도 정말이지 독성이 없는 뱀들은 전혀 없습니다.

콜루브리드를 우리가 일반적으로 독성이 있는 것으로 여기는 다른 뱀들과 구별 짓는 세 번째는 그들이 독액을 지니고 있지 않다는 점이 아니라, 독액을 먹이에게 주입하는 어떤 믿을 만한 방법을 가지고 있지 않다는 점입니다. [9(D)]독성이 있는 대다수 뱀들의 경우에, 독액이 먹이를 움직이지 못하게 하려는 수단으로 이용되고 있지만, 콜루브리드는 일단 먹이를 이미 입으로 확실하게 물면, 먹이에게 독액을 흘리기만 할 뿐입니다. 이는 콜루브리드의 독액이 틀림없이 다른 기능을 한다는 점을 암시하는데, 아마 먹이의 소화와 관련되어 있을 것입니다. 이미 알려져 있는 바에 따르면, 살모사나 코브라 같은 다양한 종의 독사들이 진화하면서, 이빨이 더 커지고 입 앞부분으로 이동했으며, 독액은 더욱 강

must have a different function, possibly linked to digestion of food. It was already known that, as various species of venomous snakes evolved, like the vipers and cobras, their teeth got bigger and moved toward the front of their mouths, and their venom became more toxic. But, it now seems clearer that this was not so much an evolution of venom, but an evolution of the means of delivering the venom into prey.

So, if we are to assume that no snakes are truly non-venomous, does that mean that the snakes we classify as non-venomous, the likes of the constrictors and pythons, were at one point during their evolution actually venomous? Well, it's difficult to say. [10(C)]While constrictors underwent evolutionary changes that allowed them to suffocate and crush prey, they may have been venomous at some point. And, over time, as they depended on their venom mechanisms less and less, it may have gradually disappeared. We can look to a certain snake species called the brown tree snake as an example. Depending on the prey it is hunting, it can use either venom or constriction to incapacitate it. So, this could have been the case with other species, too.

These days, we have access to DNA databases of snake venoms, and we also understand these new concepts related to the evolution of snakes. One of the most exciting things we have learned through this type of research is that the proteins in venom could prove very useful in various fields of medical research. Because venom has a similar impact on biological processes as some drugs do, drugs made from snake venom could be beneficial as they could be designed to target only specific cells, lowering the chance of unintended side effects. [11(D)]Maybe it sounds a little hard to believe, and only one venom protein has been developed in such a way so far, but do not be surprised if we are all taking snake venom-based medications in the future.

한 성질을 지니게 되었습니다. 하지만, 이는 독액의 진화라기보다는, 독액을 먹이에 주입하는 방식의 진화라는 점이 지금은 더 명확한 것으로 보입니다.

그럼, 만일 우리가 진정으로 독성이 없는 뱀은 없는 것으로 생각하게 된다면, 먹이를 졸라 죽이는 대형 뱀이나 비단뱀 같은 것들처럼 우리가 독성이 없다고 분류하는 뱀들이 진화 과정의 어느 한 시점에 실제로 독성이 있었다는 것을 의미하는 걸까요? 음, 이는 얘기하기 어려운 부분입니다. [10(C)]먹이를 졸라 죽이는 대형 뱀들이 진화 과정의 변화를 거치면서 먹이를 질식시키고 으스러뜨릴 수 있게 되기는 했지만, 어느 시점에선 독성이 있었을 수도 있습니다. 그리고, 시간이 흐름에 따라, 독성 작용 방식에 점점 덜 의존하게 되면서, 점차 사라졌을 수도 있습니다. 한 가지 예시로 갈색나무 뱀이라고 불리는 특정 뱀 종을 살펴볼 수 있습니다. 이 뱀은 사냥하는 먹이에 따라 독액 또는 조이는 방식 둘 중 하나를 사용해 무력화시킬 수 있습니다. 따라서, 이는 다른 종에도 해당되는 경우였을 수도 있습니다.

요즘, 우리는 뱀 독액에 대한 DNA에 데이터베이스를 활용할 수 있으며, 뱀의 진화와 관련된 이 새로운 개념들 또한 이해하고 있습니다. 우리가 이러한 종류의 연구를 통해 알게 된 가장 흥미로운 사실들 중의 하나는 독액 속의 단백질이 다양한 의료 연구 분야에서 매우 유용한 존재가 될 수 있다는 점입니다. 독액이 일부 약품과 마찬가지로 생물학적 과정에 유사한 영향을 미치기 때문에, 뱀 독액으로 만든 약품이 유익할 수 있는데, 특정 세포만을 목표로 하도록 고안되어 의도하지 않은 부작용 발생 가능성을 낮출 수 있기 때문입니다. [11(D)]아마 좀 믿기 어려운 말처럼 들릴 수 있겠죠. 지금까지 유일하게 한 가지 독액 단백질만 이러한 방식으로 개발된 상태이니까요. 하지만, 우리 모두가 미래에 뱀 독액을 기반으로 하는 약품을 복용하더라도 놀라지 마세요.

[Vocabulary]

lizard 도마뱀 evolve into ~로 진화하다, 발전하다 venomous 독성이 있는 secrete ~을 분비하다 venom 독, 독액 constrictor 먹이를 졸라 죽이는 대형 뱀 variety 종류, 변종 reptiles 파충류 theory 이론 flawed 결함이 있는 descend from ~의 자손이다, ~로부터 내려 오다 ancestor 조상 analyze ~을 분석하다 protein 단백질 gene 유전자 toxic 독성이 있는 genetic material 유전자 물질 track ~을 추적하다 when it comes to ~와 관련해서 species (생물체의) 종 similarity 유사성 chemical-based 화학 물질을 기반으로 하는 undergo ~을 거치다, 겪다 ancestry 혈통, 가계 set A apart from B A를 B와 구별 짓다 prey 먹이 immobilize ~을 움직이지 못하게 하다 secure 확실한, 안전한 digestion 소화 the likes of ~와 같은 것들 suffocate ~을 질식시키다 mechanism 작용 방식, 기제 incapacitate ~을 무력화시키다

6 강의는 주로 무엇에 관한 것인가?
(A) 뱀 독액에서 독성이 있는 단백질을 추출하는 기술
(B) 콜루브리드가 독성이 없는 뱀으로 분류되는 이유
(C) 도마뱀 독액과 뱀 독액 사이의 차이점
(D) 뱀 진화와 관련해 독액 분석을 통해 얻은 지식

해설 강의는 전체적으로 독액 분석을 통한 뱀 진화와 관련된 사항들을 설명하므로, 정답은 (D)이다.

어휘 extract ~을 추출하다 analysis 분석

7 교수는 왜 학생들이 이전의 수업을 통해 배웠을 뱀 분류와 관련된 정보를 되짚어 보는가?
(A) 현재 이의가 제기되고 있는 뱀과 관련된 기존의 생각들을 제시하기 위해
(B) 과학자들에게 있어 분류 체계가 지니는 중요성을 강조하기 위해
(C) 학생들이 이미 필수 과정을 이수했는지 확실히 해 두기 위해
(D) 위치를 기반으로 뱀을 분류하는 방식의 한 가지 예시를 제공하기 위해

해설 도입부에서 교수는 지난 시간에 배웠던 내용들을 되짚다가 방금 얘

기한 것의 많은 부분이 부정확한 것으로 밝혀졌다고 말하므로, 정답은 (A)이다.

어휘   contest ~에 이의를 제기하다

8   교수의 말에 따르면, 다양한 종의 신체적 특징을 기반으로 하는 분류 체계의 주된 결점은 무엇인가?
(A) 특징이 여러 차례 진화되어 온 종에 대해 적용할 수 없다.
(B) 제작해 운용하기에는 너무 비싼 기술 장비를 수반한다.
(C) 유사한 특징이 유사한 발달 경로를 거쳤는지 보여주지 못한다.
(D) 오직 제한된 수의 종 사이에서만 조상과의 연관성을 보여줄 수 있다.

해설   신체적 특징에 따른 분류 체계의 결점은, 두 가지 다른 종의 유사한 특징이라도 그것들이 아주 다른 방식으로 발달되었을 수도 있다는 점, 즉, 유사한 특징에 대한 발달 경로가 유사한지 다른지를 제대로 보여주지 못한다는 것이다. 따라서 정답은 (C)이다.

어휘   path 경로, 진로 ancestral 조상의

9   교수의 말에 따르면, 콜루브리드 뱀들과 독성이 있는 다른 뱀들 사이의 차이점은 무엇인가?
(A) 콜루브리드는 아마 도마뱀으로부터 진화되지 않았을 것이다.
(B) 콜루브리드는 다른 독성이 있는 뱀들보다 훨씬 더 다양한 독액을 만들어낸다.
(C) 콜루브리드는 다른 독성이 있는 뱀들보다 더 긴 앞니를 지니고 있다.
(D) 콜루브리드는 먹이를 움직이지 못하게 하기 위해 독액을 사용하지 않는다.

해설   독성이 있는 대다수 뱀들의 경우에, 독액이 먹이를 움직이지 못하게 하려는 수단으로 이용되고 있지만, 콜루브리드는 일단 먹이를 이미 입으로 확실하게 물면, 먹이에게 독액을 흘리기만 할 뿐이라며 차이점을 설명하므로, 정답은 (D)이다.

10   교수는 왜 갈색나무 뱀에 관해 이야기하는가?
(A) 치명적이지 않은 독액을 만들어내는 한 가지 뱀 종의 예시를 제공하기 위해
(B) 독성이 있는 뱀들이 먹이를 졸라 죽이는 뱀들보다 더 진화되었다는 주장을 하기 위해
(C) 먹이를 졸라 죽이는 뱀들이 진화한 방식과 관련된 가설을 뒷받침하기 위해
(D) 다른 뱀들을 사냥하는 한 가지 뱀 종류에 대해 논하기 위해

해설   먹이를 졸라 죽이는 뱀들의 진화 과정 변화로 먹이를 질식시키고 으스러뜨리다가, 어느 시점에선 독성이 있었을 수도 있고, 독성 작용 방식에 점점 덜 의존하게 되면서 점차 사라졌을 수도 있다고 추측한 다음(may have been, may have disappeared), 한 가지 예시로 갈색나무 뱀을 들었다. 따라서 정답은 (C)이다.

어휘   non-lethal 치명적이지 않은 hypothesis 가설

11   뱀 독액 단백질에 대한 의료 연구의 미래와 관련된 교수의 태도는 어떠한가?
(A) 해당 연구가 뱀 독액 단백질에 대한 현재의 지식에 이의를 제기할 것이라고 생각한다.
(B) 뱀 독액으로 만들어진 약품이 지니는 잠재적으로 유해한 부작용에 대해 걱정하고 있다.
(C) 뱀 독액 단백질이 약품 제조 비용을 낮출 수 있다고 생각하고 있다.
(D) 뱀 독액으로 만들어진 약품이 결국 폭넓은 활용도를 보이게 될 것이라고 예측하고 있다.

해설   현재는 하나밖에 없지만 미래에는 우리 모두가 뱀 독액을 기반으로 하는 약품을 복용하더라도 놀라지 말라고 하므로, 정답은 (D)이다.

어휘   side effect 부작용 widespread 폭넓은, 광범위한

Questions 12-17

Listen to part of a lecture in a geology class.	지질학 수업의 강의 일부를 들으시오.

For as long as I can remember, geologists have been fascinated with the breathtaking landscapes of Alaska. One reason for this is all the permafrost. You know, the parts of the ground where the soil remains frozen, apart from the uppermost layer. And, this top layer, known as the active layer of permafrost, melts every summer and then freezes again when winter arrives. Well, northern Alaska is home to thousands of lakes, and most of them can be classified as thaw lakes. To give you a clearer idea of what I'm talking about, I'm going to show you a few diagrams of them in just a moment.

¹²⁽ᴰ⁾The formation of these thaw lakes is based on... Well, first let's look at ice wedges. The top section of an ice wedge melts over time. Wait... I'll start at the beginning. So, ice wedges are formed when water collects and freezes in cracks in the permafrosted ground. ¹⁷⁽ᴬ⁾You all know what happens to mud

제가 기억하는 한 아주 오랫동안, 지질학자들은 알래스카의 숨이 멎을 듯한 풍경에 매료되어 왔습니다. 그 한 가지 이유는 모든 영구 동토입니다. 그러니까, 최상층 외에도 토양이 얼어 있는 상태로 유지되는 땅의 부분들에 대해서 말이죠. 그리고, 영구 동토 활성화 층이라고도 알려져 있는 이 상층부는 매년 여름에 녹았다가 겨울에 이르러 다시 얼게 됩니다. 음, 알래스카 북부는 수천 개의 호수들이 모여 있는 발원지이며, 그 대부분이 융해 호수로 분류될 수 있습니다. 제가 얘기하는 것에 관해 더 명확히 설명해 드리기 위해, 잠시 후에 몇 가지 도해를 보여 드리도록 하겠습니다.

¹²⁽ᴰ⁾이 융해호의 형성 기반이 되는 것은… 음, 우선 쐐기 얼음을 살펴보겠습니다. 쐐기 얼음의 상단 부분은 시간이 지날수록 녹습니다. 잠시만요… 시작 단계부터 얘기하겠습니다. 그러니까, 쐐기 얼음은 영구 동토화된 땅의 갈라진 틈에 물이 모여서 얼어 붙을 때 형성됩니다. ¹⁷⁽ᴬ⁾여러분 모두 진흙이 마를 때 어떤 일이

when it dries, right? It has cracks because it shrinks and contracts while drying. Well, it's the same case with permafrost. [13(A)]In winter, it freezes even more comprehensively, causing it to shrink, and then deep cracks are formed. [13(B)]When summer comes around, the top layer of the permafrost, the active layer, melts. [13(D)]Then this meltwater flows into the cracks in the permafrost and refreezes, due to the very low temperature of the ground that makes up the permafrost. This is how you get ice wedges in the permafrost. [13(C)]Now, what happens with the ice wedges is, they cause the original cracks in the permafrost to grow wider, because when water freezes, it expands. Are you with me? Okay... Later, in autumn, the active layer of the permafrost freezes once again. Then, come wintertime, the permafrost again contracts, widening the cracks even more. And when summer arrives again, the active layer melts again, more and more meltwater flows into the cracks and freezes, widening them even further. This cycle keeps going, resulting in bigger and bigger cracks and ice wedges in the permafrost.

So, this is how the thaw lakes begin. That is, [13(E)]when ice wedges grow to a certain size, their top sections, in the uppermost layer of the permafrost, melt and create little ponds in the summer, and these ponds gradually increase in size to become lakes. As I mentioned before, there are literally thousands of them in the northern regions of Alaska. Perhaps the most remarkable thing about these lakes is that they tend to resemble one another in terms of their shape. Most are egg or oval shaped, and the narrower ends of these lakes all point in the same direction! If you look right here at this aerial view of two different lakes, you can see how similar they look.

Now, a lot of research has been carried out in an effort to determine why most of the lakes are shaped and oriented in this manner. We now understand that the shape and orientation of the lakes are influenced by the way the lakes expand after being initially formed. But why exactly do they expand the way they do? The most prominent theory is... wind. Northern Alaska's strong winds tend to blow perpendicular to the lakes. So, if wind is blown at the long side of an oval-shaped lake, you'd expect to see erosion along that particular edge of the bank, right? It turns out, that's not what happens. In fact, the waves created by the winds wash sediment up along that bank, [14(A)]which builds a kind of barrier, or protective shelf. This shields the bank from erosion and redirects waves to the sides, pushing currents towards the shortest side of the lake. [15(D)]That's why this bank erodes the fastest, causing the egg or oval shape to gradually elongate in the direction of that bank. This wind erosion model is quite widely accepted among geologists, but there's another new theory that suggests that thaw slumping, not wind and erosion, is responsible for shaping the thaw lakes.

"What's thaw slumping?", you might ask! Well... When the temperature rises rapidly in the summer, the active layer of permafrost can sometimes thaw at a faster rate than the rate by which the water drains from the soil. This results in the sides

발생되는지 아시죠? 마르는 과정에서 부피가 줄어들고 수축되기 때문에 갈라진 틈이 생깁니다. 자, 영구 동토의 경우에도 마찬가지입니다. [13(A)]겨울에, 훨씬 더 완전하게 얼어 붙으면서 수축되도록 초래하기 때문에, 깊은 틈새들이 형성됩니다. [13(B)]여름이 돌아오면, 영구 동토의 상층부, 즉 활성화 층이 녹습니다. [13(D)]그런 다음, 융해수가 이 영구 동토의 틈새들로 흘러 들어가 영구 동토를 구성하는 땅의 아주 낮은 온도로 인해 다시 얼게 됩니다. 이것이 바로 영구 동토의 쐐기 얼음이 만들어지는 방식입니다. [13(C)]이제, 쐐기 얼음을 통해 어떤 일이 발생되는지 보자면, 영구 동토에 원래 있던 틈새들을 더 넓어지도록 초래하는데, 물이 얼면서 팽창되기 때문입니다. 제 말이 무슨 뜻인지 아시겠죠? 좋습니다… 나중에, 가을이 되면, 영구 동토 활성화 층은 다시 한번 얼게 됩니다. 그런 다음, 겨울철이 다가오면, 영구 동토가 다시 한번 수축되면서, 그 틈새들을 훨씬 더 넓어지게 만듭니다. 그리고 다시 여름이 도래하면, 활성화 층이 다시 녹게 되고, 더욱 더 많은 융해수가 틈새들로 흘러 들어가 얼면서, 훨씬 더 넓어지게 만듭니다. 이 순환 주기가 지속적으로 반복되면, 결과적으로 영구 동토에 더욱 더 큰 틈새들과 쐐기 얼음이 생겨납니다.

자, 이것이 바로 융해호가 시작되는 방식입니다. 다시 말해서, [13(E)]쐐기 얼음이 특정 크기로 자라면, 영구 동토의 최상층에 해당되는 상단 부분이 녹으면서 여름에 작은 연못들을 만들게 되고, 이 연못들이 점차적으로 규모가 커지면서 호수가 됩니다. 제가 앞서 언급해 드린 바와 같이, 알래스카 북부 지역에는 말 그대로 수천 개의 호수들이 있습니다. 아마 이 호수들과 관련해서 가장 주목할 만한 부분은 이 호수들이 형태 측면에서 서로 닮은 경향이 있다는 점일 것입니다. 대부분이 계란형, 즉 타원형을 이루고 있으며, 이 호수들의 더 좁은 가장자리 부분들이 모두 동일한 방향을 가리키고 있습니다! 여기 이 두 곳의 서로 다른 호수들을 찍은 항공 사진을 보시면, 어떻게 닮아 보이는지 아실 수 있습니다.

현재, 이 호수들 대부분이 왜 이러한 방식으로 형성되어 있고 방향을 가리키고 있는지 밝혀내기 위한 노력의 일환으로 많은 연구가 실시되어 왔습니다. 우리가 현재 알고 있는 바로는 이 호수들의 형태와 방향은 호수들이 처음 형성된 후로 확장되는 방식에 의해 영향을 받습니다. 하지만 정확히 무슨 이유로 이렇게 확장하게 되는 걸까요? 가장 주목을 끄는 이론에 따르면… 바람 때문입니다. 알래스카 북부의 강한 바람은 이 호수들과 수직 방향으로 부는 경향이 있습니다. 따라서, 바람이 타원형 호수의 긴 면에서 분다면, 그 특정 기슭의 가장자리를 따라 침식이 나타날 것으로 예상할 수 있겠죠? 그런데 알고 보니, 그렇게 되는 것이 아니었습니다. 실제로는, 바람에 의해 만들어진 물결이 그 기슭을 따라 침전물을 쓸려 보내, [14(A)]일종의 장벽, 즉 보호 역할을 하는 충적토가 형성됩니다. 이것이 침식으로부터 그 기슭을 보호해 주고 물결의 방향을 측면으로 다시 돌리면서 호수의 가장 짧은 면으로 물을 밀어 보냅니다. [15(D)]이것이 바로 이 기슭이 가장 빨리 침식되면서 계란형, 즉 타원형이 점차 그 기슭 방향으로 길어 지도록 초래하는 이유입니다. 이 풍화 침식 모델이 지질학자들 사이에서 상당히 폭넓게 받아들여지고 있기는 하지만, 바람과 침식이 아니라 융해 슬럼핑이 융해호를 형성하는 원인이라고 제시하는 또 다른 새로운 이론도 있습니다.

"융해 슬럼핑이 뭐지?"라는 질문이 생길 수도 있습니다! 자… 기온이 여름에 빠르게 상승하면, 물이 토양에서 빠져나가는 속도보다 영구 동토의 활성화 층이 때로는 더 빠른 속도로 녹을 수

of thaw lakes becoming very soft and saturated, causing them to slip into the water. Of course, this means that the lake expands significantly, if a large chunk of the bank slips away. As you can imagine, Alaskan terrain is quite hilly, so it is common for lakes to be on an incline. Look here..., okay, I am exaggerating the angle, or steepness, of the hill a little, but you can see what I'm getting at. You see that the bank of the lake that is farther downhill is smaller and lower, and this one will thaw more quickly than the taller bank at the other end. This smaller bank will increasingly slump, causing the lake to stretch farther downhill. This downhill movement has been observed in several thaw lakes in Alaska. [16(A)]However, it's a relatively new theory, so more testing is required. According to the theory, we'd expect to see cliffs as a result of slumping, but recent studies on the banks of some thaw lakes have failed to find much convincing evidence of slumping.

있습니다. 이로 인해 융해호의 측면들이 아주 무르고 흠뻑 젖은 상태가 되면서 물 속으로 미끄러져 들어 가도록 초래합니다. 물론, 이는 기슭의 아주 큰 덩어리가 사라지게 되면 호수가 상당히 크게 확장된다는 것을 의미합니다. 상상이 되시겠지만, 알래스카의 지형은 언덕진 곳이 꽤 많기 때문에, 흔히 호수들이 경사면에 위치해 있습니다. 여기를 보시면… 자, 제가 언덕진 곳의 각도, 즉 경사도를 좀 과장해서 말하고 있기는 하지만, 제가 얘기하고자 하는 바를 아실 수 있을 겁니다. 더 멀리 경사면을 이루는 호수의 기슭이 더 작고 낮다는 게 보이실 텐데, 이것이 반대편의 더 높은 기슭보다 더 빠르게 녹습니다. 이 더 작은 기슭이 점점 더 푹 꺼지면서 호수가 더 멀리 경사면을 이루면서 이어지도록 초래하게 됩니다. 이렇게 경사면을 이루는 움직임이 알래스카의 여러 융해호에서 관찰되어 왔습니다. [16(A)]하지만, 이는 비교적 새로운 이론이기 때문에, 더 많은 테스트를 필요로 합니다. 이 이론에 따르면, 우리는 슬럼핑에 따른 결과로 생겨난 절벽이 보일 것으로 예상할 수 있지만, 일부 융해호의 기슭에 관한 최근의 연구들은 슬럼핑에 대해 설득력이 큰 증거를 찾는 데 실패했습니다.

[Vocabulary]

be fascinated with ~에 매료되다 permafrost 영구 동토(층) uppermost layer 최상층 thaw n. 융해, 해빙 v. 녹다. ice wedge 쐐기 얼음(쐐기처럼 지표에서 땅속으로 박혀 있는 얼음) crack 갈라진 틈 shrink 줄어들다, 수축되다 contract 수축되다 comprehensively 완전히 meltwater 융해수 make up ~을 구성하다 literally 말 그대로 oval 타원의 aerial view 항공 사진 orient ~의 방향을 맞추다 perpendicular to ~와 수직을 이루는, 직각을 이루는 erosion 침식, 부식 bank 기슭, 둑 wash up ~을 쓸려 보내다 sediment 침식물 barrier 장벽 shelf 충적토(선반 모양으로 층을 이룬 지층) shield ~을 보호하다 current (물, 공기 등의) 흐름 elongate 길어지다 geologist 지질학자 slumping 슬럼핑(침식 작용에 의해 푹 꺼지는 것 drain from ~에서 빠져 나오다 saturated 흠뻑 젖은, 포화된 slip into ~로 미끄러져 들어가 가다 terrain 지형 hilly 언덕진, 언덕이 많은 incline 경사(면) exaggerate ~을 과장해서 말하다 steepness 경사도 get at ~을 말하고자 하다 downhill a. 경사면을 이루는, 비탈을 내려가는 ad. 경사면을 이룸, 비탈 아래로 stretch 이어지다, 뻗어 있다 convincing 설득력 있는

12 강의의 주 목적은 무엇인가?
(A) 융해호가 점점 더 빠른 속도로 커지는 이유를 설명하는 것
(B) 융해호의 확장에 관한 두 가지 상반되는 가설을 비교하는 것
(C) 알래스카에서 어떻게 서로 다른 종류의 호수가 자연적으로 만들어지는지 대조하는 것
(D) 영구 동토에서 어떻게 융해호가 여러 과정을 거쳐 형성되는지 설명하는 것

해설 교수는 도입부에서 융해호의 형성에 대해 언급하고 이와 관련하여 설명을 진행하고 있다. 따라서 정답은 (D)이다.

어휘 opposing 상반되는 hypothesis 가설 expansion 확장, 팽창

13 교수는 융해호를 형성하기 위해 반복되는 일들의 순환 주기를 설명하고 있다. 아래에 작성되어 있는 일을 시작으로 이 순환 주기를 요약하시오.

선택지를 알맞은 자리에 끌어다 놓으시오. 선택지를 없애려면, 클릭하시오.

(A) 기온이 떨어짐에 따라 영구 동토가 수축되고 갈라진다. 1
(B) 영구 동토 상층부의 얼음은 기온이 올라감에 따라 녹는다. 2
(C) 영구 동토의 갈라진 틈은 얼어붙는 물로 인해 넓어진다. 4
(D) 융해수가 영구 동토의 갈라진 틈을 채운다. 3
(E) 쐐기 얼음의 상층부가 녹는다. 5

해설 먼저, 겨울에, 즉 기온이 떨어지면, 영구 동토가 수축되고 깊은 틈새들이 형성되므로 (A)가 시작점이다. 이후 여름이 돌아오면, 즉 기온이 올라가면 영구 동토의 상층부, 즉 활성화 층이 녹기에 (B)가 다음 순서이다. 그 다음 순서는 (D)인데, 융해수이 이 영구 동토의 틈새들로 흘러 들어간다. 이 물이 얼면서 팽창되기에 틈새들이 더 넓어지므로 (C)가 다음 단계이다. 마지막은 (E) 단계로 쐐기 얼음이 특정 크기로 자라면, 영구 동토의 최상층에 해당하는 상단 부분이 녹게 된다. 따라서 정답은 (A) – (B) – (D) – (C) – (E)의 순서이다.

14 교수가 언급하는 '보호 역할을 하는 충적토'가 하는 중요한 기능은 무엇인가?
(A) 과도한 침식을 막고 해류의 방향을 바꾼다.
(B) 호수의 모든 면에서 호수 기슭의 슬럼핑을 가속화한다.
(C) 기슭의 초목을 강한 바람으로부터 보호하기 위한 장벽을 형성한다.
(D) 호수가 바람이 부는 것과 동일한 방향으로 길어질 수 있게 한다.

해설 보호 역할을 하는 충적토가 침식으로부터 긴 기슭을 보호해 주고 물결의 방향을 측면으로 돌리면서 호수의 가장 짧은 면으로 물을 밀어 보내므로, (A)가 정답이다.
(D)는 오답으로 바람에 의한 물결이 충적토를 쌓아 바람 부는 방향

을 오히려 보호해주고 물결이 옆으로 돌아 오히려 옆방향에서 침식이 일어나 길어진다.

15 풍화 침식 모델에 따르면, 융해호의 어느 기슭이 가장 빠르게 커지는가?
(A) 바람에 좀처럼 노출되지 않는 기슭
(B) 보호 장벽 바로 반대편에 있는 기슭
(C) 가장 높은 고도에 있는 기슭
(D) 길이가 가장 짧은 기슭

해설 가장 짧은 면으로 물을 밀어 보내면서 이 기슭이 가장 빨리 침식되고 이 기슭 방향으로 길어 지므로, 정답은 (D)이다.
어휘 rarely 좀처럼 ~ 않다 opposite ~의 반대편에, 맞은편에
elevation (해발) 고도

16 융해 슬럼핑 모델에 대한 교수의 의견은 무엇인가?
(A) 그 정확성에 대해 더욱 설득력 있는 증거를 보고 싶어 한다.
(B) 기존의 한 모델과 많은 유사성을 지니고 있다고 생각하고 있다.
(C) 여러 다른 분야에서 응용될 수 있다고 생각하고 있다.
(D) 단순화된다면 더욱 유용할 것이라고 생각하고 있다.

해설 강의 마지막에 교수는 더 많은 테스트를 필요로 하는 새로운 이론이라고 하므로, 정답은 (A)이다.
어휘 application 응용, 적용 simplify ~을 단순화하다

17 강의의 일부를 다시 들으시오. 그런 다음, 질문에 답하시오.

교수: 그러니까, 쐐기 얼음은 영구 동토화된 땅의 갈라진 틈에 물이 모여서 얼어붙을 때 형성됩니다. 여러분 모두 진흙이 마를 때 어떤 일이 발생되는지 아시죠? 마르는 과정에서 부피가 줄어들고 수축되기 때문에 갈라진 틈이 생깁니다. 자, 영구 동토의 경우에도 마찬가지입니다.

교수는 왜 "여러분 모두 진흙이 마를 때 어떤 일이 발생되는지 아시죠?"라고 말하는가?
(A) 일상의 예시를 활용해 한 가지 새로운 개념을 설명하고 싶어 한다.
(B) 이미 한 가지 중요한 주제를 다뤘음을 확인하고 싶어 한다.
(C) 학생들에게 일부 연구의 결과물을 평가하기를 원하고 있다.
(D) 녹는 땅과 어는 땅 사이의 차이점을 강조하고 싶어 한다.

해설 청자들이 알 수 있는 진흙의 예를 통해, 융해호 형성 개념을 설명하고 있으므로 정답은 (A)이다.

Speaking

Question 1

[Question]

대학마다 각 수업에 한 명이 넘는 강사를 배정하는 협력 수업, 즉 팀 교수법 제도를 통해 더욱 효과적인 학습 경험을 학생들에게 제공할 수 있다. 다음 주장에 대해 동의하는가, 아니면 동의하지 않는가? 구체적인 예시와 상세 설명을 활용해 의견을 뒷받침하시오.

[Model Answer]

The statement says that university students can learn more effectively when two or more teachers are assigned to each class. This is a fairly new approach that some universities are trying out in an effort to improve the overall learning experience of students. Personally, I agree with the statement, because I think having multiple teachers per class provides a more varied and engaging experience. Not only do students get different viewpoints on complicated topics, but they have access to more teachers who can provide advice and assistance whenever they need help.	이 주장은 두 명 이상의 강사들이 각 수업에 배치되면 대학생들이 더욱 효과적으로 학습할 수 있다고 말하고 있다. 이는 학생들의 전반적인 학습 경험을 개선하기 위한 노력의 일환으로 일부 대학들이 시험 삼아 해 보고 있는 꽤 새로운 접근법이다. 개인적으로, 나는 이 주장에 동의하는데, 각 수업에 여러 강사들이 있으면 더욱 다양하고 흥미로운 경험을 제공한다고 생각하기 때문이다. 학생들이 복잡한 주제에 대해 서로 다른 시각을 얻게 될 뿐만 아니라, 도움이 필요할 때마다 조언과 지원을 제공해 줄 수 있는 더 많은 강사를 접하게 된다.

[Vocabulary & Expressions]

provide A with B A에게 B를 제공하다 co-teaching 협력 수업 assign ~을 배정하다, 할당하다 effectively 효과적으로 fairly 꽤, 상당히 approach 접근(법) in an effort to do ~하기 위한 노력의 일환으로 overall 전반적인 engaging 흥미로운, 매력적인 viewpoint 시각, 관점 complicated 복잡한 have access to ~을 접하다, 이용하다

Question 2

[Reading]

온라인 강의 평가 이 시간 이후로, 모든 강의 평가는 대학 웹 사이트를 통해 온라인으로 작성해 제출해야 합니다. 우리 대학은 학생들에게 각각의 강의에 대한 의견을 고려하고 평가 양식을 작성 완료할 더 많은 시간을 제공하기 위해 이와 같은 변화를 학칙으로 제정했습니다. 이는 결과적으로 우리 대학이 불필요한 종이 낭비를 줄이고 데이터 처리 시간을 감소시키는 데 도움이 됩니다. 평가 양식은 페이지 하단에 링크 표기된 학생 인적 자원 포탈에 접속해 작성할 수 있습니다.

[Listening]

M: Did you see the announcement about course evaluations?	남: 강의 평가에 관한 공지 봤어?
F: Yeah.	여: 응.
M: What do you think about the change?	남: 변경 사항에 대해서 어떻게 생각해?
F: I think it'll be much more convenient now that we can do it online.	여: 이제 온라인으로 할 수 있으니까 훨씬 더 편리해질 것 같아.
M: I have to disagree, actually.	남: 사실, 난 동의하지 못하겠어.
F: Oh, how come?	여: 오, 어째서?
M: Well, I think a lot of students will be far too busy to do it at the end of the semester, so a lot of them will either forget or just not bother to do it. It's going to feel like a burden when we are so busy trying to finish assignments.	남: 음, 많은 학생들이 그걸 하기엔 학기말에 너무 많이 바빠지기 때문에 많은 사람들이 잊어버리거나 굳이 하려 하지 않을 거라고 생각해. 과제물을 끝내려고 하느라 너무 바쁠 땐 부담스럽게 느껴지게 되거든.
F: I see your point, I guess. I hadn't thought about it that way.	여: 무슨 말인지 알 것 같아. 그런 식으로는 생각해 보지 못했어.

M: Yeah, and with the old system, everyone just filled out an evaluation in class, so it didn't feel like a waste of our free time. F: That's true. But students don't necessarily have to wait until the end of the semester. They could fill out their evaluations way before that, if they want. M: That's the other problem! Don't forget that a lot of classes begin late - like halfway into a semester - and run right up until the final day of the semester. And I don't think students will want to evaluate classes before they've even finished them. F: Yeah, you make some pretty valid points.	남: 응, 그리고 기존의 방식으로는, 모든 사람이 그냥 수업 중에 평가서를 작성했기 때문에, 자유 시간이 낭비되는 기분은 들지 않았거든. 여: 그건 사실이야. 하지만 학생들이 꼭 학기말까지 기다릴 필요는 없어. 원한다면, 그보다 훨씬 더 이전에 각자 평가서를 작성할 수 있어. 남: 그것도 문제야! 많은 수업이 늦게 - 그러니까 학기 중간쯤 접어들 때 - 시작돼서 학기 바로 마지막 날까지 진행된다는 걸 잊지 마. 그리고 난 학생들이 심지어 수업을 끝내기도 전에 강의 평가를 하고 싶어할 거라고 생각하지 않아. 여: 응, 네 말이 꽤 일리가 있는 것 같아.

[Question]

남자는 웹사이트에 공지된 변화에 대해서 자신의 의견을 표출하고 있다. 간단하게 변화를 요약하시오. 그 다음 변화에 대한 남자의 의견을 진술하고 그가 그러한 의견을 갖고 있는 이유를 설명하시오.

[Model Answer]

The two speakers are discussing an announcement that a university plans to let students fill out course evaluations online. It's clear that the man is definitely opposed to this change, and he explains his reasons to the woman during their conversation. The man feels that by letting students fill out evaluations online, there's a good chance that some students will be too busy to do it because of the heavy workload they'll have near the end of the semester. He points out that a lot of people might feel that it's a waste of their precious time, and that it was better to just do the evaluations during class time. When the woman says that students could fill out evaluations earlier, the man reminds her that many classes start late in the semester, and students will want to complete the class before evaluating them.	두 화자는 한 대학이 학생들에게 온라인상에서 강의 평가서를 작성하게 할 계획이라는 공지에 관해 이야기하고 있다. 남자가 이러한 변화에 확실히 반대하고 있다는 점이 분명하며, 대화 중에 여자에게 자신이 생각하는 이유를 설명하고 있다. 남자는 학생들에게 온라인으로 평가서를 작성하게 하면 학기말에 가까워지면서 생기는 많은 학업량 때문에 일부 학생들이 그것을 하기에 너무 바빠질 가능성이 크다고 생각하고 있다. 남자는 많은 사람들이 소중한 시간에 대한 낭비로 여길 수도 있다는 점과, 그냥 수업 시간 중에 평가서를 작성하는 것이 더 낫다는 점을 지적하고 있다. 학생들이 더 이른 시점에 평가서를 작성할 수도 있다고 여자가 말하자, 남자는 많은 수업이 학기 중에 늦게 시작되어 학생들이 수업을 끝낸 후에 평가하기를 원할 것이라는 점을 상기시키고 있다.

[Vocabulary & Expressions]

effective immediately 이 시간 이후로, 즉시 효력이 발생되는 fill out ~을 작성하다 enact (법, 규정 등) ~을 제정하다 in turn 결과적으로, 결국 cut down on ~을 줄이다 respective 각각의 now that 이제 ~이므로 bother to do 굳이 ~하다 make a valid point 일리 있는 말을 하다 there's a good chance that ~할 가능성이 크다 point out that ~임을 지적하다

Question 3

[Reading]

제휴 마케팅 제휴 마케팅은 제휴 업체가 다른 회사의 제품을 마케팅하는 것에 대해 수수료나 특전을 얻는 과정이다. 이 과정은 세 당사자, 즉 상인과 제휴 업체, 그리고 고객의 관여에 의존한다. 제휴 업체가 그야말로 상인의 제품을 잠재 고객에게 홍보하면, 판매가 이뤄질 때마다 수익의 일부를 얻는 것이다. 제휴 마케팅이 대단히 효과적인 이유는, 제품 마케팅의 책임을 다수의 당사자에게 확대해, 더욱 효과적인 마케팅 전략을 만들어낼 수 있도록 해당 상인에게 다양한 제휴 업체의 능력을 활용할 수 있게 해주기 때문이다.

So, I can give you a good real-life example of an effective marketing approach that a friend of mine uses at his business. About a year ago, my friend opened a clothing store - one that specializes in sportswear - and for the first six months, well, let's just say that the business was struggling. Then, he had a bright idea. He noticed that the gym opposite his store was really popular, so he made a deal with the owner. He figured that gym members would be interested in buying his merchandise, but he just needed a way to encourage them to visit the store.

Anyway, he asked the gym owner to put some discount vouchers at the main desk for his members to take. The deal was that anytime a gym member used a voucher to make a purchase in his store, he would give the gym owner a 10 percent commission from the sale. Now, this might sound like a bad deal for my friend, the clothing store owner, but there's an important thing to remember. Once the gym members had used the voucher, and seen all of the great merchandise on offer, they were very likely to return to the store and make full-price purchases. All in all, it really drove up sales for my friend.

자, 제 친구가 회사에서 활용하고 있는 한 가지 효과적인 마케팅 접근법에 대한 좋은 실례를 말씀드릴 수 있습니다. 약 1년 전에, 제 친구가 스포츠 의류를 전문으로 하는 의류 매장을 하나 개장 했는데, 첫 6개월 동안은, 음, 말하자면 사업이 힘겨웠습니다. 그래서, 그 친구가 기발한 아이디어를 하나 냈습니다. 자신의 매장 맞은편에 있는 체육관이 정말 인기가 많다는 점을 알게 되면서, 그곳의 소유주와 거래를 했습니다. 그 체육관의 회원들이 자신의 상품을 구입하는 관심이 있을 것이라고 판단했지만, 그 회원들에게 자신의 매장을 방문하도록 권장할 방법이 필요했습니다.

어쨌든, 그 친구는 체육관 소유주에게 회원들이 가져갈 수 있도록 정문 데스크에 할인 쿠폰을 좀 비치하도록 요청했습니다. 이 거래 제안은, 체육관 회원이 자신의 매장에서 제품을 구매하기 위해 쿠폰을 하나 사용할 때마다, 체육관 소유주에게 해당 판매에 대해 10퍼센트의 수수료를 주겠다는 것이었습니다. 자, 이는 의류 매장 소유주인 제 친구에게 좋지 못한 거래인 것처럼 보일 수도 있지만, 기억해야 하는 중요한 점이 하나 있습니다. 일단 체육관 회원들이 쿠폰을 사용해 제공되는 모든 훌륭한 상품을 접하게 되자, 그 매장을 다시 방문해 정가 제품을 구입하게 될 가능성이 매우 높았습니다. 대체로, 이는 제 친구의 매출을 끌어 올려 주었습니다.

[Question]

강의의 예시를 사용하여, 제휴 마케팅의 개념을 설명하시오.

[Model Answer]

Affiliate marketing is basically a way to promote a company by having a different person or company, known as an affiliate, do some of the marketing work. The professor mentions that his friend, who owns a sports clothing store, asked a local gym owner to help promote his business and get him more customers. His friend provided discount vouchers for gym members, and every time they used them, the gym owner got a small part of the profit. So, in this case, the professor's friend is the merchant, the gym owner is the affiliate, and the gym members are the potential customers of the clothing store. The idea worked, because the professor's friend got new customers who would keep coming back to the store.

제휴 마케팅은 기본적으로 제휴 업체로 알려진 다른 사람 또는 회사에게 일부 마케팅 작업을 하게 함으로써 한 회사를 홍보하는 방법이다. 교수는 스포츠 의류 매장으로 소유한 자신의 친구가 지역 체육관 소유주에게 자신의 업체를 홍보하고 더 많은 고객을 얻을 수 있도록 도와 달라고 요청한 경우를 언급하고 있다. 교수의 친구는 체육관 회원들에게 할인 쿠폰을 제공했고, 그 회원들이 쿠폰을 사용할 때마다 체육관 소유주는 수익의 작은 일부를 얻었다. 따라서, 이 경우에, 교수의 친구가 상인이고, 체육관 소유주가 제휴 업체이며, 체육관 회원들은 그 의류 매장의 잠재 고객이다. 이 아이디어는 효과가 있었는데, 교수의 친구가 매장을 계속 다시 찾아올 신규 고객을 얻었기 때문이다.

[Vocabulary & Expressions]

affiliate marketing 제휴 마케팅 commission (위탁 등으로 얻는) 수수료 perk 특혜, 특전 spread the responsibilities of ~에 대한 책임을 확대하다 merchant 상인 take advantage of ~을 활용하다, 이용하다 struggle 힘겨워하다 voucher 쿠폰, 상품권 be likely to do ~할 가능성이 있다 all in all 대체로 drive up ~을 끌어 올리다

Question 4

[Listening]

Today, we're going to talk about kleptoparasitism, a very interesting behavior that is seen in a wide variety of bird species. Kleptoparasitism basically refers to one species

오늘, 우리는 아주 다양한 조류 종 사이에서 나타나는 매우 흥미로운 행위인 절취기생에 관해 이야기해 보겠습니다. 절취기생이란 기본적으로 한 종이 다른 종의 먹이를 훔치는 것을 가리키지

stealing food from another species, though in the case of birds, it also covers the stealing of nest materials. You might wonder why birds would need to steal food or nest materials from one another, as these two things are surely in abundant supply for birds, who are skilled foragers and hunters of prey. Well, birds might have more limitations than you may initially think.

For instance, some birds lack certain physical characteristics that they would require to get the food they crave. Take seagulls, for example. They want to feast on nutritious clams resting on the seafloor, but their bodies don't allow them to dive deep enough to get them. So, seagulls follow ducks around, and once the ducks dive deep and come up to the surface with a juicy clam, the seagulls fly down and steal them!

Now, if we look at the other type of kleptoparasitism in birds, I mean the theft of nesting materials, we can see that one common reason for that is due to environmental dangers. A perfect example of this is the American Redstart. This species tends to steal nesting materials from other birds because it reduces its exposure to predators during nest-building. Fewer trips will be required to build the nest, so less time is spent avoiding predators, or possibly alerting them to the presence of the nest, and more time is available to guard the nest.

만, 조류의 경우에 있어, 둥지 재료를 훔치는 일도 포함합니다.

왜 새들이 서로에게서 먹기 또는 둥지 재료를 훔쳐야 하는지 궁금해할 수도 있는데, 이 두 가지가 숙련된 채집자이자 먹이 사냥꾼인 새들에게는 분명 공급량이 풍부하기에 말이죠. 음, 새들에게는 여러분이 처음에 생각한 것보다 더 많은 제약이 있을 수도 있습니다.

예를 들어, 일부 새들은 간절히 원하는 먹이는 얻는 데 필요할 만한 특정 신체적 특징들이 부족합니다. 갈매기를 예로 들어 보겠습니다. 이들은 해저에 놓여 있는 영양가 높은 조개를 맘껏 먹고 싶어 하지만, 그 신체로 인해 조개를 잡을 수 있을 정도로 충분히 깊게 잠수하지 못합니다. 그래서, 갈매기는 오리들을 졸졸 따라다니는데, 오리가 깊게 잠수했다가 군침 도는 조개를 물고 수면 위로 올라오자마자, 하강해 그것을 낚아 챕니다!

이제, 새들에게서 나타나는 다른 종류의 절취기생, 그러니까 제 말은 둥지 재료 절도의 경우를 살펴보면, 이에 대한 한 가지 흔한 이유가 바로 환경적 위험 요소로 인한 것임을 알 수 있습니다. 이를 완벽히 보여주는 예시가 미국 딱새입니다. 이 종은 다른 새들의 둥지 재료를 훔치는 경향이 있는데, 둥지 만들기 과정에서 포식자들에 대한 노출을 줄일 수 있기 때문입니다. 둥지를 짓는 데 필요한 이동이 더 적기 때문에, 포식자들을 피하는 데 소비되는 시간, 또는 어쩌면 그들에게 둥지의 존재를 알리는 데 소비되는 시간도 줄어들게 되고, 더 많은 시간이 둥지를 지키는 데 이용될 수 있습니다.

[Question]

강의에 제시된 요점과 예시를 활용해, 교수가 말한 절취기생의 두 가지 예시를 설명하시오.

[Model Answer]

The professor is discussing a type of animal behavior called kleptoparasitism. This refers to one species stealing food from another species, and in the case of birds, the stealing of nesting materials, too.

The first example he gives is about seagulls. Seagulls steal clams from ducks because they are not physically able to dive to the bottom of the sea to collect their own clams. So, they just wait for ducks to collect the clams, and then the seagulls steal them.

His second example is about American Redstarts. These kleptoparasites steal parts of nests from other species to reduce the amount of time it takes to build their own nests. This means there's less chance that they'll be spotted by predators, and it lets them spend more time looking after their own nest.

교수는 절취기생이라고 불리는 한 가지 동물 행동 유형을 이야기하고 있다. 이는 하나의 종이 다른 종으로부터 먹이를 훔치는 일을 가리키며, 새들의 경우에 있어, 둥지 재료를 훔치는 일도 해당된다.

교수가 말하는 첫 번째 예시는 갈매기에 관한 것이다. 갈매기는 오리에게서 조개를 훔치는데, 신체적으로 스스로 조개를 얻기 위해 바다 아래로 잠수할 수 없기 때문이다. 따라서, 갈매기는 그저 오리들이 조개를 가져올 때까지 기다렸다가 훔친다.

교수가 말하는 두 번째 예시는 미국 딱새에 관한 것이다. 이 절취기생동물은 자신의 둥지를 짓는 데 드는 시간을 줄이기 위해 다른 종으로부터 둥지의 일부를 훔친다. 이는 포식자들에게 포착될 가능성이 더 적다는 것을 의미하며, 자신의 둥지를 돌보는 데 더 많은 시간을 소비하게 해준다.

[Vocabulary & Expressions]

kleptoparasitism 절취기생(다른 동물이 확보한 먹이 등을 탈취하는 것) in abundant supply 공급이 풍부한 forager 약탈자 feast on ~을 맘껏 먹다 tend to do ~하는 경향이 있다 exposure to ~에 대한 노출 alert A to B A에게 B를 알리다 refer to ~을 가리키다 spot ~을 포착하다, 발견하다 look after ~을 돌보다

Writing

Question 1

[Reading]

이스턴 섬 원주민인 라파누이 사람들이 태평양 남동부 한복판에 위치한 작은 외딴 섬에서 어떻게 수천 명의 삶을 지탱할 만큼 충분한 식수를 공급받았는지는 오랫동안 수수께끼로 남아 있었다. 약 160 평방 킬로미터 크기의 섬인 이스터 섬에는 민물 공급원이 거의 존재하지 않는다. 하지만, 유럽의 식민지 개척자들이 1700년대 말에 그곳에 도착했을 때쯤, 그곳 토착민들이 이미 번성하는 문화를 확립한 상태였는데, 이는 그들에게 믿을 수 있는 민물 이용 방식이 있었음을 의미한다. 라파누이 사람들이 어떻게 물을 찾았는지를 설명하는 이론은 일반적으로 세 가지이다.

한 가지 중요한 이론은 라파누이 사람들이 타헤타를 만들어 섬 곳곳에 전략적으로 배치해 놓았다는 것이다. 타헤타는 돌을 깎아 만든 물 수조로, 마실 물을 얻을 목적으로 빗물을 모으기 위해 초기 라파누이 사람들에 의해 이용된 것으로 여겨지고 있다. 고고학자들은 특히 섬에서 연중 강수량이 가장 많은 지역들에 위치한 여러 타헤타를 발굴했다. 지금까지, 타헤타에 대한 다른 어떤 목적도 확인된 바는 없다.

또 다른 이론은 초기 라파누이 사람들이 한때 그 섬에 존재했던 여러 자연 수원을 통해 민물을 공급받을 수 있었다는 것이다. 이들 중 많은 것이 그 이후로 사라지기는 했지만, 수 세기 전에는 이 섬이 여러 민물 호수의 발원지였을 수도 있다는 것이 이론으로 제시되어 있다. 한때 이 섬에 화산 호수가 흔했으며 소비용으로 적합한 물을 담고 있었을 수도 있다고 여겨지고 있다. 여러 개울과 강 또한 한때 화산 봉우리에서 섬 해안까지 흘러내렸을 수도 있다.

유럽의 방문자들이 작성한 일부 역사 기록에 라파누이 사람들이 해안을 따라 바닷물을 "떠서" 곧바로 마신 과정이 묘사되어 있다. 유럽의 여러 상선에서 나온 기록에 그 섬 사람들이 손이나 컵으로 물을 퍼 올려서 마신 일이 묘사되어 있다. 하지만, 그 물이 유럽인 손님들에게 제공되었을 때, 그 방문자들은 소금기 때문에 마실 수 없었다. 따라서, 라파누이 사람들은 신체가 일반적으로 소비하기에 안전하다고 여겨지는 것보다 더 높은 염분을 함유한 물을 마시는 데 적응하는 방식으로 발달되었다는 가설이 제기된 바 있다.

[Listening]

Now, let's take a look at some of the popular theories about how the Rapanui found drinking water on Easter Island. The passage we just read was written several years ago, and scientists have actually made several new discoveries since the time that the book was published.

So, with regard to the Rapanui using stone taheta to collect rainwater, this just doesn't seem plausible anymore. For one thing, if these were being used for the collection of drinking water for thousands of people, they would surely be much bigger. The taheta found on Easter Island could only hold between 2 and 4 liters—not enough to ensure the survival of a large community. Furthermore, studies of Easter Island's historical climate show that, due to frequent droughts and high temperatures that cause rain to evaporate quickly, the taheta would have only been suitable for water collection around 40 days per year!

On the subject of natural freshwater sources, we now know that Easter Island probably did not have streams or rivers. The volcanic soil is extremely porous, which means it quickly absorbs rain, making it virtually impossible for freshwater streams and rivers to form. A couple of small lakes exist on the island today, but those are difficult to reach, and located far from human settlements.

Finally, the theory of skimming seawater for consumption is simply unscientific, despite the reports of the European visitors. A human simply cannot drink seawater, due to its high salt content, no matter how well adapted their body might be. What the Europeans are more likely to have witnessed is the Rapanui collecting drinkable groundwater that was flowing out from the rocks along the coastline.

이제, 라파누이 사람들이 어떻게 이스터 섬에서 식수를 찾았는지에 관한 몇몇 인기 있는 이론들을 한 번 살펴보겠습니다. 우리가 막 읽은 지문은 여러 해 전에 쓰여진 것이기 때문에, 사실 이 책이 출판된 시점 이후로 과학자들이 몇 가지 새로운 사실을 발견해 냈습니다.

자, 라파누이 사람들이 타헤타를 이용해 빗물을 모은 것과 관련해서, 이는 이제 더 이상 그럴 듯하게 보이지 않습니다. 우선, 이것들이 수천 명의 사람들에게 필요한 식수를 모을 용도로 사용된다면, 분명 훨씬 더 커야 합니다. 이스터 섬에서 발견된 타헤타는 겨우 2~4리터 밖에 담을 수 없었는데, 이는 규모가 큰 공동체의 생존을 보장할 수 있을 정도로 충분한 수준이 아닙니다. 더욱이, 이스터 섬의 기후 역사에 관한 연구에 따르면 빗물이 빠르게 증발되도록 초래하는 잦은 가뭄과 높은 기온으로 인해 타헤타는 일 년에 고작 40일 정도만 집수용으로 적합했을 것이라고 나타나 있습니다.

자연 민물 수원이라는 주제와 관련해서는, 우리는 이제 이스턴 섬에 아마 개울이나 강이 존재하지 않았을 것이라는 사실을 알고 있습니다. 화산토가 대단히 다공성인데, 이는 빗물을 빠르게 흡수한다는 의미이며, 그래서 사실상 민물 개울이나 강이 형성되는 것이 불가능합니다. 두어 개의 작은 호수가 오늘날 이 섬에 존재하기는 하지만, 접근하기 어려우며, 인간의 거주지에서 멀리 떨어진 곳에 위치해 있습니다.

마지막으로, 소비를 위해 바닷물을 떠서 마셨다는 이론은 유럽의 방문자들이 남긴 보고서에도 불구하고 그야말로 비과학적입니다. 신체가 아무리 잘 적응되어 있을지라도, 높은 염분으로 인해, 인간은 단순히 바닷물을 마실 수 없습니다. 유럽인들이 목격했을 가능성이 큰 것은 라파누이 사람들이 해안을 따라 위치한 여러 암석에서 흘러 나오던 마셔도 되는 지하수를 모으는 모습입니다.

강의에서 언급된 요점들이 어떻게 독해 지문에 제시된 특정 주장들에 대해 의문을 제기하는지 설명하면서 그 내용을 요약해 보시오.

[Model Answer]

The reading passage introduces three theories about how the Rapanui of Easter Island may have located drinking water. However, the lecturer notes that the passage contains some outdated information.

First, she discusses taheta, which were believed to have been used to collect rainwater for drinking. However, the lecturer refutes this theory by pointing out that the taheta are too small to hold enough water for the island community. Also, by referring to new data about the island's climate conditions, she notes that these taheta would have only been able to collect water roughly 40 days out of the year, making them very impractical.

Second, she challenges the theory about freshwater sources being present on Easter Island. As she points out, the island's porous ground makes it too difficult for water to accumulate, so it is highly unlikely that streams or rivers ever existed there.

Third, the lecturer regards the claim that the Rapanui drank seawater as highly uncredible because our bodies cannot survive through the consumption of seawater, which has a high salt concentration. She notes that European accounts of Rapanui drinking habits were probably inaccurate, and the islanders were more likely consuming groundwater from coastal rocks.

(197 words)

독해 지문은 이스터 섬의 라파누이 사람들이 어떻게 식수를 찾을 수 있었는지에 관한 세 가지 이론을 소개하고 있다. 하지만, 강의자는 이 지문이 일부 오래된 정보를 담고 있다는 점에 주목하고 있다.

첫 번째로, 강의자는 마실 목적으로 빗물을 모으는 데 사용되었을 것으로 여겨진 타헤타를 이야기하고 있다. 하지만, 강의자는 그 타헤타가 섬 공동체에게 충분할 정도의 물을 담기에는 너무 작다는 점을 지적하면서 이 이론을 반박한다. 또한, 그 섬의 기후 조건에 관한 새로운 자료를 언급해, 이 타헤타가 일 년 중에 겨우 약 40일만 물을 모을 수 있어서 매우 비실용적이었을 것이라는 점도 주목하고 있다.

두 번째로, 강의자는 이스터 섬에 존재하는 민물 공급원에 관한 이론에 이의를 제기하고 있다. 강의자가 지적하는 바와 같이, 그 섬의 다공성 토지로 인해 물이 축적되기 매우 어렵기 때문에, 개울이나 강이 그곳에서 존재했던 적이 있었을 가능성이 매우 낮다.

세 번째로, 강의자는 라파누이 사람들이 바닷물을 마셨다는 주장이 매우 신빙성이 떨어진다고 여기고 있는데, 우리 신체는 염분 농도가 높은 바닷물의 소비를 통해 생존할 수 없기 때문이다. 강의자는 라파누이 사람들의 물 마시는 습관에 관한 유럽인의 이야기가 아마 부정확했을 것이며 그 섬 사람들이 해안의 암석에서 나온 지하수를 소비했을 가능성이 크다는 점에 주목하고 있다.

(197 단어)

[Vocabulary & Expressions]

inhabitant 주민, 거주민 source v. ~을 공급 받다 n. 공급원, 원천 sustain ~을 지탱하다, 유지시키다 colonist 식민지 개척자 indigenous 토착의, 원산의 thriving 번성하는, 번영하는 prominent 중요한 strategically 전략적으로 cistern 물 수조 carved from ~을 깎아 만든, ~으로 조각한 archaeologist 고고학자 precipitation 강수량 identify ~을 확인하다, 식별하다 theorize ~을 이론화하다 volcanic 화산의 consumption 소비, 먹고 마심 peak 봉우리, 꼭대기 shoreline 해안 skim ~을 떠내다, 퍼 올리다 accounts 기록, 이야기 depict ~을 묘사하다 scoop up ~을 퍼 올리다 hypothesize ~라는 가설을 제기하다

discovery 발견(한 것) with regard to ~와 관련해 plausible 그럴 듯한 ensure ~을 보장하다 drought 가뭄 evaporate 증발하다 soil 토양, 흙 porous 다공성의, 투과성의 absorb ~을 흡수하다 virtually 사실상 settlement 거주지, 정착지 witness ~을 목격하다

impractical 비실용적인, 비현실적인 accumulate 축적되다, 누적되다 uncredible 신빙성이 떨어지는, 믿을 수 없는 concentration 농도

Question 2

교수가 정치학 수업을 가르치고 있다. 교수의 질문에 응답하는 게시글을 작성하시오. 답변에는 반드시:

· 본인의 의견을 표현하고 뒷받침하시오
· 토론에 기여하시오

좋은 답안은 100단어 이상으로 작성된다. 당신은 10분 동안 답안을 작성한다.

교수: 정부는 인구에 영향을 미치는 다양한 문제를 해결하기 위해 공공 정책을 만든다. 하지만, 자원의 제한 때문에, 정부는 어떠한 이슈들에 대해 재정 지원에서 더 높은 우선 순위를 부여해야할지 결정해야 한다. 다음 수업 전에, 수업 토론 게시판에 이 질문에 대해서 작성하시오:

교육과 환경 보호 중 우선순위를 두어야 한다면 어떤 것을 선택해야 하는가? 그 이유는 무엇인가?

수잔: 우리가 살 수 있는 행성은 오직 하나뿐이기 때문에, 이를 돌보는 것이 중요하다. 재활용하기, 나무 심기, 오염 줄이기 등 우리가 투자해야 할 환경 관련 문제들이 많이 있다. 나는 정부가 이러한 중요한 문제들에 집중해야 한다고 생각한다.

찰리: 나는 제이슨에게 동의하지 않는다. 나는 환경은 교육받은 사람들이 지키기 때문에 교육이 더 중요하다고 생각한다. 교육받은 사람들은 그들의 행동이 주변에 어떤 영향을 끼치는지 알며 더 책임감 있게 행동한다. 추가적으로, 그들은 그들의 과학지식과 기술을 활용해 환경 문제를 고칠 수 있다. 따라서, 정부가 교육에 우선순위를 두는 것이 더 좋다.

[Model Answer]

Susan makes a good argument that the government should prioritize protecting the environment. The government should certainly focus on environmental issues such as conserving water and protecting wildlife. However, she did not mention another important reason governments should protect the environment. In my opinion, the environment should be protected to prevent global warming. Cars, appliances, and factories release carbon dioxide into the air, making the Earth warmer. This can affect us in many different ways, such as changing normal weather patterns and ruining the crops we grow for food. Therefore, I think that government intervention for the environment should be placed first to stop global warming. (106 words)	수잔은 정부가 환경 보호에 우선순위를 두어야 한다는 좋은 주장을 펼친다. 정부는 확실히 물 절약과 야생 생물을 보호하는 것과 같은 환경 문제에 집중해야 한다. 하지만, 수잔은 정부가 환경을 보호해야 하는 다른 중요한 이유를 언급하지 않았다. 내 생각에는, 지구 온난화를 방지하기 위해 정부는 환경을 보호해야 한다. 자동차, 가전제품, 공장은 이산화탄소를 공기 중으로 방출하여 지구를 더 따뜻하게 만든다. 이는 정상적인 기상 패턴을 바꾸고 우리가 식량을 위해 재배하는 농작물을 망치는 등, 다양한 방식으로 우리에게 영향을 미칠 수 있다. 그러므로, 나는 지구 온난화를 막기 위해 정부의 환경에 대한 개입이 우선 돼야 한다고 생각한다. (106 단어)

[Vocabulary & Expressions]

public policies 공공 정책 address (문제를) 해결하다 limitation 제한 resource 자원 priority 우선 순위 funding 재정 지원, 자금 제공 conserve 절약하다 wildlife 야생 생물 global warming 지구 온난화 carbon dioxide 이산화탄소 appliance 가전제품 crop 농작물 intervention 개입 place 두다, 놓다

Reading

ANSWERS

1. (C)	2. (B)	3. (A)	4. (D)	5. (C)	6. (C)	7. (B)	8. (A)	9. 3rd	10. (A), (B), (E)
11. (C)	12. (B)	13. (A)	14. (B)	15. (D)	16. (A)	17. (B)	18. (B)	19. 3rd	20. (B), (D), (F)

Questions 1-10

화석

화석은 과거의 지질학적 연대에 살았던 생물체가 보존된 유해 또는 흔적이다. 주로 거대한 공룡 뼈로 인식되고 있는 화석은 발자국과 기타 눌린 자국 또는 고대 미생물의 미세한 돌 자국도 포함한다. 화석화에 이르는 과정은 여러 가지가 존재한다. ^{1(A)}가장 흔한 것은 광충 작용인데, 생물체가 죽은 후에 침전물 밑에 묻힐 때 발생된다. ^{1(C)}부드러운 조직이 소멸되거나 부패한 다음, 껍질이나 뼈 같은 단단한 물질만 남게 된다. ^{1(B)}그 후에 생체 조직을 따라 존재하던 작은 구멍과 빈 공간들이 지하수를 통해 광물로 채워진다. 이 광물 층들이 축적되면서 생물체의 영구적인 내부 주형이 만들어진다. ^{2(B)}바다에 거주하던 생물체들이 이러한 방식으로 더 자주 화석화되었는데, ^{1(D)}유해가 해저에 자리잡으면 해양 침전물이 지속적으로 가라앉으면서 유해를 묻기 때문이었다.

화석은 고대의 삶에 대한 매우 흥미로운 ^{3(A)}통찰력을 제공해 줄뿐만 아니라, 지질학적 연대를 구성하는 데 도움이 되기도 한다. 처음에, 지질학자들은 노두가 있는 지층, 즉 암석 층들을 분류하는 것이 지구의 지질 역사에 대한 정확한 그림을 제공해 줄 수 있기를 바랐다. 하지만 더 많은 노두를 연구하고 더 많은 층을 비교할수록, ^{4(D)}지역마다 상관 관계가 있을 것으로 짐작되었던 지층의 암석 종류가 일치하지 않는다는 점이 명확해졌다. 전 세계에서 여러 분리된 지역들에 걸쳐 지층을 맞춰보기 위한 시도는 과거의 시대를 보여주지 못했다. 설사 여러 지역에 걸쳐 지층 속 암석의 종류가 동일하다고 해도, 여전히 결정적인 결과물을 만들어 내기 어려웠다. 시간이 흐를수록 부패하는 유기 물질과 달리, 암석은 동일한 상태로 남아 있다. 예를 들어, 석영은 홍적세에 형성된 것이든, 아니면 캄브리아기에 형성된 것이든 상관없이 원자 구성상 동일하다.

완벽한 연대 측정 기술이 20세기에 들어서야 개발되기는 했지만, 화석에 대한 세심한 관찰은 상대 연대 측정 시스템의 확립과 함께 절정에 이르렀다. 19세기 영국의 지질학자이자 박물학자로서 "지질학의 아버지"로 불리는 윌리엄 스미스는 지층 및 화석에 대한 광범위한 연구를 통해 다음과 같은 결론을 내렸다. 스미스는 잉글랜드 전역에서 측량사로 일하면서 자신의 여행을 활용해 잉글랜드 최초의 지질도를 만들었다. 동료들과 마찬가지로, 지질학적 연대를 확립하기 위해 지층을 활용하는 일의 단점을 깨닫게 되었지만, 전국에서 모은 화석이라면 얘기가 달랐다. ■ ^{5(C)}다른 지층이 서로 구별하기 어려웠던 반면, 화석은 항상 쉽게 식별되었으며, 특정 지층의 암석 종류가 서로 다를 수도 있었던 반면, 그 안에 위치해 있던 화석은 한결같았다. ■ 일부 화석은 수천 년에 걸친 지층을 통해 나타났으며, 일부는 오직 몇 군데 지층에만 걸쳐 잔존해 있었다. ⁹■스미스는 특정 화석이 지역적 위치와 상관없이 항상 특정 지층에서 발견된다는 결론을 내렸고, 이 결과물로 인해 그는 지질학적 연대를 확립하고 화석의 상대 연령을 알아내는 작업을 모두 해낼 수 있었다.■

화석의 지질학적 중요도를 파악하는 일은 그 ^{6(C)}상황에 달려 있으며, 이는 지층누중의 법칙과 동물군 천이의 원리를 통해 정의할 수 있다. 지층누중의 법칙은 간단히 말해서, 암석 층들을 감안해 보면, 하부의 지층이 더 오래된 것임을 말한다. 마찬가지로, 동물군 천이의 법칙도 유사한 주장에 해당하는데, 지층에서 발견되는 화석들이 서로 수직적으로 이어진다는 점이다. ^{7(B)}스미스가 발견한 바와 같이, 화석은 암석이 하지 못하는 것을 할 수 있는데, 화석 기록이 수평적으로도 아주 먼 거리에 걸쳐 정렬되어 있기 때문이다. 예를 들어, 고대의 절지 동물인 삼엽충은 유용한 표준 화석, 즉 한 화석이 발견되는 특정 지층의 지질학적 연대를 분명히 보여주는 화석의 역할을 한다. 삼엽충은 5억 5천만 년 전인 캄브리아기에 처음 나타났으며, 이 시기 전반에 걸쳐 그 다양성과 풍부함이 증가했다. 삼엽충 화석 하나가 아프리카든 아니면 아메리카 지역이든 상관없이 발견되면, 그것이 들어있는 암석은 반드시 캄브리아기에 속한다. 그 종에 대한 식별은 지질학적 연대표상의 화석과 지층을 훨씬 더 구체적으로 정확히 집어낼 수 있다.

^{8(A)}화석 기록을 구축하는 일은, 설사 그것이 완전하지 않다 하더라도, 정확하게 유지되는 상대적 시간의 순서를 확립하는 데 도움을 주었으며, 심지어 그동안 나타났던 더 정확한 여러 연대 측정 방식의 측면에서도 그러했다. 마치 삼엽충이 쥐라기 지층에서는 절대로 발견되지 않는 것처럼, 공룡 뼈도 캄브리아기에서는 절대 발견되지 않는다. 지질학적 연대표상에서 다소 최근에 발전을 이룬 포유류 화석은 더 젊은 암석 지층을 가리키는데, 이 화석이 트라이아스기에 처음 나타났기 때문이다. 화석 기록을 비롯해 암석 지층에 대한 기본적인 이해를 활용함으로써, 지질학자들은 지구의 지질학적 역사를 하나로 짜맞출 수 있었다.

용어 설명 노두: 암석이 형성되면서 지표면에 드러나 보이는 부분

[Vocabulary]

1. remains 유해 organism 생물체 geological 지질학의 impression 눌린 자국 imprint 흔적, 자국 microbes 미생물 fossilization 화석화 permineralization 광충 작용 sediment 침전물 tissue (신체) 조직 consume ~을 소멸시키다 decompose 부패하다 pore 작은 구멍 cavity 빈 공간, 구멍 via ~을 통해 mineral deposits 광물 층 permanent 영구적인 internal 내부의 cast 주형, 주물 settle 자리잡다

2. insight 통찰력 catalog ~을 분류하다 strata 지층(stratum의 복수형) layer 층, 겹, 막 presumably 짐작하기에 correlating 상관 관계에 있는

denote ~을 보여주다, 나타내다 identical 동일한 conclusive 결정적인 finding 결과(물) atomically 원자 구성상

3. dating technique 연대 측정 기술 culminate in ~로 절정에 이르다 establishment 확립 extensive 광범위한, 폭넓은 shortcoming 단점, 결점 geologic timescale 지질 연대 indistinguishable 구별하기 어려운 consistent 한결같은 several millennia of 수천 년의 persist 잔존하다, 지속되다 ascertain ~을 알아내다

4. figure out ~을 알아내다, 파악하다 context 상황, 배경 law 법칙 superposition 지층누중 principle 원리 faunal succession 동물군 천이 vertically 수직적으로 align 정렬되다 trilobite 삼엽충 arthropod 절지 동물 abundance 풍부함 pinpoint ~을 정확히 집어내다

5. temporal 시간의 sequence 순서 in light of ~의 측면에서, 관점에서 mammals 포유류 piece together ~을 하나로 짜 맞추다

1 첫 번째 단락에 따르면, 다음 중 광충 작용에 대한 사실이 아닌 것은 무엇인가?
(A) 대부분의 화석이 형성되는 방식이다.
(B) 광물이 유기체 유해의 빈 공간을 채울 때 발생된다.
(C) 부드러운 유기 물질과 단단한 유기 물질 모두를 보존할 수 있다.
(D) 유기체 유해가 침전물로 덮여 있을 필요가 있다.

해설 부드러운 조직이 소멸되거나 부패한 다음, 껍질이나 뼈 같은 단단한 물질만 남게 된다고(After the soft tissue is consumed or decomposes, only the hard material—such as shell or bone—remains), 지문에 나와 있으므로, 부드러운(soft) 물질도 보존된다고 언급한 (C)는 사실이 아니다.

어휘 hollow 비어 있는 preserve ~을 보존하다

2 다음 중 첫 번째 단락에서 암시될 수 있는 것은 무엇인가?
(A) 광충 작용을 통해 만들어지는 화석이 다른 화석들보다 더 오래 간다.
(B) 육지 생물 화석이 해양 생물 화석보다 덜 흔하다.
(C) 화석은 껍질과 뼈의 미세한 세부 요소를 보존하지 못한다.
(D) 공룡 뼈 화석이 눌린 자국 화석보다 더 가치 있다.

해설 첫 번째 단락 마지막 문장에서 바다 생물이 이러한 방식으로(대부분 화석이 형성되는 방식인 광충 작용을 통해) 더 자주 화석화된다고 하므로(Ocean-dwelling organisms were more frequently fossilized in this manner), (B)가 정답이다.

어휘 fine 미세한

3 해당 단락의 단어 "insight"과 의미가 가장 가까운 것은 무엇인가?
(A) 이해
(B) 상상
(C) 관점
(D) 증거

해설 지문의 insight(통찰력)와 understanding(이해, 파악)은 유의어로 정답은 (A)이다.

4 두 번째 단락에 따르면, 암석 지층에서 얻은 정보가 지질학적 연대표를 확립하는 데 사용될 수 없는 이유는 무엇인가?
(A) 암석 지층의 동일한 층들이 멀리 떨어져 있었기 때문에
(B) 암석 속의 유기 물질이 너무 빨리 부패했기 때문에
(C) 노두에서 충분하지 않은 데이터가 수집될 수 있었기 때문에
(D) 암석 순서가 서로 다른 지역마다 각기 달랐기 때문에

해설 지문에서 지질학적 연대를 구성하는 데 있어서, 지층의 암석 종류는 지역마다 일치하지 않기에(it became apparent that

the type of rock in presumably correlating strata did not match from region to region). 지층이 시대를 보여주지 못한다고 하므로 (D)가 정답이다.

어휘 decay 부패하다 sequence 순서, 연속성

5 세 번째 단락에 따르면, 다음 중 어느 것이 윌리엄 스미스에 관해 사실인가?
(A) 암석 지층이 지질학적 시대들을 정확히 기록할 수 없음을 증명했다.
(B) 그의 연구 결과물이 유럽 전역에서 수집한 화석들을 바탕으로 했다.
(C) 지층 속 화석의 분포가 한결같다는 점을 알아차렸다.
(D) 그의 연구가 잉글랜드 지질도 제작에 도움이 되었다.

해설 지문에서, 다른 지층이 서로 구별하기 어려웠던 반면, 화석은 항상 쉽게 식별되었으며, 특정 지층의 암석 종류가 서로 다를 수도 있었던 반면, 그 안에 위치해 있던 화석은 한결같았다고(While different strata could be indistinguishable, fossils were always easy to identify, and while the type of rock in a certain stratum might be different, the fossils located in them were consistent) 하므로, (C)가 정답이다.
(A)는 스미스가 증명한 것(proved)이 아니라 단순히 깨달은 것이기에(he realized the shortcomings of using strata to establish the geologic timescale) 오답이다. (B)는 유럽 전역(across Europe)이 아닌 잉글랜드 전역(across England)이기에 오답이며, (D)는 그가 제작에 기여를 한 것이 아니라(contribute to the creation), 직접 만든 것이기에(create the first geological map of England) 오답이다.

어휘 dispersal 분포, 분산 contribute to ~에 도움이 되다

6 해당 단락의 단어 "context"와 의미가 가장 가까운 것은 무엇인가?
(A) 목적
(B) 모양
(C) 환경
(D) 관련성

해설 지문의 context(상황, 배경)와 environment(배경, 환경)는 유의어로 정답은 (C)이다.

7 다음 문장들 중 어느 것이 지문의 하이라이트 표기된 문장에 담긴 핵심 정보를 가장 잘 표현하는가? 오답 선택지는 중요한 방식으로 의미를 변경하거나 핵심 정보를 배제한다.

스미스가 발견한 바와 같이, 화석은 암석이 하지 못하는 것을 할 수 있는데, 화석 기록이 수평적으로도 아주 먼 거리에 걸쳐 정렬되

어 있기 때문이다.

(A) 암석이 서로 다른 여러 지역에 걸쳐 한결같이 않은 상태로 남아 있는 반면, 동일 지역 내에서 서로 다른 화석들이 발견될 수 있다.

(B) 스미스가 결론 내린 바와 마찬가지로, 암석 속 화석의 분포는 발견된 장소와 상관없이 서로 나란히 늘어서 있다.

(C) 스미스의 공헌들 중 하나는 한 가지 암석의 나이와 거기서 발견된 화석 사이의 관계였다.

(D) 스미스는 방대한 지역에 걸쳐 뚜렷하게 구별되는 암석 층들과 화석 층들을 일치시키는 데 성공했다.

해설 하이라이트 문장의 핵심 정보는 스미스가 발견한 내용으로(As Smith discovered), 화석이 암석 보다 우월한데(fossils could do what rock could not) 그 이유가 화석 기록이 멀리 수평적으로 나란히 늘어서 있기 때문이다(since the fossil record aligns over great horizontal distances as well.). 이러한 핵심 내용이 모두 들어간 (B)가 정답이다.

8 지문의 다섯 번째 단락에서 글쓴이가 말하는 목적은 무엇인가?
(A) 화석 기록 연대 측정이 어떻게 작용하는지 설명하는 것
(B) 삼엽충 화석의 한 가지 구체적인 특성을 정의하는 것
(C) 상대 연대 측정의 서로 다른 방식들을 비교하는 것
(D) 한 가지 연대 측정 방식의 정확성을 비판하는 것

해설 전체적으로 다섯 번째 단락의 내용은, 화석 기록(fossil record)이 연대 측정(methods of dating)에 영향을 주었고 이러한 구체적 예로 삼엽충(trilobite)을 설명한다. 따라서 (A)가 정답이다.

9 다음 문장이 지문에 추가될 수 있는 곳을 나타내는 네 개의 네모 표기[■]를 찾아 보시오.

다른 것들은 자신들의 모든 존재를 하나의 층에 넣어 두었다.

위 문장은 어느 곳에 가장 적합하겠는가? 네모 표기[■]를 클릭해 지문에 이 문장을 추가하시오.

해설 제시된 삽입 문장은 다른 것들을 언급하기에(Others had their entire existence encased in one layer), others와 대비되는 문장이 앞에 나와야 한다. 따라서 Some fossils ~로 시작하는 문장 바로 뒤인, 세 번째 ■가 정답이다.

10 설명: 간략한 지문 요약에 필요한 도입 문장이 아래에 제공되어 있다. 지문에서 가장 중요한 개념들을 나타내는 세 가지 답안 선택지를 골라 요약 내용을 완성하시오. 일부 답안 선택지는 지문에 제시되지 않은 개념을 나타내거나 지문에서 중요하지 않은 개념들이므로 요약 내용에 속하지 않는다. **이 문제는 2점에 해당된다.**

화석은 고대 생물체의 유해가 보존된 것으로서 지구의 지질 역사에 관한 핵심 정보를 제공한다.

(A) 화석은 광물로부터 유기 물질의 주형을 만들어 땅 속에 오랫동안 잔존하는 과정인 광충 작용을 통해 형성된다.

(B) 윌리엄 스미스는 여러 암석 층에 걸친 화석 분포가 해당 암석은 그렇지 않다 하더라도 한결 같은 상태로 남아 있었다는 것을 알게 되었다.

(C) 지층누중의 법칙을 활용해, 지질학자들은 가장 오래된 암석들이 지층 하부에 나타난다는 사실을 보여줄 수 있었다.

(D) 상대 연대 측정 방식은 원래 서로 다른 여러 지역의 노두에서 발견되는 암석 종류를 비교하는 일에 의존했다.

(E) 화석 및 그것이 발견되는 지층 둘 모두의 상대 연령은 화석 기록상의 표본을 찾음으로써 확립될 수 있다.

(F) 방사성 탄소 연대 측정법을 활용해 정확한 연령을 찾을 수는 있지만, 그 과정이 유기 물질을 필요로 하기 때문에 제한적이다.

해설 도입 문장은 화석의 정의와 함께 지구 지질 역사에 관한 정보 제공을 내용으로 한다(Fossils are the preserved remains of ancient organisms that provide key information about the Earth's geological history).

따라서, 지문에 맞게 화석에 대한 설명을 한 (A), 윌리엄 스미스의 화석 연구 내용이 담긴 (B)가 정답이다. 또한 화석의 지구 지질 역사에 중요성을 언급한 (E)도 정답인데, 특히 네 번째 단락 마지막 문장에 패러프레이징 되어 있다(The identification of its species can pinpoint the fossil and stratum even more specifically on the geological timeline).

본 지문 및 도입 문장의 핵심 내용은 지층누중 법칙(the law of superposition)이 아닌 화석 기록(fossil record)인데, (C)는 지문에서 언급된 세부 내용에 불과하므로 오답이다. (D)는 잘못된 정보로 오답이고, (F)는 지문에 언급되지 않은 내용으로 오답이다.

어휘 locate ~의 위치를 알아내다, 찾아내다 specimen 표본 radiocarbon dating 방사성 탄소 연대 측정법

Questions 11-20

초기의 영화관

영화관은 19세기 말엽에 영사 기술이 개발되기 전까지 대중 매체의 주요 형태가 되지 않았다. 그 이전에는, 영화관이 "핍쇼"라는 방식으로 존재했고, [11(A)]한 번에 한 사람씩 기계의 작은 구멍을 통해서만 영화를 볼 수 있었다. 키네토스코프는 미국의 발명가 토머스 에디슨이 발명한 핍쇼 장치로서, 1894년에 처음 대중화되었다. 이 관람용 장치는 다섯 편의 다른 영화를 보여주는 다섯 대의 다른 기계가 설치되어 있었던 영업점에 있었다. [11(B)]25센트만 내면, 손님들은 영업점 내부를 번갈아 돌아다니면서 각 기계에서 나오는 영화를 관람할 수 있었다. [11(D)]이 단편 영화들은 보통 길이가 3분 미만이었으며, 장르와 내용이 다양했다. 예를 들어, [11(C)]유명 권투 시합의 라운드들을 일련의 키네토스코프를 통해 연속적으로 볼 수 있었다.

[12(B)]키네토스코프 영업점들은 에디슨의 축음기 영업점들에 의해 이미 정해져 있었던 전략을 따랐는데, 이는 발명가 에디슨에게 수년 동안 수익성 높은 사업이었다. 축음기 영업점들은 거의 동일한 방식으로 마련되었는데, 손님들이 기계마다 돌아다니면서 귀에 꽂는 개별 관을 통해 녹음되어 있는 연설이나 음악 작품을 들었다. 이 사업 모델이 단순히 키네토스코프 영업점으로 옮겨졌으며, 그 영업점들 또한 미국 전역에서 우후죽순처럼 생겨나면서 성공적인 것으로 드러났다. 하지만 동시에 에디슨이 그 기기를 개발하는 일을 [13(A)]방해하기도 했다. 그의 우선 순위는 돈이었다: 에디슨은 영업점마다 자신의 기기를 판매하고 싶어 했으며, 각 기기는 약 1,000달러에 판매되었다. 그는 영사 기술을 개발해 필름 영사기를 판매하기 시작하면, 영화관 사장들이 여러 대

가 아닌 한 대의 기계만을 자신에게서 구입할 것이라고 판단했다.

그럼에도 불구하고, 영화관 장비의 발전은 불가피했는데, 특히 그것에 내재되어 있는 사업 기회를 감안하면 더 그러했다. 더 높은 입장료를 받고 아마 수백 명은 될 법한 관람객들에게 다양한 영화를 동시에 상영함으로써, 영화관 사장들은 더욱 ^{14(B)}손쉽게 수익을 극대화할 수 있었다. 키네토스코프 영업점의 성공을 어떻게 확장해야 할지를 인식하게 되면서, 영화관 업계의 다른 개척자들은 각자 필름 영사 기기를 만들어냈다. 키네토스코프 사업이 빠르게 사양길에 접어들면서, 에디슨은 경쟁자가 개발한 영사기를 구해 비타스코프로 내놓았다. 영화관 사장들은 이 새로운 기술을 활용해 전국의 소극장과 마을 회관, 축제 마당에서 영화를 상영해 일반 대중을 즐겁게 하면서 수익을 올리기 시작했다.

19세기 말에 영사 기술로 전환되면서, 영화는 빠르게 가장 중요한 대량 소비 수단이 되었다. 영화는 이전의 인기 오락 장소들을 간소화함과 동시에 능률화했다. 이전에는, 많은 관람객들이 여러 가지 다른 라이브 공연을 특징으로 하는 극장을 찾았다. 이 공연들은 보드빌 공연에서부터 무대 연극과 뮤지컬의 범위에 이르렀다. 수백 명의 사람들이 함께 이 구경거리들을 볼 수 있었지만, 행사 주관자에 의해 마련되고 진행되어야 했다. ^{15(D)}반면에, 영화는 라이브 공연에 의존하지 않았다. 주최자나 쇼맨의 적극적인 개입 없이도 소비될 준비가 되어 있어서 영화 그 자체로 하나의 경험이었다.

사전 제작되는 영화의 특성─대량 생산되고 미리 촬영되는 것─은 영화관 지배인들이 각자의 공연에 대해 행사했던 창의적 통제력도 감소시켰다. ■ ^{16(A)}초기의 영화관 지배인들은 라이브 공연 및 기타 인기 관람거리와 함께 프로그램상의 영화를 상영함으로써 기존의 연극 공연 모델을 모방하려 했다. 영화에 강연 또는 뮤지컬 공연이 동반되었다. ■ 하지만, 영화관 지배인들의 창의적 통제력은 여전히 제한된 상태로 유지되었다. 더욱이, 관람객들이 적어도 처음에는 영화의 기술적 경이로움에 이끌렸다. ¹⁹ ■ ^{17(B)}가장 인기 있는 영화들은 실제 모습이라고 일컬어졌으며, 일상적으로 발생되던 일들, 즉 역에 도착하는 기차나 해변으로 쓸려 오는 바다의 파도, 또는 심지어 거리를 따라 걷는 보행자들을 담기도 했다. ■

^{18(B)}영사 방식으로의 변화로 인해, 사람들의 영화관 이용 경험은 더 이상 핍쇼 기계와 함께 했던 시절과 같은 개인적인 것이 아니라, 같은 영화관에서 수십 명 또는 수백 명의 관람객들과 공유했기 때문에 대중적인 것이 되었다. 영화 또한 처음으로 "더욱 사실적이게 되어", 관람객의 경험을 더욱 변화시켰다. 영사기로 보여진 이미지는 핍쇼 장치에서 보았을 법한 1~2인치에서 6~9피트로 커졌다. 움직임이 화면 가장자리에 끝난다는 것을 알지 못해 기차가 다가오는 장면에서 겁에 질려 몸을 피한 관객들에 관한 이야기도 알려졌다.

[Vocabulary]

1. dominant 주요한, 지배적인 projection technology 영사 기술 toward ~ 무렵에 peep 훔쳐보다, 엿보다 parlor 영업점 rotate around ~ 곳곳을 차례로 돌아다니다 prizefight (상금이 걸린) 권투 sequentially 연속적으로

2. lucrative 수익성이 좋은 transfer ~을 옮기다 spring up 우후죽순처럼 생겨나다 hinder ~을 방해하다 exhibitor 영화관 지배인

3. inevitable 불가피한 inherent 내재되어 있는 simultaneously 동시에 build upon ~을 발판으로 삼다 pioneer 선구자, 개척자 obsolete 더 이상 쓸 모 없는, 구식의 capitalize on ~을 활용하다 fairground 축제 마당

4. mass consumption 대량 소비 streamline ~을 능률화하다, 간소화하다 feature ~을 특징으로 하다 range 범위에 이르다 spectacles 구경거리

5. ready-made 사전 제작되는 replicate ~을 모방하다, 복제하다 marvel 경이, 경이로움 be referred to as ~로 일컬어지다 actualities 실제 모습, 현실

6. larger than life 더욱 사실적인, 더 현실적인 stories emerged of ~에 관한 이야기가 알려졌다 flee from ~에서 도망치다 footage 장면, 영상

---

11 첫 번째 단락에 따르면, 다음 중 어느 것이 키네토스코프 영업점에서의 영화 관람에 대해 사실이 아닌가?

(A) 영화는 한 번에 한 명씩 관람했다.

(B) 손님들은 한 번의 입장으로 여러 영화를 관람했다.

(C) 운동 경기가 가장 인기 있는 영화 주제였다.

(D) 영화들이 짧고 다양한 주제를 특징으로 했다.

해설 지문에는 운동 경기가 가장 인기 있는 영화 주제였다는 내용은 없고 유명한 권투 시합만 언급이 되기에(the rounds of famous prizefights), (C)가 정답이다.

12 글쓴이는 무엇을 하기 위해 두 번째 단락에서 "축음기 영업점들"을 이야기하는가?

(A) 오락 분야에서 에디슨이 지닌 경력을 설명하기 위해

(B) 키네토스코프 영업점에 대한 원래의 모델을 설명하기 위해

(C) 그곳의 성공과 키네토스코프 영업점의 성공을 비교하기 위해

(D) 19세기의 빠른 기술 발전을 집중 조명하기 위해

해설 지문 속 다음 문장을 통해(Kinetoscope parlors followed the strategy already established by Edison's phonograph parlors), (B)가 정답인 것을 알 수 있다.

13 해당 단락의 단어 "hindered"와 의미가 가장 가까운 것은 무엇인가?

(A) 둔화시켰다

(B) 영감을 주었다

(C) 유익했다

(D) 계획했다

해설 지문의 hinder(방해하다)와 보기(A) slow(둔화시키다)는 문맥상 의미가 같다.

14 해당 단락의 단어 "readily"와 의미가 가장 가까운 것은 무엇인가?

(A) 자주

(B) 즉시

(C) 정확히

(D) 엄밀히 말해서

해설 지문의 readily(손쉽게)와 immediately(즉시)는 유의어이다.

15 네 번째 단락에 따르면, 초기의 영화들은 이전의 많은 관객들을 위한 오락 형태와 어떻게 달랐는가?

(A) 더 비싼 입장료를 부과했다.
(B) 더 많은 관객들을 맞이할 수 있었다.
(C) 이곳 저곳으로 옮겨 다닐 수 있었다.
(D) 라이브 출연자들을 특징으로 할 필요가 없었다.

해설 반면에, 영화는 라이브 공연에 의존하지 않았다(Movies, in contrast, did not depend on live performances)는 지문 내용을 통해 볼 때, (D)가 정답이다. (B)는 핍쇼(peepshow)와의 비교에 대한 설명이므로 오답이다.

어휘 steep 너무 비싼 host ~을 맞이하다 transport ~을 옮기다

16 다섯 번째 단락에 따르면, 초기의 영화관 지배인들은 영화 상영에 있어 무슨 역할을 했는가?
(A) 영화 프로그램에 다양한 요소를 추가했다.
(B) 감독들에게 특정 유형의 영화들을 요구했다.
(C) 영화에 넣을 음악 반주를 마련했다.
(D) 관객들에게 영화 내용에 관해 설명했다.

해설 초기의 영화관 지배인들은 라이브 공연 및 기타 인기 관람거리와 함께 프로그램상의 영화를 상영함으로써 기존의 연극 공연 모델을 모방하려 했다(Early exhibitors tried to replicate the former model of theatrical entertainment by showing films in programs alongside live performances and other attractions)는 내용을 볼 때, (A)가 정답이다. 영화에 강연 또는 뮤지컬 공연이 동반되었다(Films were accompanied by lectures or musical acts)는 내용이 영화관 지배인들이 영화에 넣을 음악 반주를 마련하거나 강의를 했다는 내용은 아니므로 (C)와 (D)는 오답이다.

어휘 component (구성) 요소 accompaniment 반주, 곁들이는 것

17 다섯 번째 단락에서, 초기 영화와 관련해 무엇을 유추할 수 있는가?
(A) 널리 배급되지 않았다.
(B) 주로 이야기 서술 방식이 아니었다.
(C) 전문적으로 만들어지지 않았다.
(D) 음악을 동반하지 않았다.

해설 가장 인기 있는 영화들은 실제 일상적인 장면을 보여주므로(The most popular films were referred to as actualities and captured everyday occurrences: a train arriving at the station, ocean waves washing up on shore, or even pedestrians walking down the street), 이야기 서술 방식(narrative)으로는 보기 어렵다. 따라서 (B)가 정답이다.

18 다음 문장들 중 어느 것이 지문의 하이라이트 표기된 문장에 담긴 핵심 정보를 가장 잘 표현하는가? 오답 선택지는 중요한 방식으로 의미를 변경하거나 핵심 정보를 배제한다.

영사 방식으로의 변화로 인해, 사람들의 영화관 이용 경험은 더 이상 핍쇼 기계와 함께 했던 시절과 같은 개인적인 것이 아니라, 같은 영화관에서 수십 명 또는 수백 명의 관람객들과 공유했기 때문에 대중적인 것이 되었다.

(A) 관람객들은 처음에 다른 사람들과 영화관에서 영화를 보는 것이 불편했는데, 핍쇼 기계로 혼자 보는 네 익숙했기 때문이었다.

(B) 영화를 보는 행위가 핍쇼 장치를 통한 독립적인 경험에서 상영된 영화를 보는 공동 경험으로 변화되었다.
(C) 다른 사람들과 함께 보는 것보다 혼자 영화를 즐기는 것을 선호했던 관람객들이 여전히 키네토스코프 영업점을 선호했다.
(D) 수백명의 사람들이 붐비는 극장을 공유해야 했기 때문에 영화 관람 경험이 반감되었다.

해설 하이라이트 문장의 핵심 정보는, 영사 방식의 변화, 핍쇼와 같은 개인적 경험이 아닌, 대중적으로 많은 관람객과의 공유(With the shift to projection, the viewer's experience with cinema was no longer private, as it had been with the peepshow machines, but became public as it was shared with dozens or hundreds of viewers in the same theater.)이다. 이러한 핵심 내용이 모두 들어간 (B)가 정답이다. 삽입 문장의 private이 보기(B)에서는 independent로, public이 communal로 패러프레이징 되어있다.

19 다음 문장이 지문에 추가될 수 있는 곳을 나타내는 네 개의 네모 표기[■]를 찾아 보시오.

그들은 스크린에 상영되는 일상적인 일을 보는 것에 놀라워했다.

위 문장은 어느 곳에 가장 적합하겠는가? 네모 표기[■]를 클릭해 지문에 이 문장을 추가하시오.

해설 제시된 삽입 문장의 They는 audiences, the mundane은 everyday occurrences를 뜻하므로, 세 번째 ■가 정답이다.

20 **설명:** 간략한 지문 요약에 필요한 도입 문장이 아래에 제공되어 있다. 지문에서 가장 중요한 개념들을 나타내는 세 가지 답안 선택지를 골라 요약 내용을 완성하시오. 일부 답안 선택지는 지문에 제시되지 않는 개념을 나타내거나 지문에서 중요하지 않은 개념들이므로 요약 내용에 속하지 않는다. **이 문제는 2점에 해당된다.**

현대적인 영화관에 필요한 기술이 19세기 후반에 발전되었다.

(A) 과거의 오락 활동은 뮤지컬 공연과 연극, 그리고 강연 같은 라이브 공연물에 의존했다.
(B) 영화가 상영될 수 있게 되면서 영화관이 주요 대량 소비의 형태가 되었다.
(C) 축음기 영업점들이 에디슨의 키네토스코프 영업점에 대한 모델의 역할을 했다.
(D) 초기의 영화관은 관람객들에게 특수 기계를 활용해 혼자 영화를 보는 것만 가능하게 했다.
(E) 토머스 에디슨의 돈 우선순위가 영사기 기술의 발전을 막았다.
(F) 상영 기술의 발전으로 인해 영화관 사장들이 많은 사람에게 영화를 보여줄 수 있게 되었다.

해설 (B), (F)는 도입 문장에 따라 지문의 주요 내용을 잘 진술하고 있다. (D)는 첫 번째 단락의 주요 내용으로, 두 번째, 세 번째 단락까지 계속해서 연결되는, 지문 주요 내용 요약에 해당하여 정답이다. (A), (C)는 지문에 언급된 내용이지만, 도입 문장의 현대적 영화관 발달과 연관이 없는 세부사항으로 오답이다. (E)는, 에디슨도 발전을 막지 못하고 결국에는 영사기를 도입했다(Edison acquired the projector developed by a competitor and introduced it as the Vitascope)는 내용에 따라 오답이다.

Listening

ANSWERS

Part 1	**1.** (C)	**2.** (C)	**3.** (D)	**4.** (D)	**5.** (B)	
	6. (C)	**7.** (B)	**8.** (D)	**9.** (A)	**10.** (C)	**11.** (D)
	12. (D)	**13.** (C)	**14.** (B)	**15.** (D)	**16.** (D)	**17.** (C)
Part 2	**1.** (B)	**2.** (A)	**3.** (B)(C)	**4.** (A)	**5.** (B)	
	6. (C)	**7.** (D)	**8.** (D)	**9.** (B)	**10.** (D)	**11.** (D)

PART 1

Questions 1-5

Listen to part of a conversation between a student and an interviewer.

W: Hi, Marco. I'm Dana Hillman, and I'm the dining service director here at the Campus Bistro. [1(C)]Thanks for coming in today. As I'm sure you already know, our dining facility hosts a regular series of language tables, and we are interviewing potential candidates for wait staff positions. So, are you familiar with the concept of language tables?

M: Well, to be honest, I only have a rough idea of what is involved. But, I know it's de-signed to help people who wish to practice using foreign languages instead of English. And, of course, they book a table here and enjoy a meal together.

W: Yes, that's it, in a nutshell. [2(C)]And we are in a perfect position to host this type of language exchange, as we have several separate dining rooms that we can use for different languages: one for Spanish, one for German, and so on. Now, why don't you start by telling me why you think you're qualified for a wait staff role here?

M: Sure. Well, as you've probably noticed on my résumé, even though I've lived in Canada for my entire life, my parents are actually French, and French is my mother tongue. [3(D)] In fact, my parents don't even allow me to use English in our household! Plus, all of my relatives still live in France - mostly in the southern regions - and we visit them at least once every two years. So, this means that my French language ability remains excellent, even though I mostly use English while I'm socializing or attending my university classes.

W: That's good to know. And, of course, we will be hosting a language table for people who want to practice speaking in French, so we are looking for French speakers. Now, have you had any experience of working in a restaurant, or a hotel, or any type of service industry?

M: Yes, at the start of my freshman year I took a job as a waiter at a French restaurant downtown. Maybe you know it... Chantilly, the place on 12th Street? I really loved working there, and the only reason I had to quit after about a year was because I started taking Chinese language classes

면접관과 학생 사이의 대화를 들으시오.

여: 안녕하세요, 마르코. 저는 데이나 힐만이며, 이곳 캠퍼스 비스트로의 식당 서비스 관리 책임자입니다. [1(C)]오늘 와 주셔서 감사합니다. 분명 이미 아시겠지만, 저희 식당은 일련의 주기적인 외국어 전용 테이블을 운영하고 있어서, 종업원 자리에 대한 잠재적인 후보자들을 면접 보고 있습니다. 그럼, 외국어 전용 테이블이라는 것의 개념을 알고 계신가요?

남: 음, 솔직히 말씀드리면, 무엇이 관련되어 있는지에 대해서만 대략 파악하고 있습니다. 하지만, 영어 대신 외국어를 활용해 연습하기를 바라는 사람들을 돕기 위해 고안되었다는 것은 알고 있습니다. 그리고, 당연히, 이곳에서 테이블을 예약해 함께 식사도 즐기면서요.

여: 네, 바로 그겁니다, 간략하게 말하자면요. [2(C)]그리고 저희는 이러한 종류의 언어 교환 서비스를 운영하기에 완벽한 곳인데요, 여러 개별 식사 공간이 있어서 서로 다른 언어를 위해, 그러니까 한 곳은 스페인어를 위해, 또 한 곳은 독일어를 위해, 이런 식으로 이용할 수 있습니다. 자, 왜 자신이 이곳의 종업원 역할에 대한 자격이 있다고 생각하는지 얘기하는 것으로 시작해 보면 어떨까요?

남: 네. 음, 아마 제 이력서에서 보셨을 것 같은데, 제가 평생 동안 캐나다에서 살아오기는 했지만, 사실 부모님께서 프랑스인이며, 프랑스어가 제 모국어입니다. [3(D)]실제로, 저희 부모님께서는 심지어 집안에서도 영어를 사용하지 못하게 하고 계세요! 게다가, 저희 친척들도 모두 여전히 프랑스에, 주로 남부 지역에 살고 있고, 적어도 2년마다 한 번은 방문합니다. 그래서, 제가 사람들과 어울리거나 대학 수업에 참석하는 동안 대부분 영어를 사용하기는 해도, 제 프랑스어 실력이 여전히 훌륭하다는 뜻으로 말씀드렸습니다.

여: 좋은 정보네요. 그리고, 당연히, 저희가 프랑스어로 말하는 것을 연습하고 싶어 하는 사람들을 위한 외국어 전용 테이블도 운영할 예정이기 때문에, 프랑스어를 할 수 있는 사람도 찾고 있습니다. 그럼, 레스토랑이나 호텔, 또는 어떤 종류의 서비스 업계에서든 일해 보신 경험은 있으신가요?

남: 네, 신입생 초기에 시내의 한 프랑스 레스토랑에서 종업원 일자리를 구했었습니다. 12번가에 위치한 '샹틸리'라고… 아마 아실 것 같은데요? 그곳에서 일하는 게 정말 즐거웠는데, 약 1년 뒤에 그만둬야 했던 유일한 이유가 일주일에 세 번씩 저녁에 중국어 수업을 수강하기 시작했기 때문이었습니다.

three evenings per week. It didn't leave me much time for a job.

W: Oh, you should have mentioned your Chinese ability on your application form. 4(D)We're actually looking for people who can speak multiple languages, even if they aren't completely fluent in some of them, so we have more flexibility with work schedules and employee rotation. Would you say you can communicate fairly competently in Chinese?

M: Yes, I can hold a general conversation pretty easily. I'm pretty sure I could discuss menu options and take orders in Chinese without any problems.

W: Well, that makes you a very attractive candidate. So, let's talk about work hours for a moment. We'll be holding our language tables on Tuesdays and Fridays, from 7 p.m. until 10 p.m. Do you have any other jobs or activities that would prevent you from working those shifts?

M: Actually, I do have soccer practice until 6 p.m. on those days, but I'm sure I could make it to start a shift at 7.

W: Oh, well... you see, we would prefer that our servers arrive an hour early in order to help set the tables and prepare some other things in the dining rooms. Would this be a problem for you?

M: 5(B)Hmm... I'd be happy to stay an extra hour to clean up after the shift.

W: Well, that might actually be a suitable compromise that benefits both of us. I'll definitely consider that. Now, I think that concludes our interview today, and I must say I'm very im-pressed with your experience and enthusiasm. So, I'd like to offer you a position on our team, and I'll contact you by phone later this week to finalize some details with you. Thanks again for coming in today.

M: Great! Thanks, and I'll look forward to your call.

그래서 일을 할 시간이 많이 생기지 않았습니다.

여: 오, 지원서에 중국어 능력에 대해서도 언급하시지 그랬어요. 4(D)저희가 사실 일부 언어가 완전히 유창하진 않더라도 다양한 언어를 말할 수 있는 사람을 찾고 있거든요. 그래야 업무 일정과 직원 교대 근무에 더 유연성이 생깁니다. 중국어로 꽤 능숙하게 의사 소통할 수 있다고 생각하시나요?

남: 네, 일반적인 대화는 꽤 쉽게 진행할 수 있습니다. 아무 문제 없이 중국어로 메뉴 선택권에 대해 이야기하고 주문을 받을 자신이 있습니다.

여: 음, 그렇다면 아주 매력적인 후보자가 되겠네요. 그럼, 근무 시간과 관련해서 잠깐 얘기해 보겠습니다. 저희가 매주 화요일과 금요일에 오후 7시부터 10시까지 외국어 전용 테이블을 운영할 예정입니다. 이 교대 근무 시간으로 일하는 데 방해가 되는 다른 어떤 일이나 활동이 있으신가요?

남: 실은, 그 요일들마다 오후 6시까지 축구 연습을 하기는 하지만, 분명히 7시에 교대 근무를 시작할 수 있도록 올 수 있습니다.

여: 오, 음··· 있잖아요. 저희는 종업원들이 식당 내에서 테이블을 정리하고 그 외의 다른 것들을 준비할 수 있도록 한 시간 일찍 도착했으면 합니다. 이 부분이 문제가 될 수 있을까요?

남: 5(B)흠··· 교대 근무 후에 기꺼이 추가로 한 시간 더 남아서 청소를 하겠습니다.

여: 음, 그렇게 하는 게 사실 저희 둘 모두에게 이득이 되는 적절한 절충안이 될 수도 있겠네요. 분명히 고려해 보겠습니다. 자, 오늘은 이것으로 면접을 마무리할까 하는데, 말씀해 주신 경험과 열정에 매우 깊은 인상을 받았다는 말을 꼭 해 드리고 싶네요. 그래서, 저희 팀 일자리를 제안해 드리고 싶은데, 이번 주 후반에 전화로 연락 드려서 몇 가지 세부 사항을 함께 최종 결정하겠습니다. 오늘 와 주셔서 다시 한번 감사합니다.

남: 아주 좋습니다! 감사합니다, 그리고 전화 기다리겠습니다.

[Vocabulary]

host ~을 개최하다 candidate 후보자, 지원자 wait staff 종업원, 웨이터 rough 대략적인 practice 연습하다 in a nutshell 간단히 말해서 résumé 이력서 mother tongue 모국어 relative 친척, 인척 leave A time A에게 시간이 생기다 application form 지원서 fluent 유창한 flexibility 유연성, 탄력성 rotation(= shift) 교대 (근무) competently 능숙하게, 유능하게 make it 시간 맞춰 가다 compromise 절충, 타협 benefit ~에게 유익하다 conclude ~을 마무리하다 enthusiasm 열정, 열의

---

1 학생은 왜 식당에 가는가?
(A) 축구팀 저녁 식사 예약을 위해
(B) 중국어 실력을 향상시키기 위해
(C) 웨이터 직에 신청하기 위해
(D) 프랑스어 수업의 요건을 충족시키기 위해

해설 대화 처음에 웨이터 직에 대한 면접을 하고 있음이 언급되고, 이후 면접 관련 질의응답이 전개 되므로, 정답은 (C)이다.

2 면접관의 말에 따르면, 왜 이 식당이 외국어 전용 테이블을 운영하는 데 이상적인 장소인가?
(A) 여러 종합 대학 및 단과 대학과 아주 가까운 곳에 위치해 있다.
(B) 아주 다양한 국적을 지닌 손님들을 맞이한다.
(C) 다른 언어에 대해 다른 식사 공간을 배정할 수 있다.
(D) 여러 언어학 관련 강좌 및 세미나를 주최한다.

해설 언어별 독립된 식사 공간 이용이 가능하여 언어 교환 서비스를 운영하기에 완벽한 곳이라고 하므로, 정답은 (C)이다.

어휘 proximity 가까움, 근접 nationality 국적 allocate ~을 배정하다, 할당하다 linguistics 언어학 venue (개최) 장소

3 학생이 높은 수준의 프랑스어 능력을 유지하는 데 무엇이 도움이 되었는가?

(A) 여러 프랑스인 가족 구성원이 자주 방문한다.

(B) 프랑스어를 말하는 다른 학생들과 어울리는 경향이 있다.

(C) 대학 강좌에 프랑스어 수업이 포함되어 있다.

(D) 부모가 집에서 오직 프랑스어로만 말하도록 고집한다.

해설 학생은 부모님이 집안에서도 영어를 사용하지 못하게 하고 프랑스어를 사용하도록 한다고 하므로, 정답은 (D)이다.

4 면접관이 외국어 전용 테이블 종업원에 관해 암시하는 것은 무엇인가?

(A) 프랑스어를 할 줄 아는 종업원을 가장 크게 필요로 한다.

(B) 몇몇 종업원이 고용되어 식사 손님들이 영어를 연습하도록 도울 것이다.

(C) 대부분의 직원들이 해외에서 여행하면서 상당한 시간을 보냈다.

(D) 다양한 언어를 하는 사람들이 여러 다른 테이블에서 일하게 될 것이다.

해설 업무 일정과 직원 교대 근무에 유연성을 위해 다양한 언어를 말할 수 있는 사람을 찾고 있으므로, 정답은 (D)이다.

어휘 diner 식사 손님 considerable 상당한, 많은 multilingual 여러 언어를 하는

5 대화의 일부를 다시 들으시오. 그런 다음, 질문에 답하시오.

학생: 실은, 그 요일들마다 오후 6시까지 축구 연습을 하기는 하지만, 분명 7시에 교대 근무를 시작할 수 있도록 올 수 있습니다.

면접관: 아, 음… 있잖아요, 저희는 종업원들이 식당 내에서 테이블을 정리하고 그 외의 다른 것들을 준비할 수 있도록 한 시간 일찍 도착했으면 합니다. 이 부분이 문제가 될 수 있을까요?

학생: 흠… 교대 근무 후에 기꺼이 추가로 한 시간 더 남아서 청소를 하겠습니다.

학생은 왜 "교대 근무 후에 기꺼이 추가로 한 시간 더 남아서 청소를 하겠습니다"라고 말하는가?

(A) 청소 업무를 더 많이 포함하는 일자리를 원한다.

(B) 사전에 약속되어 있는 일로 인해 일찍 도착할 수 없을 것이다.

(C) 다른 직원들이 늦게까지 일하는 것을 선호하지 않는 이유를 이해한다.

(D) 축구팀 연습 시간 일정을 재조정할 계획이다.

해설 축구 연습으로 한 시간 늦는 만큼 추가 근무를 하겠다는 것이므로, 정답은 (B)이다.

어휘 commitment 약속(된 일) session (특정 활동을 위한) 시간

Questions 6-11

Listen to part of a lecture in a biology class.

P: [6(C)]Let's continue from where we left off in last week's lecture about animals that use the Earth's magnetic field as a source of information while migrating. **Animals can exploit the geomagnetic field in two different ways.** [7(B)]First, they can obtain general directional information from the field, and this allows them to travel in a specific direction such as north or south. Second, some animals can derive more precise positional information from the geomagnetic field, and this enables them to determine where they are in relation to a target destination, which in turn allows them to alter their course once they reach a particular geographical region along a migratory route. It's essentially the difference between using a compass and a map. [6(C)]One of the best examples of this is the loggerhead turtle, which undergoes one of the longest and most impressive marine migrations. Countless hatchling loggerheads are born on the east coast of Florida, and almost immediately they enter the sea to embark on an eastward migration across the Atlantic Ocean. The reason for this swift migration is that the hatchlings are utterly defenseless against the numerous dangerous predatory fish and birds along the Florida coast, so the odds of survival are stacked heavily against them. Even during the migration, the turtles, which swim slowly and have not yet developed diving capability, are at the mercy of predators, and only around one in four thousand hatchlings survive and reach adulthood. Yes, Billy?

생물학 수업의 강의 일부를 들으시오.

교수: [6(C)]이주 과정에서 정보를 얻는 출처로 지구의 자기장을 활용하는 동물들과 관련해 지난 주 강의에서 얘기하다가 멈춘 부분부터 이어 가도록 하겠습니다. 동물들은 두 가지 다른 방식으로 지구 자기장을 활용할 수 있습니다. [7(B)]첫 번째로, 자기장으로부터 일반적인 방향 관련 정보를 얻을 수 있으며, 이를 통해 북쪽 또는 남쪽과 같은 특정 방향으로 이동할 수 있습니다. 두 번째로, 일부 동물들은 지구 자기장으로부터 더욱 정확한 위치 정보를 얻을 수 있으며, 이로 인해 목표로 하는 도착지와 관련해 어디에 있는지 파악할 수 있는데, 결과적으로 이주 경로를 따라 특정 지리학적 지역에 도달하는 대로 진로를 변경할 수 있게 됩니다. 이는 근본적으로 나침반과 지도를 이용하는 것 사이의 차이점에 해당되는데요. [6(C)]이에 대한 가장 좋은 예시들 중의 하나가 가장 거리가 길고 인상적인 해양 이주 과정을 거치는 붉은바다거북입니다. 무수히 많은 갓 부화한 붉은바다거북이 플로리다 동쪽 해변에서 태어나며, 거의 곧바로 바다로 들어가 대서양을 가로질러 동쪽으로 향하는 이주 여행을 떠납니다. 이 신속한 이주의 이유는, 갓 부화한 새끼들이 플로리다 해변을 따라 존재하는 수많은 위험한 포식자 물고기와 새들에게 완전히 무방비로 노출되어, 생존 가능성이 매우 낮아지기 때문입니다. 심지어 이주하는 중에도, 이 거북이들은 느리게 헤엄치는데다 아직 잠수 능력이 발달되어 있지 않은 상태이기 때문에 포식자들 앞에서 속수무책이며, 4천 마리의 갓 부화한 새끼들 중 오직 한 마리 정도만 생존해 성년기에 도달합니다. 네, 빌리?

M: And where do the turtles end up? If they just continue east, they'll reach land eventually, right?

P: [8(D)]Well, that's where the geomagnetic field comes in. The turtles initially swim eastward along the Gulf Stream current, which eventually flows in a more northeastern direction. [8(D)]But the young loggerheads respond to a particular magnetic field near northern Portugal by turning south, breaking away from the current. By doing so, they stay in warm waters and avoid potentially freezing to death in the frigid waters near Great Britain and Scandinavia. The turtles then loop around and orient themselves westward, eventually returning to their hatching sites on the Florida coast.

M: [11(D)]But, you said that the coast of Florida was dangerous for the turtles.

P: At the time of hatching, yes, indeed, the turtles are highly vulnerable to predators. And that's why their migration takes such a long time, usually between 6 and 12 years! By the time the turtles return to the coast, they're too large to be eaten by birds and fish, and they're equipped with strong jaws that they use to defend themselves. But the biggest question is not why the turtles migrate in this way, or where they go, but rather how they exploit the geomagnetic field. And one prominent hypothesis is that this magnetic sense comes from a symbiotic relationship with magnetotactic bacteria. This is a unique type of bacteria whose movement is influenced by magnetic fields, including the Earth's. Recent studies have indicated the likely presence of magnetotactic bacteria in various animal species, including the loggerhead turtle. [9(A)]Some researchers have speculated that the bacteria may be present within nervous tissue, like the eye or brain, but it remains a mystery. However, this hypothesis that animals use magnetic bacteria in a symbiotic way to gain a magnetic sense still needs more evidence, before anything conclusive can be stated. Rosie, did you have a question?

F: The thing I'm wondering about is... if the turtles rely on magnetic fields so much, can disruptions to the Earth's magnetic field have a negative effect on the turtles?

P: I'm glad you asked that, as that's a very good point. You see, when it comes to turtle conservation, a common practice is to place protective cages made from galvanized wire around turtle nests. This helps to protect the eggs and hatchlings from predators. While this method is effective, only now have we realized that these cages significantly alter the magnetic field around the nest. [10(C)]Research has shown that hatchlings developing under such cages often have compromised navigational abilities, because they are unable to sense the Earth's magnetic field. Furthermore, other human-made structures, such as sea walls and waterfront properties, contain various components made of steel and iron that can distort the geomagnetic field that the young turtles rely upon hatching. Many of these structures are built in locations

남학생: 그럼 그 거북이들은 결국 어디로 가는 거죠? 단지 동쪽으로 계속 가는 거라면, 최종적으로는 육지에 이르게 되는 것 아닌가요?

교수: [8(D)]자, 그 부분에서 바로 지구 자기장이 개입하게 됩니다. 이 거북이들은 처음에 멕시코 만류를 따라 동쪽으로 헤엄쳐 가는데, 그곳의 해류는 결국엔 좀 더 북동쪽 방향으로 흐릅니다. [8(D)]하지만 어린 붉은바다거북은 특정 자기장에 반응해 포르투갈 북부 근처에서 남쪽으로 방향을 틀면서 그 해류에서 벗어납니다. 이렇게 함으로써, 따뜻한 물에 머무르면서 영국과 스칸디나비아 부근의 몹시 찬 물 속에서 얼어 죽을 가능성을 피합니다. 그런 다음, 이 거북이들은 빙 돌아 선회해 서쪽으로 방향을 잡아, 마침내 플로리다 해변의 부화 장소로 다시 돌아 갑니다.

남학생: [11(D)]하지만, 플로리다 해변은 그 거북이들에게 위험하다고 말씀하셨잖아요.

교수: 부화 당시에는, 네, 실제로, 이 거북이들은 포식자들에게 대단히 취약한 상태입니다. 그리고 그것이 바로 이 거북이들의 이주가 그렇게 오래, 그러니까 일반적으로 6년에서 12년까지 걸리는 이유입니다! 이 거북이들이 플로리다 해변으로 돌아갈 때쯤이면, 너무 커서 새나 물고기에게 잡아 먹힐 수 없으며, 자신을 방어하는 데 활용하는 강한 턱을 갖춘 상태입니다. 하지만 가장 큰 의문점은 이 거북이들이 왜 이런 방식으로 이주를 하는지 또는 어디로 가는지가 아니라, '어떻게' 지구 자기장을 활용하는가 하는 부분입니다. 그리고 한 가지 중요한 가설에 따르면, 이 자기장과 관련된 감각이 주자성 세균과의 공생 관계에서 비롯됩니다. 이 독특한 유형의 박테리아는 그 움직임이 지구의 자기장을 포함해 여러 자기장의 영향을 받습니다. 최근의 연구에 따르면 다양한 동물 종에 주자성 세균이 존재할 가능성이 있는 것으로 나타났고, 여기에는 붉은바다거북도 포함됩니다. [9(A)]일부 연구가들은 이 박테리아가 눈이나 뇌 같은 곳의 신경 조직 안에 존재할 수 있다고 추측했지만, 여전히 수수께끼인 상태입니다. 하지만, 동물들이 자기장과 관련된 감각을 얻기 위해 공생 방식으로 주자성 세균을 활용한다는 이 이론은 여전히 더 많은 증거를 필요로 하는데요, 어떤 것이든 확정적으로 말할 수 있기 전에는 말이죠. 로지, 질문이 있었나요?

여학생: 제가 궁금해하는 부분이… 만일 그 거북이들이 그렇게 많이 자기장에 의존한다면, 지구의 자기장에 대한 방해가 그 거북이들에게 부정적인 영향을 미칠 수 있나요?

교수: 아주 좋은 지적이기 때문에 반가운 질문이네요. 말하자면, 거북이 보호와 관련해서, 한 가지 일반적인 관행이 거북이 보금자리 주변에 아연 도금 강선으로 만든 보호용 우리를 놓아 두는 것입니다. 이는 그 포식자들로부터 알과 갓 부화한 새끼들을 보호하는 데 도움을 줍니다. 이 방법이 효과적이기는 하지만, 이제서야 우리는 이 우리들이 보금자리 주변의 자기장을 상당히 변화시킨다는 점을 알게 되었습니다. [10(C)]연구에 따르면 이러한 우리의 영향 하에서 갓 부화한 새끼들은 지구의 자기장을 감지할 수 없기 때문에 흔히 항해 능력을 제대로 발휘하지 못한 것으로 나타났습니다. 더욱이, 인간이 민든 방파제나 해안 건물들 같은 여

where turtles are known to hatch, so it most probably is the case that human activities are having a detrimental impact on the navigational ability, and in turn, the survivability, of sea turtles.

러 다른 구조물에 어린 거북이들이 부화 시에 의존하는 지구 자기장을 왜곡시킬 수 있는 강철이나 철로 만든 다양한 구성 요소들이 포함되어 있습니다. 이러한 구조물들 중 대부분이 거북이들이 부화하는 것으로 알려져 있는 곳에 지어져 있기 때문에, 인간 활동이 바다 거북이들의 항해 능력, 그리고 결과적으로는 그들의 생존 가능성에 해로운 영향을 미치고 있다고 보는 것이 아마 사실일 가능성이 가장 클 겁니다.

[Vocabulary]

leave off (진행 등) 멈추다, 중단하다 magnetic field 자기장 migrate 이주하다 exploit ~을 활용하다, 이용하다 geomagnetic field 지구 자기장 directional 방향의 derive A from B B로부터 A를 얻어내다 positional 위치의 in turn 결과적으로, 결국 alter ~을 변경하다 geographical 지리학적인 loggerhead turtle 붉은바다거북 undergo ~을 거치다, 겪다 hatchling 갓 부화한 새끼 embark on ~을 시작하다, ~에 착수하다 swift 신속한, 빠른 utterly 완전히, 순전히 defenseless 무방비의 predatory 포식자의, 포식성의 the odds of A are stacked against B B에게 있어 A에 대한 가능성이 낮다 diving capability 잠수 능력 at the mercy of ~에게 속수무책인, ~에게 휘둘리는 initially 처음에 current 해류, 기류 break away from ~에서 벗어나다, 이탈하다 frigid 몹시 찬 loop around 빙 돌아 선회하다 orient ~의 방향을 잡다 be vulnerable to ~에 취약하다 jaw 턱 prominent 중요한, 유명한 hypothesis 가설 symbiotic relationship 공생 관계 magnetotactic bacteria 주자성 세균(자기를 감지해 그 방향을 따라 운동하는 세균) speculate that ~라고 추측하다 nervous tissue 신경 조직 conclusive 확실한, 결정적인 disruption 방해, 지장, 중단 when it comes to ~와 관련해서, ~의 측면에서 practice 관행, 관례 galvanized wire 아연 도금 강선 compromise ~을 제대로 발휘하지 못하다, ~을 손상시키다 navigational ability 항해 능력 structure 구조(물) property 건물 component 구성 요소, 부품 distort ~을 왜곡시키다 hatch 부화하다 detrimental 해로운 survivability 생존 가능성

6 강의의 주 목적은 무엇인가?
(A) 다양한 종의 서로 다른 항해 방식을 비교해 보는 것
(B) 거북이들에게 연례 이주 경로가 지니는 중요성을 이야기하는 것
(C) 거북이들이 항해를 위해 지구 자기장을 활용하는 방법을 이해하려 하는 것
(D) 지구의 자기장이 종 다양성에 어떻게 영향을 미치는지 설명하는 것

해설 강의는 지구 자기장을 통해 이주하는 동물들 중 붉은바다거북에 대해 알아보고 있다. 따라서 정답은 (C)이다.

어휘 contrast ~을 비교하다, 대조하다 geomagnetism 지구 자기장

7 교수는 왜 나침반과 지도를 언급하는가?
(A) 인간의 항해 도구들이 어떻게 거북이 개체군을 찾는 데 도움이 되는지 설명하기 위해
(B) 다른 한 가지보다 정확성이 더 높은 한 가지 생물학적 과정을 강조하기 위해
(C) 거북이 이주 경로가 인간이 항해하기에는 어려울 것이라는 뜻을 나타내기 위해
(D) 거북이와 또 다른 동물 종 하나를 비교하기 위해

해설 자기장으로부터 일반적인 방향 관련 정보를 얻을 수 있는데, 일부 동물들은 자기장으로부터 더욱 정확한 위치 정보를 얻을 수 있고, 이는 근본적으로 나침반(일반적인 방향 정보)과 지도(더욱 정확한 위치 정보)를 이용하는 것 사이의 차이점이다. 즉, 나침반과 지도의 비교를 통해, 일부 동물이 갖고 있는, 더 정확한 위치 파악 과정에 대해 강조하므로, 정답은 (B)이다.

어휘 populations 개체군, 개체수 draw a comparison between A and B A와 B를 비교하다

8 교수의 말에 따르면, 지구 자기장이 어떻게 이주 과정에서 거북이들을 돕는가?
(A) 먹이가 풍부한 물을 찾을 수 있도록 돕는다.
(B) 해양 포식자들이 존재하지 않는 경로를 선택할 수 있게 해 준다.
(C) 대서양 전역에 걸쳐 다양한 번식지로 가는 길을 안내해 준다.
(D) 잠재적으로 치명적인 환경 조건을 피할 수 있게 해 준다.

해설 붉은바다거북이 특정 자기장에 반응해 북쪽으로 가는 해류에서 벗어나, 찬 물 속에서 얼어 죽을 가능성을 피한다고 하므로, 정답은 (D)이다.

어휘 locate ~의 위치를 찾다 breeding ground 번식지 fatal 치명적인

9 교수가 주자성 세균과 관련해 암시하는 것은 무엇인가?
(A) 동물 신체 내부의 정확한 위치와 관련해 전반적으로 일치된 의견이 존재하지 않는다.
(B) 동물 이주 경로에 미치는 영향이 일부 연구를 통해 틀렸음이 입증되었다.
(C) 동물들이 지리학적 위치를 감지할 수 있게 해 주는 자기장을 만들어낸다.
(D) 동물 신체 내에 존재한다는 점이 신체를 쇠약하게 만드는 여러 상태와 관련되어 왔다.

해설 일부 연구가들은 이 박테리아가 눈이나 뇌 같은 곳의 신경 조직 안에 존재할 수 있다고 추측했지만, 여전히 수수께끼인 상태(mystery)라고 하므로 정답은 (A)이다.

어휘 general consensus 전반적으로 일치된 의견 disprove 틀렸음이 입증되다 presence 존재 debilitating 쇠약하게 만드는, 악화시키는

10 교수의 말에 따르면, 보호용 우리가 왜 거북이 개체군에 해로운 영향을 미칠 수도 있는가?

(A) 포식자 새들로부터 충분한 보호를 제공하지 못한다.

(B) 어린 거북이들에게 유독한 재료를 사용해 만들어진다.

(C) 어린 거북이들의 지구 자기장 감지 능력에 지장을 준다.

(D) 거북이들이 보금자리 영역에서 벗어나도록 초래하는 인공 자기장을 만들어낸다.

해설 이러한 우리의 영향 하에서 갓 부화한 새끼들은 지구의 자기장을 감지할 수 없기 때문에 흔히 항해 능력을 제대로 발휘하지 못한 것으로 나타났으므로, 정답은 (C)이다.

어휘 adequate 충분한 interfere with ~에 지장을 주다, ~을 방해하다 nesting site 보금자리 영역

11 강의의 일부를 다시 들으시오. 그런 다음, 질문에 답하시오.

교수: 자, 그 부분에서 바로 지구 자기장이 개입하게 됩니다. 이 거북이들은 처음에 멕시코 만류를 따라 동쪽으로 헤엄쳐 가는데, 그곳의 해류는 결국엔 좀 더 북동쪽 방향으로 흐릅니다. 하지만 어린 붉은바다거북은 특정 자기장에 반응해 포르투갈 북부 근처에서 남쪽으로 방향을 틀면서 그 해류에서 벗어납니다. 이렇게 함으로써, 따뜻한 물에 머무르면서 영국과 스칸디나비아 부근의 몹시 찬 물 속에서 얼어 죽을 가능성을 피합니다. 그런 다음, 이 거북이들은 빙 돌아 선회해 서쪽으로 방향을 잡아, 마침내 플로리다 해변의 부화 장소로 다시 돌아 갑니다.

학생: 하지만, 플로리다 해변은 그 거북이들에게 위험하다고 말씀하셨잖아요.

학생은 왜 "하지만, 플로리다 해변은 그 거북이들에게 위험하다고 말씀하셨잖아요"라고 말하는가?

(A) 교수가 해당 지역의 위험성을 과소평가했다고 생각하고 있다.

(B) 거북이들이 왜 동쪽 방향으로 이주하는지 이해하지 못하고 있다.

(C) 거북이들이 다른 번식지를 택하는 것에 따라 이득을 볼 것이라고 여기고 있다.

(D) 거북이들이 부화 장소로 돌아 가는 이유에 대한 추가 설명을 듣고 싶어 한다.

해설 학생은 거북이들이 포르투갈까지 갔다가 왜 위험한 플로리다 해변에 다시 돌아오는지 궁금해하고 있다. 따라서 정답은 (D)이다.

어휘 underestimate ~을 과소평가하다 hatching site 부화 장소

Questions 12-17

Listen to part of a lecture in an art history class.

So, we have spent a lot of time in our previous classes discussing the creative genius of Leonardo da Vinci, 12(D)but today, I'd like to take a slightly different look at this iconic figure. When we see masterpieces painted by the likes of Leonardo, all we take note of is the perfection of that finished piece, and we don't give a second thought to the creative process, which is often a frustrating, stressful ordeal for the artist that results in flawed or abandoned work. You see, it's important to understand that these great people were still human and prone to errors and poor decision-making. Could someone as talented as Leonardo da Vinci ever make mistakes? You might think the answer is no, but you'd be wrong. Despite all of his talent, Leonardo made numerous errors in his works, and he left behind countless unfinished works that he was unable to see through to completion for various reasons.

Let's take a look at one of Leonardo's most well-known artworks. 15(D)While living and working in Milan in the 1490s, Leonardo was commissioned by Ludovico Sforza, the Duke of Milan, to paint his famous fresco, *The Last Supper*. But Leonardo saw this as an opportunity to test out a new painting technique that he had been developing. Traditionally, frescoes were created by painting quickly on top of damp plaster, but Leonardo favored oil painting, a medium that enables the artist to work slowly and make changes with ease. Fresco painting does not allow either of these things. 13(C)Leonardo also hoped to achieve a greater intensity of light and shade: another thing that he could not accomplish with a traditional fresco. So, instead of painting with water-soluble paints onto damp plaster,

미술사 수업의 강의 일부를 들으시오.

자, 우리는 지난 수업들을 통해 많은 시간을 들여 레오나르도 다빈치의 천재적인 창의성을 이야기했지만, 12(D)오늘은, 이 상징적인 인물을 조금 다르게 바라보고자 합니다. 우리는 레오나르도 다빈치와 같은 사람들이 그린 걸작을 볼 때, 그저 그 완성된 작품의 완성도에만 주목하고, 창작 과정, 즉 때때로 좌절감을 느끼거나 스트레스를 많이 받는 시련을 겪으면서 흠이 있거나 포기한 작품을 결과물로 만들어내는 과정에 대해서는 재고해 보지 않습니다. 말하자면, 이렇게 위대한 사람들도 결국 인간이며 실수를 하거나 좋지 못한 결정을 내릴 수 있다는 점을 이해하는 게 중요합니다. 레오나르도 다빈치처럼 재능 있는 누군가가 한 번이라도 실수를 저지를 수 있을까요? 그 대답을 '아니오'라고 생각할 수도 있겠지만, 그건 잘못된 생각일 겁니다. 그 모든 재능에도 불구하고, 레오나르도 다빈치는 여러 작품 속에서 많은 실수를 저질렀으며, 다양한 이유로 완성 단계까지 이르는 것을 볼 수 없었던 수많은 미완성 작품을 뒤로 하고 떠났습니다.

가장 잘 알려진 레오나르도 다빈치의 예술 작품들 중 하나를 한 번 살펴보겠습니다. 15(D)1490년대에 밀라노에 살면서 작품 활동을 하는 동안, 레오나르도 다빈치는 밀라노의 공작이었던 루드비코 스포르차로부터 유명한 프레스코화 <최후의 만찬>을 그려 달라는 의뢰를 받았습니다. 하지만 레오나르도 다빈치는 이를 그 동안 자신이 개발하던 새로운 그림 기법을 시험해 볼 수 있는 기회로 여겼습니다. 일반적으로, 프레스코화는 마르지 않은 석회 표면에 빠르게 그림을 그려 만들었는데, 레오나르도 다빈치는 천천히 작업하면서 손쉽게 변화를 줄 수 있게 해 주었던 수단인 유화를 선호했습니다. 프레스코화는 이 둘 중 어느 것도 가능하게 하지 않습니다. 13(C)레오나르도 다빈치는 또한 더욱 강렬한 명암 대비도 이뤄내기를 바랐는데, 이는 전통적인 프레스코화에서는 해낼 수 없었던 또 다른 한 가지였습니다. 따라서, 마르지

he applied oil-based paints to a dry base affixed to the wall and painted with an undercoat of white lead to enhance the brightness of the oils. [14(B)]Leonardo was aware that a similar method had been described previously by Cennino Cennini in the 14th century, but Cennini noted that the technique was riskier than fresco painting. Not long after Leonardo's masterpiece was completed, problems started to become apparent. The base began to separate from the wall, the paint began to flake, and the colors quickly dulled. Over the years, many attempts have been made to restore *The Last Supper*, but sadly, due in large part to Leonardo's misguided approach, very little of the original painting remains today.

Now, earlier I mentioned abandoned, or unfinished works. Well, Leonardo worked on such a vast number of projects that there were inevitably many that he never finished. The most famous of these is undoubtedly what is now known as *Leonardo's Horse*. [15(D)]Another piece, commissioned by Ludovico Sforza, was envisioned as the largest equestrian monument in the world, standing at a height of 8 meters and requiring more than 70 tons of bronze. Leonardo made numerous sketches of the piece, and eventually created a full-size clay model, which he intended to cast in bronze. But, that's as far as he got with the project! Rumors began to circulate that Leonardo could not figure out how to perform the casting, due to the colossal size of the piece. During a visit to his hometown of Florence, he was even publicly insulted by a rival artist, Michelangelo, who implied that Leonardo was a fraud who lacked the skill required for such a huge project. After several years, the bronze that had been allocated for the horse was melted down to construct weaponry, and later still, the clay model was reduced to rubble by invading French troops who used it for archery practice. Leonardo never attempted to build the monument again, and the failed project haunted him for the rest of his life.

[17(C)]But, this is one story with a happy ending. In 1977, an art collector named Charles Dent founded an organization intending to recreate and finish *Leonardo's Horse*. Dent spent over 15 years raising finances for the project and, in 1997, three years after Dent's passing, the organization hired animal sculptor Nina Akamu to create the monument. Akamu closely followed Leonardo's original drawings, and when the primary cast was unveiled in Milan in 1999, it received rave reviews from art critics. [16(D)]As a result, Akamu worked on several additional castings, each one identical to the primary cast, but of varying sizes, and these were installed at several prestigious sites, mostly throughout Italy and the United States.

않은 석회에 수용성 물감으로 그림을 그리는 대신, 벽에 고정된 건조한 바탕에 유성 물감을 칠했으며, 이 유성 물감의 명도를 강화하기 위해 백연으로 된 밑칠용 물감으로 그렸습니다. [14(B)]레오나르도 다빈치는 유사한 방식이 14세기에 첸니노 첸니니에 의해 먼저 설명된 적이 있었다는 것을 알고 있었지만, 첸니니는 이 기법이 프레스코화보다 더 위험하다고 특별히 언급했습니다. 레오나르도 다빈치의 걸작이 완성되고 얼마 지나지 않아, 문제점들이 명백히 드러나기 시작했습니다. 바탕 부분이 벽과 분리되기 시작했고, 물감은 벗겨지기 시작했으며, 색이 빠르게 희미해졌습니다. 오랜 기간에 걸쳐, <최후의 만찬>을 복원시키기 위해 많은 시도가 이뤄져 왔지만, 안타깝게도, 대체로 레오나르도 다빈치의 잘못된 접근 방법으로 인해, 오늘날 원본 그림의 남은 부분이 거의 없습니다.

자, 앞서 제가 포기하거나 미완성된 작품을 언급했죠. 음, 레오나르도 다빈치는 엄청날 정도로 많은 프로젝트를 작업하는 바람에 불가피하게 전혀 완성하지 못한 작품이 많았습니다. 이들 중에서 가장 유명한 것은 의심의 여지없이 현재 <다빈치의 말>이라고 알려져 있는 작품입니다. [15(D)]루드비코 스포르차로부터 의뢰받은 또 다른 작품으로서, 전 세계에서 가장 규모가 큰 기마상으로 구상되면서, 높이 8미터에 70톤이 넘는 청동을 필요로 했습니다. 레오나르도 다빈치는 이 작품을 위해 무수히 많은 스케치를 하면서 마침내 실물 크기의 점토 모델을 만들어냈고, 이를 청동으로 주조할 계획이었습니다. 하지만, 이 프로젝트는 딱 거기까지였습니다! 그 작품의 거대한 크기로 인해 레오나르도 다빈치가 주조를 진행할 방법을 알아내지 못하고 있다는 소문이 돌기 시작했습니다. 고향인 피렌체를 방문하던 중에, 레오나르도 다빈치는 심지어 경쟁 관계에 있던 예술가 미켈란젤로로부터 공개적으로 모욕을 당하기까지 했는데, 그는 레오나르도 다빈치가 그렇게 엄청난 프로젝트에 필요한 기술이 부족한 사기꾼이라고 암시적으로 말했습니다. 몇 년이 지나, 이 기마상을 위해 할당되어 있던 청동을 녹여 무기를 제조했고, 시간이 더 흐른 뒤에는, 그 점토 모델이 프랑스 침략군에 의해 산산이 부서져 활 쏘기 연습용으로 쓰였습니다. 레오나르도 다빈치는 절대로 다시 이 기념비를 세우려 시도하지 않았고, 이 실패한 프로젝트는 남은 일생 동안 그를 괴롭혔습니다.

[17(C)]하지만, 이 이야기는 해피 엔딩으로 끝을 맺게 됩니다. 1977년에, 찰스 덴트라는 이름의 한 미술품 수집가가 <다빈치의 말>을 되살려 완성할 의향이 있는 한 단체를 찾아냈습니다. 덴트는 15년이 넘는 시간을 들여 가면서 이 프로젝트에 쓰일 자금을 마련했고, 덴트의 사망 3년 후인, 1997년에, 그 단체가 이 기념비를 만들기 위해 동물 조각가 니나 아카무를 고용했습니다. 아카무는 레오나르도 다빈치의 원본 그림을 면밀히 따랐고, 첫 주조물이 1999년에 밀라노에서 공개되었을 때, 미술 평론가들로부터 극찬을 받았습니다. [16(D)]결과적으로, 아카무는 여러 번의 추가 주조 작업을 했는데, 각각 첫 주조물과 생김은 동일하지만 크기가 다양했으며, 이 작품들은 주로 이탈리아와 미국 전역의 여러 명망 있는 지역에 설치되었습니다.

[Vocabulary]

iconic 상징적인 figure 인물 masterpiece 걸작 the likes of ~ 같은 사람들 take note of ~에 주목하다 perfection 완성(도), 완벽(함) give a second thought to ~을 재고해 보다 ordeal 시련 flawed 흠이 있는 abandon ~을 포기하다, 버리다 commission ~에게 의뢰하다 fresco 프레스코화(벽에 석회를 바르고 그것이 마르기 전에 채색하는 벽화) damp 축축한 plaster 석회 favor ~을 선호하다 medium 수단, 매개체 with ease 손쉽게 intensity 강렬함

light and shade 명암 water-soluble 수용성의 affixed to ~에 고정된, 부착된 undercoat 밑칠용 물감 white lead 백연(납으로 만드는 인공 백색 안료) brightness 명도 note that ~라고 언급하다 separate 분리되다 flake 벗겨지다 dull 희미해지다 due in large part to 대체로 ~로 인해 misguided 잘못된, 잘못 알고 있는 inevitably 불가피하게 envision ~을 구상하다 equestrian 승마의 monument 기념비 cast v. ~을 주조하다 n. 주조(물) circulate (정보 등이) 돌다, 유포되다 insult ~을 모욕하다 fraud 사기꾼 allocate ~을 할당하다 melt down ~을 녹이다 weaponry 무기 be reduced to rubble 산산이 부서지다 archery 활 쏘기 haunt (문제 등이) ~을 계속 괴롭히다 unveil ~을 공개하다 receive rave reviews 극찬을 받다 identical 동일한 prestigious 명망 있는

12 강의의 주 목적은 무엇인가?
(A) 레오나르도 다빈치가 여러 다른 미술가들에게 미친 엄청난 영향을 이야기하는 것
(B) 레오나르도 다빈치가 많은 혁신적인 기법을 개척했음을 강조하는 것
(C) 레오나르도 다빈치의 여러 가장 유명한 작품 속에 반복되는 주제를 집중 조명하는 것
(D) 레오나르도 다빈치가 맡았던 미완성 프로젝트의 실례를 제시하는 것

해설 교수는 도입부에서, 오늘은 다빈치가 완성하지 못한 작품들에 대해 논의하겠다고 하므로, 정답은 (D)이다.
어휘 pioneer ~을 개척하다 recurring 반복되는 motif 주제 undertake ~을 맡다

13 교수의 말에 따르면, 레오나르도 다빈치는 왜 <최후의 만찬>을 전통적인 프레스코화 방식으로 그리지 않았는가?
(A) 전통적인 프레스코화 기법이 오직 평민들만 선호하는 것이라고 생각했다.
(B) 전통적인 프레스코화는 너무 많은 시간을 필요로 했을 것이다.
(C) 전통적인 프레스코화는 그가 원하던 명암 대비를 가능하게 할 수 없었을 것이다.
(D) 다빈치는 수용성 물감으로 그리는 것을 선호했다.

해설 레오나르도 다빈치는 더욱 강렬한 명암 대비를 이뤄내기를 바랐는데, 이는 전통적인 프레스코화에서는 해낼 수 없었다고 하므로, 정답은 (C)이다.
어휘 commoner 평민 facilitate ~을 활용하다 contrast 대비

14 교수가 <최후의 만찬>에 대한 레오나르도 다빈치의 접근 방식과 관련해 암시하는 것은 무엇인가?
(A) 첸니노 첸니니가 개괄적으로 설명한 단계를 정확히 따르지 못했다.
(B) 첸니노 첸니니의 경고에 주의를 기울였어야 했다.
(C) 혁신적인 방법을 통해 그 그림의 수명을 연장할 수 있었다.
(D) 어쩔 수 없이 그 프로젝트를 여러 차례 그만두었다가 다시 시작해야 했다.

해설 다빈치가 사용한 방식은 이미 첸니노 첸니니가 위험하다고 특별히 언급했고, 이를 다빈치도 알았다고 교수는 말한다. 그리고 이러한 방식을 사용한 작품에 곧 문제점들이 명백히 드러났다고 하므로, 정답은 (B)이다.
어휘 heed ~에 주의를 기울이다 prolong ~을 연장하다 lifespan 수명 innovation 혁신(적인 것)

15 교수의 말에 따르면, <최후의 만찬>과 <다빈치의 말> 기념비는 어

떤 공통점이 있는가?
(A) 둘 모두 레오나르도 다빈치의 동료 미술가들에 의해 조롱받았다.
(B) 둘 모두 완성되기도 전에 포기했다.
(C) 둘 모두 레오나르도 다빈치가 피렌체에서 생활하던 중에 만들어졌다.
(D) 둘 모두 동일한 의뢰인에 의해 의뢰되었다.

해설 두 작품 모두 루드비코 스포르차로부터 의뢰받았으므로, 정답은 (D)이다.
어휘 ridicule ~을 조롱하다

16 교수가 <다빈치의 말>과 관련해 언급하는 것은 무엇인가?
(A) 니나 아카무가 레오나르도 다빈치의 원본 디자인에 여러 변경을 가했다.
(B) 침략군이 그 작품에 대한 레오나르도 다빈치의 청동 주조물을 훔쳤다.
(C) 그 기마상의 원형 점토 모델이 찰스 덴트에 의해 발견되었다.
(D) 그 작품의 여러 주조물이 다수의 장소에 설치되었다.

해설 강의 마지막에, 이 작품들은 주로 이탈리아와 미국 전역의 여러 명망 있는 지역에 설치되었다고 하므로, 정답은 (D)이다. (A)는 오답으로 니나 아카무는 크기만 다양하게 하였다.

17 강의의 일부를 다시 들으시오. 그런 다음, 질문에 답하시오.

교수: 하지만, 이 이야기는 해피 엔딩으로 끝을 맺게 됩니다. 1977년에, 찰스 덴트라는 이름의 한 미술품 수집가가 <다빈치의 말>을 되살려 완성할 의향이 있는 한 단체를 찾아냈습니다. 덴트는 15년이 넘는 시간을 들여 가면서 이 프로젝트에 쓰일 자금을 마련했고, 덴트의 사망 3년 후인, 1997년에, 그 단체가 이 기념비를 만들기 위해 동물 조각가 니나 아카무를 고용했습니다.

교수는 왜 "하지만, 이 이야기는 해피 엔딩으로 끝을 맺게 됩니다." 라고 말하는가?

(A) 레오나르도 다빈치가 마침내 그 기념비를 완성했음을 암시하기 위해
(B) 레오나르도 다빈치의 후기 작품들이 지니는 중요성을 강조하기 위해
(C) <다빈치의 말>에 관한 이야기에서 긍정적인 반전을 소개하기 위해
(D) 레오나르도 다빈치가 기마상 프로젝트를 포기한 것이 현명했음을 나타내기 위해

해설 실패로 끝날 줄 알았던 <다빈치 말>을 되살려 완성하는 프로젝트가 찰스 덴트에 의해 진행되었으므로, 정답은 (C)이다.
어휘 significance 중요성 twist 반전 tale 이야기

PART 2

Questions 1-5

Listen to a conversation between a student and a professor.

S: Excuse me, Professor Willard?

P: Hi, Jane. Do you need something?

S: Well, during yesterday's lecture, [1(B)]you mentioned that it's a bad idea to wait until the last minute to start on our term paper. So, I've been thinking of some ideas for it today.

P: Great! So, do you have some good ideas?

S: Well, kind of, but, the thing is, this is my first time studying anything to do with linguistics and, well, to be honest, when I go over the course description, I don't really understand many of the topics listed in there. But one thing did interest me quite a bit...

P: Oh, and what was that?

S: There's a course module that's all about dialects. And that's something I've always had quite an interest in for some reason.

P: [5(B)]Well, it's certainly an intriguing topic, but I don't know... I mean, the sheer range of it.

S: [2(A)]I'm thinking it's perfect for me now, because I have one roommate from New Orleans, and another from the Midwest, so we've all been pretty amazed by the differences in our speech, you know?

P: I can imagine, but still...

S: But then I realized, unless I'm mistaken, we don't really get into this topic until the final month of the semester. So, I...

P: Ah, okay. So, you're looking for some tips on how to learn more about the subject in advance? Right, well, if I were you, I'd read the sociolinguistics chapter in the textbook I recommended yesterday. That will cover a lot of the basics for the topic you are interested in.

S: I thought you might say that! So I actually read it last night, and, well, it seemed to be saying that each individual speaks some dialect of their language. So, in that case, I'm curious how people are able to understand each other so easily, in most cases at least.

P: That's a very good point! The thing is...

S: Well, I read the chapter on "dialect accommodation"... basically how people have a tendency to change the way they speak to more closely match the speech of the individual they're speaking with. So, then it clicked; that's what happens when my roommates and I are talking about stuff! [3(C)]And it's true; we don't even realize that we're doing it, but it happens, you know.

한 학생과 교수 사이의 대화를 들으시오.

학생: 실례합니다, 윌러드 교수님?

교수: 안녕하세요, 제인. 필요한 거라도 있나요?

학생: 저, 어제 강의 시간 중에, [1(B)]마지막 순간까지 기다렸다가 기말 과제를 시작하는 게 좋지 않은 생각이라고 말씀하셨는데요. 그래서, 오늘 그에 대한 몇 가지 아이디어를 계속 생각해 보고 있었습니다.

교수: 좋습니다! 그럼, 좋은 아이디어가 있나요?

학생: 저, 그런 셈이긴 한데, 문제는, 이번에 제가 처음으로 언어학과 관련된 것을 공부하고 있는데, 저, 솔직히, 강의 소개를 살펴보면, 그 안에 기재된 주제들 중에서 잘 이해되지 않는 것이 많습니다. 하지만 분명 제 관심을 꽤 많이 끌었던 한 가지가 있었는데요…

교수: 오, 그게 뭐였죠?

학생: 모든 내용이 방언과 관련된 강의 이수 단위가 하나 있습니다. 그리고 그게 어떤 이유에선지 제가 항상 꽤 많은 관심이 있었던 부분입니다.

교수: [5(B)]음. 분명 아주 흥미로운 주제이긴 하지만, 잘 모르겠네요… 제 말은, 그 진정한 범위를요.

학생: [2(A)]저는 그게 지금 저에게 완벽할 거라고 생각해요, 왜냐면 제 룸메이트 한 명은 뉴올리언스에서, 그리고 또 다른 한 명은 중서부 지역에서 왔기 때문인데요. 그래서 저희 모두가 서로의 말투에 나타나는 차이점에 대해 꽤 놀라워했거든요, 무슨 말씀인지 아시겠죠?

교수: 짐작은 되지만, 그렇다고 해도…

학생: 하지만 그때 깨달은 게, 제가 잘못 알고 있지 않다면, 학기 마지막 달이나 되어야 이 주제를 정말 더 깊이 파고 들게 될 거예요. 그래서, 저는…

교수: 아, 알겠어요. 그래서, 미리 그 주제와 관련해 더 배울 수 있는 방법에 대한 팁을 찾고 있는 거죠? 좋아요, 음, 저라면, 제가 어제 추천한 교재의 사회 언어학 챕터를 읽어 볼 것 같네요. 그 챕터가 관심 있어 하는 주제에 대한 기본 내용들을 많이 다루고 있습니다.

학생: 그렇게 말씀하실 지도 모를 거라고 생각했어요! 그래서 사실 어젯밤에 읽어 봤는데, 음, 각각의 사람이 각자 언어의 일부 방언을 말한다고 쓰여 있는 것 같았어요. 그래서, 그런 경우에, 사람들이 어떻게 서로를 아주 쉽게 이해할 수 있는지가 궁금해요, 적어도 대부분의 경우에 있어서요.

교수: 아주 좋은 지적이군요! 중요한 건…

학생: 저, 제가 "방언 적응"에 관한 챕터를 읽었는데… 기본적으로 얼마나 사람들이 대화를 나누는 상대방의 말투와 더 밀접하게 조화시키기 위해 자신이 말하는 방식을 변화시키는 경향이 있는가에 관한 것이었어요. 그래서, 바로 그때 딱 떠오른 생각이, 제가 룸메이트들과 함께 뭔가에 관해 얘기할 때 그래서 그러는구나 하는 거였죠. [3(C)]그리고 심지어 저희가 그렇게 하고 있다는 걸 알아차리지도 못하는 사이에 그렇게 되어버리는 게 사실이에요, 아시잖아요.

P: Ah, yes! And "dialect accommodation" is a more suitable and specific topic...

S: It got me wondering, I mean, I'm curious how much other people do the same thing? Right here, we have students from all corners of the country. So, do they all adapt their speech in different ways depending on how the listeners speak?

P: [3(B)]Yes, and it happens more often than people realize!

S: [1(B)]Anyway, what I'm really wanting to know is whether it'd be fine for me to focus on this type of project for my term paper. I'm thinking of gathering together lots of students from different regions so I can tape them having conversations with each other. That way, I'll be able to evaluate the extent of dialect accommodation that is taking place.

P: [4(A)]Well, Jane, how about this? Prepare a brief outline for your project...like, about your goals and how you plan to achieve them... and I'll take a look at it and get back to you with an answer!

교수: 아, 그렇죠! 그리고 "방언 적응"이 더 적합하고 구체적인 주제입니다…

학생: 그래서 제가 궁금해진 게, 그러니까, 얼마나 많은 다른 사람들이 똑같이 하고 있는지가 궁금해요. 바로 이곳에, 전국 각지에서 모인 학생들이 있잖아요. 그럼, 모든 학생들이 듣는 사람이 말하는 방식에 따라 서로 다른 방식으로 말투를 조정할까요?

교수: [3(B)]네, 그리고 그건 사람들이 알아차리는 것보다 더 자주 발생되는 일이죠!

학생: [1(B)]어쨌든, 제가 꼭 알고 싶은 건 제 기말 과제를 위해 이런 종류의 프로젝트에 초점을 맞춰도 괜찮은가 하는 점입니다. 저는 서로 다른 지역에서 온 많은 학생들을 모아서 서로 나누는 대화를 녹음할 생각입니다. 그렇게 하면, 발생되는 방언 적응의 정도를 평가할 수 있을 겁니다.

교수: [4(A)]음, 제인, 이렇게 하는 건 어때요? 그 프로젝트에 대한 간단한 개요를 준비하면… 예를 들어, 프로젝트의 목표 및 그것을 어떻게 달성할 계획인지와 관련해서요… 그럼 제가 한 번 살펴보고 제 답변과 함께 다시 알려 줄게요!

[Vocabulary]

term paper 기말 과제 linguistics 언어학 go over ~을 살펴 보다, 검토하다 description 설명(서) dialect 방언 intriguing 아주 흥미로운 sheer 진정한, 순전한 range 범위 get into ~를 깊이 파고 들다 semester 학기 sociolinguistics 사회 언어학 cover (주제 등) ~을 다루다 accommodation 적응, 조화, 수용 match ~와 조화시키다, 일치시키다 adapt ~을 조정하다 extent 정도 take place 발생되다, 일어나다

1 학생은 왜 교수를 만나러 갔는가?
(A) 기말 과제 제출 마감 기한을 연장해 주기를 원하고 있다.
(B) 기말 과제를 위한 아이디어가 적합한지 확인하고 싶어 한다.
(C) 기말 과제를 위해 특별한 주제를 정하는 데 어려움을 겪고 있다.
(D) 기말 과제에 필요한 특정 도서들을 찾는 데 도움을 필요로 한다.

해설 학생은 대화 도입부에서, 기말 과제에 대한 아이디어를 계속 생각해 보고 있다고 하면서 이와 관련하여 교수에게 질문을 한다. 또한 대화 마지막에서, 기말 과제를 위해 이런 종류의 프로젝트에 초점을 맞춰도 괜찮은지도 묻는다. 따라서 정답은 (B)이다.

어휘 locate ~의 위치를 찾다

2 학생은 왜 방언과 관련해 더 배우는 데 관심이 있는가?
(A) 자신과 룸메이트들 사이의 방언이 지니는 차이점을 의식하고 있다.
(B) 자신이 현재 사용하는 방언을 바꾸고 싶어 한다.
(C) 자라면서 서로 다른 방언을 하는 여러 지역을 옮겨 다녔다.
(D) 다른 학생들이 말하는 것들을 더 잘 이해하고 싶어 한다.

해설 학생은 방언에 관심을 갖는 이유를 말하면서, 룸메이트들이 각기 다른 지역(뉴올리언스, 중서부 지역) 출신으로 서로의 말투에 나타나는 차이점들에 대해 꽤 놀랍다고 한다. 따라서 정답은 (A)이다.

어휘 be conscious of ~을 의식하다, 자각하다

3 대화 내용에 따르면, "방언 적응"과 관련해 어떤 결론을 내릴 수 있는가?

2개 답변을 클릭하시오.

(A) 연구한 적이 있는 전문가가 거의 없는 언어학 분야이다.
(B) 사람들이 생각하는 것보다 더 자주 일어난다.
(C) 사람들이 무의식적으로 행하는 과정이다.
(D) 오직 특정 방언을 하는 사람들에게서만 보여진다.

해설 자신이 알아차리지도 못하는 사이에 자신이 말하는 방식을 변화시키고, 또한 사람들이 알아차리는 것 보다 더 자주 발생된다고 하므로, 정답은 (B)와 (C)이다.

어휘 expert 전문가 carry out ~을 행하다, 완수하다 subconsciously 무의식적으로

4 교수는 학생에게 다음으로 무엇을 하기를 원하는가?
(A) 자신이 검토할 프로젝트 개요를 작성하는 일
(B) 몇몇 동료 수강생들의 도움을 받는 일
(C) 자신이 추천한 교재를 구입하는 일
(D) 지역 방언에 관한 선택 수업에 참석하는 일

해설 교수는 학생에게 프로젝트에 대한 간단한 개요를 준비하고 나면 자신이 한 번 살펴보고 답변을 준다고 하므로, 정답은 (A)이다.

어휘 draft ~을 작성하다 enlist the help of ~의 도움을 받다

5 대화의 일부를 다시 들으시오. 그런 다음, 질문에 답하시오.

학생: 모든 내용이 방언과 관련된 강의 이수 단위가 하나 있습니다. 그리고 그게 어떤 이유에선지 제가 항상 꽤 많은 관심이 있었던 부분입니다.

교수: 음, 분명 아주 흥미로운 주제이긴 하지만, 잘 모르겠네요, 제 말은, 그 진정한 범위를요.

교수가 "음, 분명 아주 흥미로운 주제이긴 하지만, 잘 모르겠네요, 제 말은, 그 진정한 범위를요."라고 말할 때 교수에 관해 무엇을 유추할 수 있는가?

(A) 해당 주제가 너무 많은 다른 학생들에 의해 선택될 것이라고 생각한다.

(B) 학생이 그렇게 넓은 범위에 이르는 주제를 힘겨워할 수도 있다고 생각한다.

(C) 해당 주제가 학생의 프로젝트에 엄청난 잠재성을 지니고 있다고 생각한다.

(D) 학생이 더 관련된 주제에 초점을 맞춰야 한다고 생각한다.

해설 교수는 진정한 주제의 범위(the sheer range of it)를 모르겠다고, 즉, 너무 넓은 범위의 주제(a wide-reaching topic)를 다루고 있는 것 같다고 이야기한다. 따라서 정답은 (B)이다. (D)는 오답으로, 교수는 학생이 관심을 갖는 주제(방언)의 범위 자체가 너무 넓다고 생각하고 있기에, 주제(방언)에 좀 더 초점을 맞추라는 의도로 말한 것은 아니다.

어휘 wide-reaching 넓은 범위에 이르는

Questions 6-11

Listen to part of a lecture in an earth science class.

Let's continue our previous discussion about some unique features of desert environments. [6(C)]One phenomenon that still puzzles some geologists is desert pavement, or, more specifically, how this type of pavement is formed. Let me start with a brief description. In general, desert pavements are sheet-like surfaces of rocks that remain after the natural elements, like water or wind, have swept away the fine grit or sand. The rocks tend to be smooth, rounded pebble fragments that are mixed with silt and closely packed together, and no vegetation is typically found in the vicinity of such a surface. [7(D)]Desert pavements are referred to as gibber in Australia, reg in North Africa, and a wide variety of other names, such as sai and serir, in other countries. The presence of desert pavement shields the soil underneath from further erosion, whether it be by wind or water. That's why it is common to find exceptionally old soil and rock particles below desert pavements. And, if you've ever seen a picture of desert pavement, you've maybe noticed that the surfaces are often coated with what is called desert varnish. This is a dark brown, sometimes shiny coating of clays, iron, and manganese that accumulates on the surface of sun-baked pebbles, giving the desert pavement a very distinctive appearance. [11(D)]Recently, desert pavements, and desert varnish have even been discovered on Mars, but that's not really my area...

So, back to our main point of discussion. [6(C)]Because the formation of desert pavements is a very gradual process, geologists have offered several theories to explain it. The thing that the theories have in common, though, is that they all incorporate the role of wind, erosion, and precipitation in the formation process. One common theory, which I touched on earlier, suggests that desert pavement is formed by the gradual removal of fine-grained sand and dust by the wind and rain, leaving the larger rock fragments behind. These fragments are moved into position by a variety of influencing factors, including gravity, wind, rain, thermal expansion and contraction, vibrations of the Earth, and animal trampling.

지구 과학 수업의 강의 일부를 들으시오.

사막 환경의 몇몇 독특한 특징들에 관해 이전 시간에 이야기한 것을 계속 이어 가도록 하겠습니다. [6(C)]일부 지질학자들을 여전히 어리둥절하게 만드는 한 가지 현상이 사막 포도인데, 즉, 더 구체적으로 말해서, 일종의 포장도로 같은 지면이 형성되는 방법입니다. 간단한 설명으로 시작해 보겠습니다. 일반적으로, 사막 포도는 물이나 바람 같은 자연적 요소가 미세한 돌이나 모래를 휩쓸고 난 뒤에 남겨지는 암석들로 구성되어 층을 이룬 지표면입니다. 이 암석들은 토사와 섞이면서 함께 단단히 다져진 부드럽고 둥근 자갈 조각인 경향이 있으며, 일반적으로 어떠한 초목도 이러한 지표면 부근에서 발견되지 않습니다. [7(D)]사막 포도는 호주에서는 '기버'로, 북아프리카 지역에서는 '레그'로, 그리고 그 외의 국가에서는 '사이'나 '세리르' 같은 아주 다양한 다른 명칭으로 불리고 있습니다. 사막 포도의 존재는 바람에 의한 것이든 아니면 물에 의한 것이든 상관없이 그 아래의 토양이 추가로 침식되는 것을 막아 줍니다. 이것이 바로 흔히 사막 포도 아래에서 유달리 오래된 토양 및 암석 입자를 찾을 수 있는 이유입니다. 그리고, 사막 포도를 찍은 사진을 한 번이라도 본 적이 있다면, 아마 지표면이 사막 칠이라고 불리는 것으로 흔히 덮여 있는 것을 알아보셨을 수도 있습니다. 이는 햇볕이 내리쬔 자갈들 표면에 쌓이는 점토와 철분, 그리고 망간으로 이뤄져 흑갈색을 보이거나 때로는 윤이 나는 피막으로, 사막 포도가 매우 독특한 모습으로 보이도록 만듭니다. [11(D)]최근에는, 사막 포도와 사막 칠이 심지어 화성에서도 발견된 바 있지만, 이 부분은 실제 제 전문 분야가 아니라서…

자, 다시 이야기의 본론으로 돌아 가서, [6(C)]사막 포도의 형성이 매우 점진적인 과정이기 때문에, 지질학자들이 이를 설명하기 위해 여러 가지 이론을 제시해 왔습니다. 하지만, 이 이론들이 공통 분모로 삼고 있는 점은 모두 형성 과정에서 나타나는 바람과 침식, 그리고 강수량의 역할을 포함하고 있다는 것입니다. 제가 일전에 간단히 언급한 한 가지 일반적인 이론에 따르면 사막 포도가 바람과 빗물에 의해 입자가 고운 모래와 흙먼지가 점진적으로 제거되는 과정을 통해 형성되면서, 더 큰 암석 조각들만 남겨 놓는 것으로 나타나 있습니다. 이 조각들이 다양한 영향 요인들에 의해 자리잡게 되는데, 여기에는 중력, 바람, 비, 열팽창과 수축, 지구의 진동, 그리고 동물의 짓밟음이 포함됩니다.

As I mentioned before, though, the removal of fine particles by wind or water does not continue indefinitely, because after the desert pavement has been created, it protects the particles underneath from erosion.

Now, there's a second theory that is also accepted by a large number of geologists. This theory is based on the shrinking and swelling properties of the clay underneath the pavement. What I mean is, [8(D)]according to this clay expansion theory, desert pavements form as a result of the clay expanding when it absorbs rain, and then shrinking and fragmenting when it dries. As this geomorphic cycle continues over hundreds of years, more and more small pebbles are pushed up towards the surface. [8(D)]The pebbles are able to maintain their position on the surface due to a lack of precipitation, which would typically erode the pavement or cause it to break up by supporting the growth of vegetation in between the rocks.

Last, there's a relatively new theory that has been put forward, and it is largely based on research carried out in places like the Cima volcanic field, which is a 600-square-kilometer region of the Mojave Desert in California. Geologist Stephen Wells and his team discovered that, at Cima Dome, on the edge of the volcanic field, fairly recent lava flows have been covered by younger soil layers. On top of these layers is desert pavement that is comprised of rocks from the same lava underneath. It appears that the soil layers have steadily accumulated, without being blown away, but the rocks always remain on the upper surface. What Wells found strange at first was that there were no rocks, not even gravel or small fragments in the soil layers below the desert pavement.

So, Wells set out to determine how this could happen. And, he started by figuring out how many years this top layer of rocks had lain exposed on the surface. He knew that cosmogenic helium-3, which forms as a result of cosmic ray bombardment of the Earth's surface, accumulates within grains of minerals like olivine and pyroxene inside lava flows, [9(B)]and a greater presence of helium-3 would indicate a greater exposure time. After dating the lava stones in the desert pavement at Cima Dome, based on helium-3 content, he concluded that the stones had sat on the surface for the same amount of time as the solid lava flows had existed underneath. Or, as he put it simply himself, "stone pavements are born at the surface." Or, in other words, even though the top layer of rocks remains largely undisturbed over numerous years, layers of dust and soil build up underneath the desert pavement, most likely due to wind. [10(D)]This discovery was pretty big news for geologists, not to mention scientists in various other fields. It showed that there is a rich history of soil and dust deposition underneath some desert pavements, and, much like the sand and silt at the bottom of an ocean, these accumulated layers can provide vital information about ancient climate conditions and other environmental events.

하지만 제가 앞서 언급한 바와 같이, 바람 또는 물에 의한 미세 입자 제거 과정이 무기한으로 지속되는 것은 아닌데, 사막 포도가 만들어진 뒤에는, 그 아래에 있는 입자들이 침식되지 않도록 보호해 주기 때문입니다.

이제, 마찬가지로 아주 많은 지질학자들에 의해 받아들여지고 있는 두 번째 이론입니다. 이 이론은 사막 포도 아래에 있는 점토가 지닌 수축 및 팽창 성질을 기반으로 합니다. 그러니까 제 말은, [8(D)]이 점토 팽창 이론에 따르면, 사막 포도는 점토가 빗물을 흡수해 팽창했다가 건조되면서 수축되고 조각 나는 과정에 따른 결과로 형성됩니다. 이 지형학적 주기가 수백 년에 걸쳐 지속되면서, 점점 더 많은 작은 자갈들이 지표면으로 밀려 올라오는 겁니다. [8(D)]이 자갈들은 부족한 강수로 인해 지표면상에서 자리를 유지할 수 있는데, 강수는 암석들 사이에서 초목의 성장을 지원함으로써 일반적으로 사막 포도를 침식시키거나 산산조각 나도록 초래할 수 있습니다.

마지막으로, 비교적 새롭게 제시된 이론이 하나 있는데, 주로 캘리포니아 모하비 사막 내에서 600평방 킬로미터의 넓이에 해당되는 지역인 시마 화산 지대와 같은 지역들에서 실시된 조사를 바탕으로 합니다. 지질학자 스티븐 웰즈와 그의 팀은 이 화산 지대의 가장자리에 위치한 시마 돔에서 상당히 최근에 흘러내린 용암류가 더 최근의 여러 토양 층에 의해 덮여 있는 것을 발견했습니다. 이 토양 층의 상단에는 아래에 놓인 동일한 용암에서 나온 암석들로 구성된 사막 포도가 있습니다. 이 토양 층들은 날아가지 않고 지속적으로 축적되어 왔지만, 그 암석들은 상부 표면에 항상 남아 있는 것으로 보입니다. 웰즈가 처음에 이상하게 여겼던 점은 이 사막 포도 아래에 있는 여러 토양 층에 어떤 암석도, 심지어 어떤 자갈이나 작은 조각들조차 존재하지 않았다는 점이었습니다.

그래서, 웰즈는 어떻게 이런 일이 있을 수 있었는지 밝혀내는 일에 착수했습니다. 그리고, 이 암석들의 상층부가 얼마나 오랜 세월 동안 지표면에 노출된 채로 있었는지를 알아내는 것으로 시작했습니다. 그는 지표면에 대한 우주 방사선의 충격에 따른 결과로 형성되는 우주 방사 헬륨-3이 용암류 속의 감람석과 휘석 같은 광물 알갱이 내부에 축적되고 있다는 점과, [9(B)]헬륨-3이 더 많이 존재할 수록 더 많은 노출 시간을 나타낸다는 점을 알게 되었습니다. 헬륨-3 함유량을 바탕으로 시마 돔의 사막 포도에 있던 화산암의 연대를 측정한 끝에, 그는 이 암석들이 그 아래에 고체 상태로 있던 용암류가 존재한 것과 동일한 기간만큼 지표면에 자리잡고 있었다는 결론을 내렸습니다. 즉, 그가 직접 간단히 말한 바와 같이, "암석 포도는 지표면에서 탄생된 것입니다." 즉, 다시 말해서, 암석들의 상층부가 오랜 세월에 걸쳐 크게 방해받지 않은 상태로 남아 있다 하더라도, 흙먼지와 토양으로 구성된 층들이 사막 포도 아래에 쌓이게 되는데, 이는 바람에 의한 것일 가능성이 큽니다. [10(D)]이 발견은 지질학자들에겐 아주 중대한 소식이었죠, 여러 다른 분야의 과학자들은 말할 것도 없이요. 이는 몇몇 사막 포도 아래에 토양 및 흙먼지 퇴적물이 지닌 풍부한 역사가 존재한다는 점과, 해저의 모래 및 토사와 거의 마찬가지로, 이렇게 축적된 층들이 고대의 기후 조건 및 다른 환경적 사건들과 관련된 필수 정보를 제공해 줄 수 있다는 점을 보여주었습니다.

6 강의의 주 목적은 무엇인가?
(A) 지역 생태계에 대해 사막 포도가 지니는 중요성을 설명하는 것
(B) 사막 환경의 특징들을 다른 환경의 특징들과 비교하는 것
(C) 특정한 지질학적 형성 과정 이면에 존재하는 다양한 이론을 고려하는 것
(D) 기후 변화가 어떻게 사막 토양 구성에 영향을 미치는지 이야기하는 것

해설 강의는 사막 포도라는 특정한 지질학적 형성 과정에 대한 세 가지 이론을 제시하고 있다. 따라서 정답은 (C)이다.

어휘 ecosystem 생태계 composition 구성, 구성 요소들

7 교수가 사막 포도와 관련해 암시하는 것은 무엇인가?
(A) 사막으로 여겨지지 않는 환경에서도 나타날 수 있다.
(B) 때때로 사막 생태계 내의 토양 침식을 가중시킨다.
(C) 일반적으로 바람이 거의 불지 않는 지역에서 발견된다.
(D) 지구의 어떤 특정 지역에서만 고유하게 나타나는 것이 아니다.

해설 교수는 사막 포도가 호주, 북아프리카, 기타 다른 국가에서 아주 다양한 다른 명칭으로 불리고 있다고 하므로, 정답은 (D)이다.

어휘 exacerbate ~을 가중시키다, 악화시키다

8 점토 팽창 이론에 따르면, 왜 사막 포도의 자갈들이 자리를 유지하고 있는가?
(A) 점토가 입자가 고운 토양보다 더 안정적인 토대를 형성한다.
(B) 초목이 사막 포도의 침식을 막는다.
(C) 높은 습도가 암석들이 마르고 쪼개지는 것을 방지한다.
(D) 식물 성장을 촉진할 만큼 강우량이 충분하지 않다.

해설 자갈들은 부족한 강수(precipitation)로 인해 지표면상에서 자리를 유지할 수 있는데, 강수는 암석들 사이에서 초목의 성장을 지원함으로써 일반적으로 사막 포도를 침식시키거나 산산조각 나도록 초래할 수 있다고 하므로, 정답은 (D)이다.

9 교수가 헬륨-3과 사막 포도 사이의 관계에 관해 언급하는 것은 무엇인가?
(A) 암석 하층부는 헬륨-3의 어떠한 흔적도 함유하지 않는다.
(B) 헬륨-3 농도가 암석들이 노출되었던 시간 길이를 나타낼 수 있다.
(C) 우주 방사선의 충격이 사막 포도 아래에 헬륨-3를 감소시킨다.
(D) 헬륨-3의 형성이 오직 시마 돔에 위치한 사막 포도에서만 발생된다.

해설 헬륨-3이 더 많이 존재할 수록 더 많은 노출 시간을 나타낸다는 점

을 알게 되었다고 하므로, 정답은 (B)이다.

어휘 trace 흔적 concentration 농축, 농도

10 교수의 말에 따르면, 사막 포도와 관련된 스티븐 웰즈의 연구 결과물이 왜 중요한가?
(A) 사막 포도의 형성과 관련된 기존의 이론이 틀렸음을 입증했다.
(B) 해저의 표면이 동일한 형성 과정을 겪는다는 점을 확인해 주었다.
(C) 사막 포도가 이전에 생각했던 것보다 더 빠르게 형성된다는 점을 입증했다.
(D) 기후학 같은 여러 분야에서 사막 포도가 지니는 유용성을 집중 조명했다.

해설 웰즈의 발견이 여러 다른 분야의 과학자들에게도 중요한데, 해저의 모래 및 토사와 거의 마찬가지로, 이렇게 축적된 층들이 고대의 기후 조건 및 다른 환경적 사건들과 관련된 필수 정보를 제공해 줄 수 있다고 하므로 정답은 (D)이다. (B)는 오답으로, 해저의 모래 및 토사가 여러 환경적 정보를 제공한다는 점에서 사막 포도와 유사하다는 것이지, 동일 형성 과정을 겪었다는 내용은 아니다.

어휘 disprove ~가 틀렸음을 입증하다 ocean floor 해저, 대양저 undergo ~을 겪다 climatology 기후학

11 강의의 일부를 다시 들으시오. 그런 다음, 질문에 답하시오.
교수: 그리고, 사막 포도를 찍은 사진을 한 번이라도 본 적이 있다면, 아마 지표면이 사막 칠이라고 불리는 것으로 흔히 덮여 있는 것을 알아보셨을 수도 있습니다. 이는 햇볕이 내리쬔 자갈들 표면에 쌓이는 점토와 철분, 그리고 망간으로 이뤄져 흑갈색을 보이거나 때로는 윤이 나는 피막으로, 사막 포도가 매우 독특한 모습으로 보이도록 만듭니다. 최근에는, 사막 포도와 사막 칠이 심지어 화성에서도 발견된 바 있지만, 이 부분은 실제 제 전문 분야가 아니라서…

교수가 "최근에는, 사막 포도와 사막 칠이 심지어 화성에서도 발견된 바 있지만, 이 부분은 실제 제 전문 분야가 아니라서…"라고 말할 때 교수에 관해 무엇을 유추할 수 있는가?

(A) 정확히 화성의 어느 지역에서 해당 발견이 이뤄졌는지 확실히 알지 못한다.
(B) 나중에 해당 주제를 더 자세히 다시 다룰 계획이다.
(C) 화성의 사막 포도가 지구의 사막 포도와 유사하다는 점에 의구심을 갖고 있다.
(D) 그 주제가 자신의 전문 분야 밖이라는 점을 인정하고 있다.

해설 지구 과학(earth science) 교수가 천체 지질학(planetary geology) 분야인 화성 표면을 언급하였다가 자신의 전문 분야가 아니라며 말끝을 흐렸기에, 정답은 (D)이다.

Speaking

Question 1

[Question]

모든 대학생들이 학교에서 수학 및 과학 수업을 들어야 한다는 것이 논란을 일으키는 이슈가 되어왔다. 예를 들어, 많은 대학들이 미술 및 음악 전공 학생들에게 수학과 과학 수업을 수강하도록 요구하고 있다. 이에 동의하는가, 아니면 동의하지 않는가? 구체적인 예시와 상세 설명을 활용해 의견을 뒷받침하시오.

[Model Answer]

The topic is about students being forced to take science and math classes as part of their major. I can see why universities might encourage students to do this, but I think students should be allowed to make this choice themselves. I doubt science or math lessons would be very useful to anyone who is studying to be an artist or musician. So, it seems unfair to force art and music students to take science and math classes they won't need. In my opinion, they should just focus on the classes that are important to them instead.	문제의 주제는 전공의 일부로서 과학과 수학 수업 듣기를 강요 받는 학생들에 관한 것이다. 나는 왜 대학들이 학생들에게 이렇게 하도록 장려할 수도 있는지 알 수 있지만, 학생들에게 스스로 선택하도록 허용되어야 한다고 생각한다. 나는 과학 또는 수학 수업이 미술가 또는 음악가가 되기 위해 공부하는 학생 누구에게든 그렇게 유용할 것이라고 생각하지 않는다. 따라서, 미술 및 음악 전공 학생들에게 필요치 않을 과학 및 수학 수업을 듣도록 강요하는 것은 부당하게 보인다. 내 의견으로는, 학생들은 대신 자신들에게 중요한 수업에만 집중해야 한다.

[Vocabulary & Expressions]

controversial 논란이 많은   be forced to do ~하도록 강요받다   doubt (that) ~라는 점에 의구심을 갖다

Question 2

[Reading]

관계자께,

저는 대학 측에서 도서관 내에 학생들이 자유롭게 이야기하도록 허용되는 전용 구역을 지정해 주시기를 제안하고자 이렇게 글을 씁니다. 이렇게 하면 함께 그룹 프로젝트 작업을 하면서 수업 주제 및 과제에 관련된 논의 및 토론에 참여하기를 원하는 학생들에게 더욱 편안한 환경을 만들어 줄 것입니다. 현재, 도서관이 조용한 자습에 필요한 이상적인 환경을 제공해 주고 있기는 하지만, 그룹 스터디에 이용할 수 있는 공간이 충분하지 않습니다. 제 제안을 진지하게 고려해 주시기를 바랍니다.

안녕히 계십시오.

폴 톰린슨

[Listening]

M: Did you read that student's letter about the university library?	남: 대학 도서관과 관련해서 학생이 쓴 편지 읽어봤어?
F: You mean the one about making a talking area for group study?	여: 그룹 스터디용으로 이야기할 수 있는 공간을 만드는 것에 관한 편지 말하는 거지?
M: That's the one.	남: 바로 그거야.
F: Yeah, I think it's a pretty reasonable proposal.	여: 응, 내 생각엔 꽤 합리적인 제안 같아.
M: Really? I'm totally against it.	남: 그래? 난 완전히 반대인데.
F: How come?	여: 어째서?
M: Well, for a start, there's no doubt that it's going to negatively affect the quiet atmosphere of the library. Even if the talking area is located in a far corner, or in a separate room, there will still be noise from groups of students coming and going all day, and that'll make it hard for other people to study.	남: 음, 일단, 조용한 도서관 분위기에 부정적으로 영향을 미치게 된다는 건 의심의 여지가 없어. 설사 그 이야기 공간이 가장 구석진 곳이나 별도의 방에 위치해 있다 하더라도, 그룹을 이룬 학생들이 여전히 하루 종일 들락거리면서 소음이 생길 테고, 그게 다른 사람들이 공부하기 어렵게 만들 거야.

F: Yeah, I guess I can see how that would be a problem. But what else can people do for group projects?

M: That's something that the student was wrong about in his letter. There are already plenty of places for people to get together for group study sessions. The main university building has various meeting rooms. Then there's the cafeteria, and the numerous coffee shops around the campus...

F: True, but some of those places can be a bit too noisy, even for group study.

M: Well, people could always just get together in their dorms or wherever they live.

F: I guess you're right.

여: 응, 어떻게 문제가 될 수 있는지 알 것 같아. 하지만 사람들이 그룹 프로젝트를 위해 할 수 있는 다른 뭔가가 있을까?

남: 그게 바로 편지를 쓴 학생이 잘못 생각하고 있는 점이야. 이미 사람들이 그룹 스터디 시간을 위해 모일 수 있는 장소들이 많이 있어. 대학 본관 건물에 다양한 모임 공간이 있거든. 그리고 구내식당도 있고, 캠퍼스 곳곳에 커피점도 수없이 많아…

여: 맞아, 하지만 그 장소들 중 일부는 좀 많이 시끄러울 수 있어, 심지어 그룹 스터디를 한다고 해도.

남: 음, 사람들은 기숙사나 사는 곳 어디든 항상 그냥 모일 수 있잖아.

여: 네 말이 맞는 것 같아.

[Question]

남자는 학생의 편지에 제기된 제안에 대해서 자신의 의견을 표출하고 있다. 간단하게 편지 작성자의 제안을 요약하시오. 그 다음 제안에 대한 남자의 의견을 진술하고 그가 그러한 의견을 갖고 있는 이유를 설명하시오.

[Model Answer]

In the letter, the student proposes that a talking area should be created in the library so that people have a specific space for group study sessions and other activities that require some chatting. The man and the woman are discussing the proposal. The man believes a talking area would ruin the atmosphere in the library because there would be large groups going in and out and disturbing people who want to study quietly. He also points out that there are already loads of places where people can study loudly together, like in the cafeteria, in meeting rooms, in coffee shops, or even at home.

편지에서, 학생은 도서관 내에 이야기를 나눌 구역이 만들어져야 사람들이 그룹 스터디 시간 및 약간의 이야기를 필요로 하는 다른 활동들을 할 특정 공간이 생긴다고 제안하고 있다. 대화 속 남자와 여자는 이 제안에 관해 이야기하고 있다. 남자는 이야기 공간이 도서관 내의 분위기를 망칠 것이라고 생각하는데, 많은 학생들이 오가면서 조용히 공부하고 싶어 하는 사람들을 방해하게 될 것이기 때문이다. 남자는 또한 구내식당이나 모임 공간, 커피점, 또는 심지어 집처럼 사람들이 함께 큰 소리를 내면서 공부할 수 있는 곳들이 이미 많이 존재한다는 점도 지적하고 있다.

[Vocabulary & Expressions]

designate ~을 지정하다 assignment 과제(물) reasonable 합리적인, 타당한 affect ~에 영향을 미치다 far corner 가장 구석진 곳 session (특정 활동을 위한) 시간 cafeteria 구내식당 dorm 기숙사 specific 특정한, 구체적인 ruin ~을 망치다 atmosphere 분위기 disturb ~을 방해하다, ~에 지장을 주다 point out that ~임을 지적하다 loads of 많은

Question 3

[Reading]

아이들의 시지각

12세 이하의 아이들은 시각 정보를 성인들과 다르게 인식하는데, 나이가 어린 사람들은 많은 감각 정보를 온전히 통합하는 능력이 부족하기 때문이다. 성인들은 일반적으로 하나의 통합된 정보 묶음으로 결합시켜 다양한 시각 신호를 처리하지만, 아이들은 더 작은 다수의 시각 정보 묶음으로 받아들여 시각 신호를 처리하는 경향이 있다. 이로 인해 아이들이 한 가지 이미지의 더 미세한 상세 정보를 알아차릴 수 있는 반면, 성인들은 완전한 이미지에 대해 더 종합적으로 이해한다.

In today's class, I'd like to talk to you all about an interesting experiment a team of researchers carried out using snails. The researchers were trying to determine the differences in how adults and children view objects and process the information. And, well, at the end of the experiment, the researchers were able to make some very interesting conclusions!

To start the experiment, the researchers gathered two groups. One was comprised of ten adult participants, aged between 20 and 45, while the other was comprised of ten children, aged between 8 and 12. Two common garden snails were used in the experiment, but the snails had very subtle differences in appearance. Each group was shown the two snails for a period of thirty seconds, and then asked to describe them to the researchers.

The adult participants all agreed that the snails were identical, and they were able to describe the general physical characteristics of the snails quite clearly. However, the children all noticed that the two snails had differences in color and shell pattern. They focused on these details when discussing the snails with the researchers.

오늘 수업에서는, 여러분 모두에게 연구가들로 구성된 한 팀이 달팽이를 활용해 실시한 흥미로운 실험에 관해 이야기해 드리고자 합니다. 이 연구가들은 성인과 아이들이 사물을 보고 정보를 처리하는 방법의 차이점을 알아내려 하고 있었습니다. 그리고, 음, 실험이 끝났을 때, 그 연구가들은 몇몇 매우 흥미로운 결론을 내릴 수 있었습니다!

이 실험을 시작하기 위해, 연구가들은 두 그룹의 사람들을 모았습니다. 하나는 20세에서 45세 사이에 해당되는 열 명의 성인 참가자들로 구성된 반면, 다른 하나는 8세에서 12세 사이의 아이들 열 명으로 구성되었습니다. 이 실험에 두 마리의 흔한 정원 달팽이가 이용되기는 했지만, 그 달팽이들은 겉모습에 아주 미묘한 차이가 있었습니다. 각 그룹에게 30초의 시간 동안 이 달팽이 두 마리를 보여준 다음, 연구가들에게 설명하도록 요청했습니다.

성인 참가자들은 모두 이 달팽이들이 동일하다는 데 동의했고, 달팽이들의 전반적인 신체적 특징들을 상당히 명확하게 설명할 수 있었습니다. 하지만, 아이들은 모두 달팽이 두 마리가 색과 껍질 패턴에 차이가 있다는 점을 알아차렸습니다. 아이들은 연구가들과 달팽이에 관해 이야기할 때 이러한 세부 요소에 초점을 맞췄습니다.

[Question]

강의의 예시를 사용하여, 시지각 면에서 아이들과 어른들 간 차이점을 설명하시오.

[Model Answer]

There are differences in the way that adults and children perceive visual information, and the professor describes an experiment that shows these differences very well. When adults look at something, they usually combine details into one large piece of information, but children focus on smaller details rather than one large image.

The professor talks about an experiment involving a group of adults and a group of children. Both groups are shown two snails that look slightly different from one another. The adults didn't notice any differences, because they overlooked the small details and just processed the image of the snails as one general image. The children, on the other hand, pointed out various subtle differences, and this shows that they processed pieces of information separately rather than as one integrated chunk of information.

성인들과 아이들이 시각 정보를 인식하는 방식은 차이가 존재하며, 교수는 이러한 차이점을 아주 잘 보여주는 한 실험을 설명한다. 무엇인가를 볼 때, 성인들은 일반적으로 세부 요소를 하나의 큰 정보로 결합시키지만, 아이들은 하나의 큰 이미지가 아니라 더 작은 세부 요소에 초점을 맞춘다.

교수는 성인 그룹과 아이들 그룹이 포함된 실험에 관해 이야기한다. 두 그룹 모두에게 서로 약간 다르게 보이는 달팽이 두 마리를 보여주었다. 성인 그룹은 어떠한 차이도 알아 차리지 못했는데, 작은 세부 요소를 간과하면서 달팽이에 대한 이미지를 하나의 전반적인 이미지로만 처리했기 때문이다. 반면에, 아이들은 여러 미묘한 차이점을 지적했으며, 이는 아이들이 하나의 통합된 정보 덩어리가 아니라 개별적으로 여러 정보를 처리했음을 보여준다.

[Vocabulary & Expressions]

visual perception 시지각 lack A A가 부족하다 integrate ~을 통합하다 sensory information 감각 정보 visual cue 시각 신호 comprehensive 종합적인, 포괄적인 carry out ~을 실시하다, 실행하다 determine ~을 알아내다 process ~을 처리하다 be comprised of ~로 구성되다 snail 달팽이 subtle 미묘한 identical 동일한 overlook ~을 간과하다, 못 보고 지나치다 involve ~을 포함하다 chunk 덩어리

Question 4

As with all animal species, mammals have gone through thousands and thousands of years of evolution and natural selection, and this has resulted in more efficient and beneficial shorter pregnancy periods in various species.

Let's start today's class by taking a look at the different lengths of pregnancy periods among mammals. To be specific, I want to focus first on animals that have short pregnancy periods, and then we can have a discussion about the reasons behind these short pregnancies.

A prime example of this is the lion. A female lion, or lioness, typically remains pregnant for a period of around 110 days, and then gives birth to between one and four baby lions. This relatively short pregnancy period is necessary to ensure the survival of the lioness. Lions need to hunt in order to survive, and a lioness could starve if she had a long period of pregnancy, as she would hunt less frequently. Once a lioness gives birth, she is able to hunt more frequently, while taking care of her cubs at the same time.

Another example of the benefits of a short pregnancy period is mice. It's maybe hard to imagine, but female mice have an average pregnancy period of only 19 to 21 days! Like in the case of lions, this helps to ensure the survival of the species. Mice are vulnerable to a wide variety of predators, so they have a very short lifespan. The short pregnancy period allows female mice to reproduce at an incredible rate, which helps keep the species' birth rate ahead of its death rate.

모든 동물 종의 경우와 마찬가지로, 포유류도 수천 년의 세월 동안 진화와 자연 선택의 과정을 거쳤으며, 이로 인해 다양한 종에서 임신 기간이 더 짧아지면서 더욱 효율적이고 이로워졌습니다.

포유류 사이에서 서로 다른 임신 기간 길이를 살펴보는 것으로 오늘 수업을 시작해 보겠습니다. 구체적으로, 임신 기간이 짧은 동물에 먼저 초점을 맞춰 보고자 하며, 그 다음에 이 짧은 임신 기간 이면에 존재하는 이유에 관해 이야기할 수 있을 것입니다.

이에 대한 한 가지 아주 좋은 예가 사자입니다. 암컷 사자, 즉 암사자는 일반적으로 약 110일에 해당되는 기간으로 임신 상태를 유지한 다음, 한 마리에서 네 마리 사이의 새끼 사자를 낳습니다. 상대적으로 짧은 이 임신 기간은 암사자의 생존을 보장하는 데 필수입니다. 사자는 생존하기 위해 사냥을 해야 하며, 임신 기간이 길면 암사자가 굶어 죽을 수도 있는데, 덜 자주 사냥하게 되기 때문입니다. 암사자가 새끼를 낳고 나면, 동시에 새끼들을 돌보면서 더 자주 사냥할 수 있습니다.

짧은 임신 기간에 따른 혜택을 보는 또 다른 예는 쥐입니다. 아마 상상하기 어려울 수도 있지만, 암컷 쥐는 평균적으로 임신 기간이 겨우 19~21일 밖에 되지 않습니다! 사자의 경우와 마찬가지로, 이는 이 동물 종의 생존을 보장하는 데 도움이 됩니다. 쥐는 아주 다양한 포식자들에게 취약하기 때문에, 수명이 매우 짧습니다. 짧은 임신 기간으로 인해 암컷 쥐는 믿기 어려울 정도의 속도로 번식할 수 있기 때문에, 이 종의 사망률보다 출산율이 앞서도록 유지하는 데 도움이 됩니다.

[Question]

교수가 언급한 예시들을 활용하여, 포유류의 더 짧은 임신 기간의 장점들을 설명하시오.

[Model Answer]

The professor is speaking to students about the pregnancy periods of mammals. In particular, his focus is on mammals that have short pregnancy periods due to natural selection, and why these shorter pregnancies are beneficial to various species. He uses two animals as examples, lions and mice, and points out that their shorter pregnancy periods help to ensure the survival of both species.

In the case of lions, a short pregnancy allows a female lion to return to hunting more frequently, which means she will not starve to death. For mice, which have a short lifespan, it allows females to reproduce more rapidly, ensuring that the birth rate stays above the death rate.

교수는 학생들에게 포유류의 임신 기간에 관해 이야기하고 있다. 특히, 교수의 초점은 자연 선택으로 인해 임신 기간이 짧은 포유류 및 왜 이러한 더 짧은 임신 기간이 다양한 종에 이로운지에 대해서다. 교수는 두 가지 동물, 즉 사자와 쥐를 예시로 활용하고 있으며, 이들의 더 짧은 임신 기간이 두 종 모두의 생존을 보장하는 데 도움이 된다는 점을 지적하고 있다.

사자의 경우, 짧은 임신 기간으로 인해 암컷 사자가 다시 더 자주 사냥할 수 있게 되는데, 이는 암사자가 굶어 죽지 않는다는 것을 의미한다. 수명이 짧은 쥐의 경우, 짧은 임신 기간으로 인해 더 빠르게 번식할 수 있으며, 이는 출산율이 사망률보다 더 높은 상태로 유지되도록 보장해 준다.

[Vocabulary & Expressions]

mammals 포유류 go through ~을 거치다, 겪다 beneficial 이로운, 유익한 pregnancy 임신 behind ~의 이면에 ensure ~을 보장하다 give birth 새끼를 낳다, 출산하다 cub (사자, 곰 등의) 새끼 vulnerable to ~에 취약한 lifespan 수명 reproduce 번식하다 at an incredible rate 믿기 어려울 정도의 속도로 starve to death 굶어 죽다 stay above ~보다 높은 상태로 유지되다

Writing

Question 1

[Reading]

우리 태양계에는, 수십만 개의 소행성이 존재하고 있다. 암석과 얼음으로 구성된 이 대형 물체들이 인류에게 있어 잠재적인 정착지 건설의 선택권으로 제안된 바 있다. 실제로, 일부 과학자들은 소행성이 달이나 화성보다 정착지 건설에 더 적합할 수 있다는 가설을 내세우기도 했으며, 몇 군데가 됐던 인류가 언젠가 소행성에 살면서 일하게 될 수도 있다고 생각한다. 이 가설들은 일반적으로 세 가지 주된 이유를 바탕으로 하고 있다.

가장 먼저, 아주 많은 소행성이 주기적으로 지구의 궤도에 가까이 다가오고 있다. 그 중 일부는 심지어 달보다 우리 지구에 더 가깝게 다가오기도 한다. 이는 도착하는 데 최소 2년, 그리고 귀환하는 데 또 2년이 걸리는 여행이 필요할 수 있는 화성 같은 목적지에 비해, 지구에서 일부 소행성에 도달하는 것이 상대적으로 쉬우면서 감당 가능한 일일 수 있다는 의미이다. 우리가 가장 가까운 소행성으로 이동하는 데 걸릴 비교적 짧은 시간으로 인해 정착지로 이상적이다.

다음으로, 소행성이 일반적으로 행성이나 위성보다 훨씬 덜 크기 때문에, 더 약한 중력을 발휘한다. 이로 인해 더 큰 중력이 우주선을 표면으로 강하게 끌어당기는 화성이나 달보다 소행성에 우주선을 착륙시키기가 더 쉽고 더 안전하다. 이는 결과적으로 우주선이 정착지를 확립하는 데 필요한 물자를 더 많이 운송할 수 있게 해 줄 것이다. 또한, 중력이 낮은 상태에서 우주선이 더 효율적으로 이륙할 수 있기 때문에, 지구로 귀환하는 데 더 적은 연료를 필요로 하게 될 것이다.

마지막이지만 마찬가지로 중요한 점은, 많은 소행성에 금이나 백금과 같이 지구에서 그 수요가 높아 가치 있고 귀중한 금속이 풍부하다. 따라서, 소행성에 정착지를 확립하는 일이 매우 수익성이 높은 것으로 드러날 수 있는데, 이 원료들이 대량으로 채광되어 지구로 보내질 수 있기 때문이며, 이는 정착지를 세우고 확대함으로써 발생되는 비용을 상쇄할 수 있을 것이다.

[Listening]

Despite what you have read, colonizing an asteroid is not actually a great idea. In fact, there are some major issues with each of the points raised in the textbook passage.

First, while it's true that a small number of asteroids are close enough to travel to easily, it might be more difficult to come back from them. Asteroids tend to travel through space by following very unusual routes that cover long distances. Many of those whose orbital paths bring them close to our planet will then end up traveling a huge distance away from us. So, colonists might be able to make a quick trip to an asteroid, but that asteroid might end up even further away from Earth than Mars. That means colonists would be unable to return to Earth until the asteroid's orbital path brought it back, and this could take several years.

Second, the lower gravitational force on an asteroid is not always a benefit. Yes, it might make landing on and taking off from an asteroid easier, but it has negative effects on the human body. Colonists would probably experience a huge decrease in bone density and muscle mass. We have seen this happen even to astronauts who spend less than 100 days in low-gravity environments, so it's safe to assume that colonists who live and work on an asteroid for a considerable length of time will face more severe health issues.

Third, the presence of precious metals on an asteroid may seem attractive, but there are several other factors to consider. The overall profitability is greatly reduced by the extremely high costs entailed in mining the metals and transporting them to Earth. In addition, we cannot say for certain that the value of these metals will remain high in the future. If vast quantities are

여러분이 읽어 본 내용에도 불구하고, 소행성에 정착지를 건설하는 일은 사실 아주 좋은 생각이 아닙니다. 실제로, 교재 지문에 제기된 각각의 주장과 관련된 몇 가지 중요한 문제가 존재합니다.

첫 번째는, 소수의 소행성이 쉽게 이동할 수 있을 만큼 충분히 가까이 있다는 점이 사실이기는 하지만, 거기서 되돌아오는 게 더 어려울 수도 있습니다. 소행성은 먼 거리에 이르는 아주 특이한 경로를 따라 우주 공간에서 이동하는 경향이 있습니다. 궤도 진로로 인해 우리 지구와 가까워지는 많은 소행성들이 결국엔 우리에게서 아주 먼 거리로 떨어져 이동하게 될 겁니다. 따라서, 정착민들이 한 소행성까지 빠르게 여행할 수 있을 지도 모르지만, 그 소행성은 결국엔 화성보다 훨씬 더 멀리 지구에서 떨어져 있게 될 지도 모릅니다. 이는 궤도 진로가 다시 그 소행성을 데려올 때까지 정착민들이 지구로 귀환하지 못할 수 있다는 뜻이며, 이는 몇 년이 걸릴 수도 있습니다.

두 번째로, 소행성의 중력이 더 약하다고 해서 항상 이득인 것은 아닙니다. 네, 소행성에 착륙하고 거기서 이륙하는 것이 더 쉬워질 지도 모르지만, 사람의 신체에는 여러 부정적인 영향을 미칩니다. 정착민들은 골밀도와 근육량의 엄청난 감소를 겪게 될 겁니다. 우리는 심지어 저중력 환경에서 100일도 채 되지 않는 시간을 보내는 우주비행사들에게도 이러한 현상이 발생되는 것을 본 적이 있기 때문에, 상당히 오랫동안 소행성에서 거주하고 일하는 정착민들이 더 심각한 건강 문제에 직면하게 될 것이라고 쉽게 추정할 수 있습니다.

세 번째는, 소행성에 존재하는 귀중한 금속들이 매력적으로 보일 수 있지만, 고려해야 하는 여러 다른 요소들이 있습니다. 전체적인 수익성이 그 금속들을 채광하고 지구로 운송하는 데 수반되는 대단히 높은 비용으로 인해 크게 감소하게 됩니다. 게다가, 미래에도 이 금속들의 가치가 여전히 높게 유지될 것이라고 확

mined and then sold back on Earth, we can expect their market value to fall significantly, so we cannot guarantee that asteroid mining would be profitable in the long term.	실하게 말할 수 없습니다. 어마어마한 양이 채광된 다음, 지구에서 다시 판매된다면, 시장 가치가 상당히 떨어질 것으로 예상할 수 있기 때문에, 소행성 채광이 장기적으로 수익성이 높을 것이라고 보장할 수 없습니다.

[Question]

강의에서 언급된 요점들이 어떻게 독해 지문에 제시된 특정 주장들에 대해 의문을 제기하는지 설명하면서 그 내용을 요약해 보시오.

[Model Answer]

| The lecture explains why the colonization of asteroids might not be as easy, practical, or profitable as it might seem in the reading passage. The professor addresses three distinct factors.

First, he points out that the information in the passage is only partially correct, and it fails to give the full picture. He explains that while some asteroids come close to Earth, making them easy to reach, they might subsequently travel extremely far from Earth—even further away than Mars. This would mean that colonists might be stranded on an asteroid for years, with no way to return home.

Second, the professor talks about the health problems, like decreased muscle mass and bone density, that colonists would suffer as a result of the low gravitational force of asteroids by giving an example of astronauts. Again, this challenges what is presented in the passage, where the writer only discusses the benefits of low gravity—easier take-offs and landings—without touching on the disadvantages.

Third, in the lecture, it is made clear that it would be foolish to believe the precious metals on asteroids would cover the costs of colonization thanks to their value on Earth. The professor contradicts what is stated in the passage by questioning whether such materials would remain valuable in the long term, while also pointing out the high cost of mining and transportation.

(225 words) | 강의는 소행성에 대한 정착지 건설이 왜 독해 지문에서 보여지는 것만큼 쉽고 현실적이거나 수익성이 높지 않을 수도 있는지 설명하고 있다. 교수는 세 가지 뚜렷이 구별되는 요인들을 다루고 있다.

첫 번째로, 교수는 지문 속의 정보가 오직 부분적으로만 맞기에 전체적인 그림을 제공해 주지 못함을 지적한다. 교수는 일부 소행성들이 지구에 가까이 다가오면서 도달하기 쉬워지기는 하지만, 그 뒤로 지구에서 대단히 멀리 이동해, 화성보다 훨씬 더 멀리 갈 수도 있다고 설명한다. 이는 정착민들이 집으로 돌아올 방법조차 없이 몇 년 동안 소행성에서 오도가도 못하게 될 수도 있다는 의미일 수 있다.

두 번째로, 교수는 우주비행사를 예를 들면서 소행성의 낮은 중력에 따른 결과로 정착민들이 겪게 될 근육량 및 골밀도 감소 같은 건강 문제에 관해 이야기하고 있다. 다시, 이는 글쓴이가 단점에 관해서는 언급하지 않고 오직 더 쉬운 착륙과 이륙이라는 저중력 상태의 이점만을 이야기하는 지문에 제시된 내용에 이의를 제기하는 것이다.

세 번째로, 강의에, 소행성의 귀중한 금속들이 지구에서의 가치로 인해 정착지 건설 비용을 충당하게 된다고 생각하는 것이 어리석을 수 있다는 점이 분명히 언급되고 있다. 교수는 그와 같은 금속들이 장기적으로 계속 가치 있을지 의문을 제기하는 것으로 지문에 쓰여 있는 내용을 반박함과 동시에, 채광 및 운송에 드는 높은 비용도 지적하고 있다.

(225 단어) |

[Vocabulary & Expressions]

solar system 태양계 asteroid 소행성 composed of ~로 구성된 colonization 정착지 건설, 식민지화 hypothize that ~라는 가설을 세우다 hypothesis 가설 proximity to ~와의 근접(성) periodically 주기적으로 affordable 감당할 수 있는 comparatively 비교적 gravitational force 중력 massive 거대한, 엄청 큰 in turn 결과적으로, 결국 materials 물자, 물품 take off 이륙하다 last but not least (순서대로 말할 때) 마지막이지만 마찬가지로 중요한 것은 mine ~을 채광하다 offset ~을 상쇄하다 incur (비용) ~을 발생시키다 set up ~을 세우다

raise a point 주장을 제기하다 orbital path 궤도 진로 end up -ing 결국 ~하게 되다 colonist 정착민 bone density 골밀도 muscle mass 근육량 astronaut 우주비행사 assume that ~라고 추정하다, 생각하다 considerable 상당한 face ~에 직면하다 presence 존재 entailed in ~에 수반되는 in the long term 장기적으로

practical 현실적인, 실용적인 address (문제 등) ~을 다루다, 처리하다 distinct 뚜렷이 구별되는 subsequently 그 뒤로, 나중에 stranded 오도가도 못하는 challenge ~에 이의를 제기하다, 반박하다 touch on ~을 언급하다

Question 2

[Question]

교수가 경영학 수업을 가르치고 있다. 교수의 질문에 응답하는 게시글을 작성하시오. 답변에는 반드시:

· 본인의 의견을 표현하고 뒷받침하시오
· 토론에 기여하시오

좋은 답안은 100단어 이상으로 작성된다. 당신은 10분 동안 답안을 작성한다.

교수: 우리가 수업에 토론했다시피, 우리는 인터넷, 텔레비전, 광고판 등, 광고를 매일 접한다. 회사들은 이러한 광고를 만들고 알맞은 사람에 전파되도록 많은 돈을 투자한다. 수업 토론 게시판에 이 질문에 대해서 작성하시오:

광고는 소비자가 정보에 입각한 결정을 내리는 데 도움이 되는가, 아니면 불필요한 제품에 돈을 쓰도록 유도하는 교묘하게 조종하는 수단인가?

라이언: 나는 제품을 광고하는 것이 사람들에게 유용하다고 생각한다. 광고를 본 이후, 사람들은 온라인 후기를 보며 그 제품을 수입할지 말지 결정한다. 예를 들어, 나는 좋은 온라인 후기가 있는 헤드폰 광고를 한번 본적이 있다. 나는 결과적으로 그것을 샀고, 구입한 것에 만족한다.

클레어: 나는 라이언에게 동의하지 않는다. 나는 대부분의 사람들은 특히 인터넷에서 광고를 보고 싶지 않다고 생각한다. 작년에 광고 차단기를 사용하는 사람들의 수가 약 50만 명 증가했다는 것을 어디선가 읽었다. 명백히, 대부분의 사람들은 광고가 유용하다기보다 더 귀찮다고 생각한다.

[Model Answer]

I think Claire is right when she says that most people dislike seeing ads. Many people even pay money to avoid advertisements. However, she did not mention another negative aspect of advertisements. In my opinion, advertisements manipulate people to consume their products. Many advertisements send the message that buying their products will make people attractive and desirable. Some ads even suggest that not buying their product will make people dislike them. Thus, people who see those types of ads are negatively influenced and end up making a purchase to get validation from people. Therefore, I think advertisements manipulate people to spend money on their products. (105 words)	나는 클레어가 대부분의 사람들이 광고를 보는 것을 싫어한다고 말한 것이 옳다고 생각한다. 많은 사람들은 광고를 피하기 위해 심지어 돈을 지불한다. 하지만, 그녀는 광고에 대한 다른 부정적인 측면을 말하지 않았다. 내 생각에는, 광고는 사람들이 자신들의 제품을 사도록 교묘하게 조종한다고 생각한다. 많은 광고가 자사 제품을 구매하면 사람들이 매력적이고 호감 갈 것이라는 메시지를 전달한다. 일부 광고는 심지어 자신들의 제품을 사지 않으면 사람들이 그들을 싫어하게 될 것이라고 암시하기도 한다. 따라서 이러한 유형의 광고를 보는 사람들은 부정적인 영향을 받아 결국 사람들의 검증을 받기 위해 구매를 하게 된다. 그러므로, 나는 광고는 사람들이 자신의 제품을 사도록 교묘하게 조종한다고 생각한다. (105 단어)

[Vocabulary & Expressions]

advertisement(=ad) 광고 encounter 접하다 invest 투자하다 purchase 구입하다, 구입한 것 manipulate 교묘하게 조종하다 consume 소비하다 validation 검증

Actual Test 3

Reading

ANSWERS

1. (B)	**2.** (D)	**3.** (D)	**4.** (C)	**5.** (A)	**6.** (A)	**7.** (D)	**8.** (C)	**9.** 4th	**10.** (B), (C), (E)
11. (A)	**12.** (C)	**13.** (D)	**14.** (C)	**15.** (B)	**16.** (D)	**17.** (D)	**18.** (B)	**19.** 3rd	**20.** (D), (E), (F)

Questions 1-10

지구 나이 밝혀내기

기원전 480년에서 425년까지 살았던 고대 그리스의 역사가 헤로도토스는 '지구의 나이가 어떻게 되는가?'라는 아주 오래된 의문을 제기한 첫 학자들 중 한 명이었다. 그의 관찰은 나일 강 삼각주를 중심으로 이뤄졌는데, 이곳에서 그는 연례적인 홍수에 의해 서로 층층이 쌓인 일련의 퇴적물에 주목했다. ¹⁽ᴮ⁾ 그는 각각의 얇은 층이 한 차례의 홍수 발생을 나타낸다는 것을 알아차리고 나일 강 삼각주 곳곳의 퇴적물이 수천 년에 걸쳐 점점 규모가 커진 것이 틀림없다는 결론을 내렸다. 그 추정은 지구의 실제 나이에 비하면 무시해도 될 정도의 수준이었지만, 지질학적 특징들의 연대가 그것들을 만들어내는 지속적인 과정을 비롯해, 결정적으로 그 발생 비율에 대한 이해를 통해 추정될 수 있다는 개념을 제공해 주었다. 헤로도토스는 후대에 동일 과정의 원리라고 알려지게 되는 이 근본적인 지질학 개념을 처음 적용한 사람이었다. 이 개념은 오랜 시간 압축되면서 퇴적암이 된 여러 퇴적물 층의 나이를 추정하기 위해 이후의 여러 세기에 걸쳐 온갖 종류의 지질학적 특징들에 대해 반복적으로 적용되곤 했다.

이 개념은 17세기에 지질학을 통해 지구의 나이를 이해하기 위한 ²⁽ᴰ⁾새로운 시도들이 시작되면서 다시 표면으로 떠올랐다. 덴마크의 과학자 니콜라스 스테노(1638-1686)는 암석 층 누적 과정을 다루는 층서학의 원리를 제시했다. 그 후, 한 세기가 지나, ²⁽ᴰ⁾스코틀랜드의 지질학자 제임스 허튼(1726-1797)은 지질학적 과정들이 주기적이라는 제안과 함께 그 개념들을 발전시켰다. 그는 어마어마하게 오랜 시간에 걸쳐 바람과 물에 의해 깎이는 산맥과 고원들을 지구 깊은 곳의 힘이 밀어 올리면서 지구의 지형 형성이 아주 오래 전에 시작되었다고 주장했다. 퇴적물로 축소된 암석은 물에 의해 옮겨지면서 호수 바닥 또는 해저에 자리잡게 되며, 여기서 시간과 압력에 의해 다시 압축되어 퇴적암이 된다. 이러한 주기는 암석이 다시 융기되어 새로운 산맥을 형성하는 동안 반복된다. 가장 중요한 점은, 암석화된 지형들이 퇴적과 침식의 이러한 오랜 역사를 기록한다는 것이다.

지질학적 과정들 속에 고유하게 존재하는 반복성에 대한 허튼의 인지는 여러 가지 뚜렷이 다른 현상들과 관찰 내용들을 지구의 과거에 대한 하나의 전체적인 이미지로 통합시켰다. 이러한 육지 형성 과정들이 ³⁽ᴰ⁾끊임없이 반복되고 있고 과거에 그랬던 것에 비해 현재에도 전혀 뒤떨어지지 않는다는 정확한 추정이 그의 연구 결과물과 결부되면서, 허튼은 퇴적물 층들에 대한 관찰을 통해 지구의 역사가 "시작의 흔적도 보이지 않고, 끝날 가망성도 없을 만큼" 어마어마하며 인류의 역사는 그 지질학적 연대상에서 한낱 눈 한 번 깜짝하는 순간에 불과하다는 결론을 내리기에 이르렀다.

⁴⁽ᶜ⁾허튼의 연구를 토대로 삼아, 지질학자들은 층서학 기록 전체를 관찰하고 퇴적 비율을 밝혀내는 과정을 통해 지구의 나이를 추정해 보는 시도를 시작했다. ■ 20세기로 전환되던 시점의 연구는 지구의 나이를 1억년에서 4억년으로 추정했지만, 10배에서 50배 실제 값을 너무 적게 잡은 계산 착오였다. ■ 이는 당시의 지질학자들에게는 여전히 알려져 있지 않은 정보로 인한 것이었다. ■ 다시 말해서, 엄청나게 많은 퇴적물 기록이 다양한 곳에서 사라진 상태다. ⁹ ■

잘못된 판단으로 지구의 나이를 찾으려 했던 또 다른 방식은 태양의 나이를 먼저 알아내는 것에 의존했다. 이 아이디어는 독일의 철학자 임마누엘 칸트(1724-1804)로부터 비롯되었는데, 핵 융합에 대한 지식이 부족했던 그는 태양 내에서 발생되는 ⁵⁽ᴬ⁾급격한 화학 반응에 필요한 에너지가 천년 넘게 지속될 수 없을 것이라고 주장했다. 19세기의 물리학자들은 ⁶⁽ᴬ⁾중력 수축에 의해 태양으로부터 떠밀리듯 나오는 에너지, 즉 중력에 의해 압축된 물체에 의해 방출되는 에너지를 바탕으로 태양의 나이를 추정하는 데 이 아이디어를 적용했다. 이 방법으로 계산한 지구의 나이는 수천만 년이었는데, 동시에 나타난 지질학적 추정들보다 훨씬 더 적었다.

19세기 방사능의 발견은 지구의 나이를 정확하게 알아내는 기틀을 마련해 주었다. 방사능에 대한 이해 및 인지는 서로 다른 여러 분야의 다양한 방식과 기술에 대변혁을 일으켰으며, 그 중 하나가 방사성 연대 측정이었다. ⁷⁽ᴰ⁾방사성 연대 측정 방식의 적용으로 지구의 나이가 이전의 추정치들보다 훨씬 더 많은 수십억 년으로 드러났다. 연대 측정 기술은 지속적으로 발전을 거듭했으며, ⁷⁽ᴬ⁾운석 연구 및 ⁷⁽ᶜ⁾태양 진화 모델의 개선에 의해 뒷받침되었다. ⁷⁽ᴮ⁾/⁸⁽ᶜ⁾태양계, 그리고 그에 따라 형성된 지구는 45억년이 된 것으로 결론이 내려졌다.

[Vocabulary]

1. pose a question 의문을 제기하다 center on ~을 중심으로 하다 sediment deposits 퇴적물, 침전물 negligible 무시해도 될 정도의 principle of uniformitarianism 동일 과정의 원리(지구상의 자연 현상이 동일한 과정과 속도로 일어난다는 가설) all manner of 온갖 종류의

2. resurface 다시 표면으로 떠오르다 initiate ~을 시작하다, ~에 착수하다 lay out ~을 제시하다 stratigraphy 층서학 topography 지형 plateau 고원 whittle down ~을 깎아내리다 over immense stretches of time 어마어마하게 오랜 시간에 걸쳐 sedimentary rock 퇴적암 uplift ~을 끌어 올리다 deposition 퇴적(물) erosion 침식, 부식

3. inherent in ~에 고유하게 존재하는 phenomena 현상들(phenomenon의 복수) couple A with B A를 B와 결부시키다 perpetual 끊임없이 반복되는 vestige 흔적, 자취 prospect 가망(성) blink 눈을 깜박거림

4. totality 전체(성) stratigraphic 층서학의 underestimate ~을 너무 낮게 잡다 actual value 실제 값 by a factor of + 숫자 몇 배

5. originate with ~로부터 비롯되다 nuclear fusion 핵 융합 forced out of ~에서 떠밀려 나온, 밀쳐져 나온 gravitational contraction 중력 수축 compress ~을 압축하다 gravity 중력 concurrent 동시에 발생되는

6. radioactivity 방사능, 방사성 pave the way to do ~하기 위한 기틀을 마련하다 revolutionize ~에 대변혁을 일으키다 radioactive dating 방사성 연대 측정 meteorite 운석

1 첫 번째 단락에 따르면, 나일 강 삼각주를 따라 퇴적물 층들을 관찰한 것으로 인해 헤로도토스가 무엇을 할 수 있었는가?
(A) 그 강의 연례적인 홍수에 대한 상세 기록을 만드는 것
(B) 지질학적 나이를 추정하는 방식을 알게 되는 것
(C) 그 수로가 언제 처음 형성됐는지 파악하는 것
(D) 다음 홍수가 언제 발생될 가능성이 있을지 예측하는 것

해설 첫 번째 단락 중간 이후에는 헤로도토스가 퇴적물이 수천 년에 걸쳐 점점 규모가 커지는 것을 결론 내렸고(sediments around the Nile Delta must have built up over thousands of years), 이는 지질학적 특징의 연대가 추정될 수 있는 개념이라고 하므로 (the concept that the ages of geologic features could be estimated), 정답은 (B)이다.

2 두 번째 단락에 따르면, 제임스 허튼은 무엇을 처음 한 사람인가?
(A) 침식이 어떻게 지질학적 특징에 영향을 미치는지를 설명한 일
(B) 암석 내에서 연속된 침전물 층들을 확인한 일
(C) 주요 산맥들의 기원을 설명한 일
(D) 지질학적 과정들이 반복된다는 점을 깨달은 일

해설 두 번째 단락에서 새로운 시도들이 시작되었다면서(new attempts were initiated), 지질학적 과정들이 주기적이라는 제임스 허튼의 제안을 소개하므로(his proposal that geological processes are cyclical), 정답은 (D)이다.

어휘 recurring 반복되는, 순환하는

3 해당 단락의 단어 "perpetual"과 의미가 가장 가까운 것은 무엇인가?
(A) 보편적인
(B) 상당한
(C) 변화하는
(D) 지속적인

해설 지문의 perpetual(끊임없이 반복하는, 영속하는)과 continuous(지속적인, 계속되는)는 유의어로 정답은 (D)이다.

4 다음 문장들 중 어느 것이 지문의 하이라이트 표기된 문장에 담긴 핵심 정보를 가장 잘 표현하는가? 오답 선택지는 중요한 방식으로 의미를 변경하거나 핵심 정보를 배제한다.

허튼의 연구를 토대로 삼아, 지질학자들은 층서학 기록 전체를 관찰하고 퇴적 비율을 밝혀내는 과정을 통해 지구의 나이를 추정해 보는 시도를 시작했다.

(A) 허튼의 발견이 인기 있기는 했지만, 다른 지질학자들도 지구의 나이가 어떻게 되는지 추정하기 위해 여러 암석 층과 퇴적물 분

포를 조사했다.
(B) 지질학자들이 제임스 허튼에 의해 확립된 아이디어들을 한층 더 정교하게 만들어 성공적으로 지구의 연대를 추정했다.
(C) 과학자들이 여러 암석 층과 그 형성 과정에 관한 허튼의 아이디어들을 바탕으로 지구의 나이를 새롭게 측정했다.
(D) 허튼은 다른 과학자들이 여러 암석 층 속의 퇴적물을 분석해 그 암석 층들의 전체 일람표를 재구성하려 했던 과정에서 그들을 도왔다.

해설 하이라이트 문장의 geologists began their attempts at estimating the age of the Earth가 Scientists made new measurements of the Earth's age로 패러프레이징되어 있는 (C)가 정답이다.
(A), (B), (D)는 각각 다음과 같이 잘못된 내용으로 오답이다.
(A) 허튼과 다른 지질학자들을 역접으로 연결
(B) 성공적으로 지구 연대 추정하였다고 함
(D) 허튼이 다른 과학자들을 도왔다고 함

어휘 investigate ~을 조사하다 dispersal 분포, 분산 date ~의 연대를 추정하다 elaborate on ~을 한층 더 정교하게 만들다 make a measurement of ~을 측정하다 reconstruct ~을 재구성하다 catalog 일람표, 목록

5 해당 단락의 단어 "dramatic"과 의미가 가장 가까운 것은 무엇인가?
(A) 강력한
(B) 끊임없는
(C) 복잡한
(D) 감정적인

해설 지문의 dramatic(급격한)과 가장 의미가 가까운 보기 단어는 powerful(강력한)이므로 정답은 (A)이다.

6 글쓴이는 왜 다섯 번째 단락에서 "중력 수축"을 언급하는가?
(A) 지구의 나이를 찾아내는 데에도 활용되었던 것으로서 태양의 나이를 밝혀내기 위한 계획을 이야기하기 위해
(B) 태양계에 관한 연구가 지질학에 관한 것만큼 지구의 나이를 밝혀내는 데 영향력이 있었음을 주장하기 위해
(C) 지구가 태양으로부터 계속 에너지를 받아온 엄청난 시간 길이를 설명하기 위해
(D) 지질학과 관련된 허튼의 발견이 어떻게 물리학과 천문학의 발전으로도 이어졌는지 설명하기 위해

해설 태양의 나이를 추정하고(to estimate the age of the Sun) 이를 바탕으로 지구의 나이를 계산하였으므로(Calculations with this method aged the Earth), 정답은 (A)이다.

(B)는 오답으로, 글쓴이는 태양의 나이를 측정하는 것이 지구 연대 측정에 있어 또 다른 잘못된 방법임을 지적하는 것이지(Another misguided method to find the Earth's age depended on first discovering the Sun's), 그 영향력을 주장하는 것은 아니다.

7 여섯 번째 단락에 따르면, 다음 중 어느 것이 지구 나이에 대해 가장 최근에 있었던 과학자들의 추정과 관련해 글쓴이가 언급하지 않았는가?
(A) 운석에 대한 연구로부터 이끌어 냈다.
(B) 지구의 나이에 대한 현재의 추정은 45억년이다.
(C) 태양 진화 모델에 대한 발전이 그것을 뒷받침한다.
(D) 19세기에 있었던 추정들보다 겨우 약간 더 오래된 것이다.

해설 여섯 번째 단락 마지막 부분에 (A), (B), (C)는 모두 언급이 되었지만, (D)는 잘못된 내용으로 정답이다.
어휘 draw from ~로부터 이끌어 내다 slightly 약간, 조금

8 여섯 번째 단락에서 글쓴이는 태양계 형성과 관련해 무엇을 암시하는가?
(A) 태양은 지구보다 수십억 년 전에 형성되었다.
(B) 지구에서 회수한 운석들이 태양계보다 더 오래되었다.
(C) 태양계 전체가 대략적으로 같은 시기에 형성되었다.
(D) 태양에서 가장 멀리 있는 행성들이 형성되는 데 가장 오래 걸렸다.

해설 마지막 줄에, 태양계, 그리고 그에 따라 형성된 지구는 45억년이 된 것으로 결론이 내려졌다고 하는데(It was concluded that the solar system, and thus the Earth, was 4.5 billion years old), 이는 태양계 전체가 대략적으로 같은 시기에 형성되었음을 암시하므로, 정답은 (C)이다.

9 다음 문장이 지문에 추가될 수 있는 곳을 나타내는 네 개의 네모 표기[■]를 찾아 보시오.

게다가, 5억년보다 더 오래된 고대 암석의 연속성은 식별하기 어려운데, 그것을 규정하는 특징 및 화석이 부족하기 때문이다.

위 문장은 어느 곳에 가장 적합하겠는가? 네모 표기[■]를 클릭해 지문에 이 문장을 추가하시오.

해설 잘못된 계산(miscalculation)의 첫 번째 이유(recording are missing)와 두 번째 이유(difficulty to distinguish)가 in

addition을 통해 병렬로 연결되므로 정답은 네 번째 ■이다.
세 번째는 오답으로, 여전히 알려지지 않은 정보(information still unknown)를 바로 뒷 문장(Namely, ~)에서 자세하게 설명해 주기에 이 사이에 삽입 문장이 들어갈 수 없다.

10 **설명:** 간략한 지문 요약에 필요한 도입 문장이 아래에 제공되어 있다. 지문에서 가장 중요한 개념들을 나타내는 세 가지 답안 선택지를 골라 요약 내용을 완성하시오. 일부 답안 선택지는 지문에 제시되지 않는 개념을 나타내거나 지문에서 중요하지 않은 개념들이므로 요약 내용에 속하지 않는다. **이 문제는 2점에 해당된다.**

20세기가 되기 전까지, 학자들과 과학자들은 지구의 나이는 밝혀내는 데 어려움을 겪었다.

(A) 퇴적물 기록에서 나온 증거를 활용해, 20세기 과학자들은 지구가 틀림없이 제임스 허튼이 제시한 연대보다 훨씬 오래되었을 것이라고 주장했다.
(B) 방사성 연대 측정 및 태양계에 대한 더 명확한 이해를 중심으로 한 20세기 발전은 지구 나이가 45억년이라는 것을 입증하였다.
(C) 퇴적물 기록에 대한 착오 및 태양에 관한 제한적인 지식으로 인해 과거의 추정들은 지구의 실제 나이에 비하면 사소한 수준이었다.
(D) 20세기의 운석 발견이 약 10억년 전에 형성된 태양계 연대표를 구성하는 데 도움이 되었다.
(E) 헤로도토스는 지구의 나이를 추정하기 위해 나일 강을 따라 이어진 퇴적물 층들을 활용했는데, 이는 후대에 스테노와 허튼에 의해 발전되어 지질학의 핵심 원리가 되었다.
(F) 지질학자들이 수 세기 전에 지구의 나이를 알아낼 수도 있었겠지만, 많은 퇴적물 기록이 침해되어 그 나이를 밝혀낼 수 없게 만들었다.

해설 (B), (C), (E)는 도입 문장과 연관되고, 각각 (B)는 지문 여섯 번째 단락, (C)는 네 번째와 다섯 번째 단락, 그리고 (E)는 첫 번째와 두 번째 단락에 명시되어 있는 내용으로 정답이다.
(A)는 지문과 다른 내용, (D)는 지문에 없는 내용, (F)는 지문에서 알 수 없는 내용으로, 지질학자들이 퇴적물 기록으로 지구 나이를 알아낼 가능성에 대해서는 지문을 통해 알 수 없다.
어휘 revolve around ~을 중심으로 하다, ~을 중심으로 돌다
trivial 사소한, 하찮은 construct ~을 구성하다 place one's formation 형성되다 erode 침해되다, 약화되다, 부식되다
indecipherable 해독하기 어려운

Questions 11-20

조류의 이주

조류의 이주는 고대 이후로 자연계에서 계속 관찰되어 왔지만, 과학자들은 여전히 이 현상에 대한 온전한 이해가 부족한 상태이다. 알려진 바로는 모든 새들이 이주하는 것은 아니며, 북쪽 지역에 번식지가 있는 조류 종만 더 추운 기간 중에 남쪽으로 이주할 가능성이 더 크다. 조류 이주의 이러한 측면은 충분히 쉽게 설명되는데, 겨울철의 먹이 부족과 험한 날씨로 인해 생존이 어려워지기 때문이다. 11(A)추위에 더 강한 일부 조류 종이 까다로운 북쪽 기후에 적응한 경우가 있기는 하지만, 그렇지 못한 종들은 반드시 이주해 더욱 쾌적한 환경을 찾아야 한다.

남쪽으로 날아가는 이 오랜 비행은 날씨 변화에 의해 시작될 수도 있지만, 북반구의 새들은 다른 자극에 반응해 이주를 준비하기 시작할 때가 되었음을 인식하기도 한다. 이 변화는 무의식적이며 생리적인 것이다. 예를 들어, 일부 조류 종의 경우, 12(C)낮 길이의 변화가 새들의 몸 속에서 호르몬을 방출하는

특수 샘을 활성화시킨다. 그런 다음 이 호르몬은 새들에게 고된 여행에 대비하도록 도움을 주는 추가적인 변화를 촉발시킨다. 지방이 피부 속에 축적되기 시작하면서, 필요한 여분의 에너지를 저장하게 되는데, 새들이 짧은 휴식 중에 13(D)회복할 수 있는 것보다 더 많은 칼로리를 이주 과정에서 소비하기 때문이다.

조류의 이주는 또한 일반적으로 북쪽에서 남쪽으로 향하는 경로보다 더 복잡하고 다양하게 이뤄지기도 한다. 14(D)이 여행은 남반구의 조류 종에게는 반대로 나타나는데, 겨울철 보금자리를 위해 반드시 북쪽으로 이주해야 하기 때문이다. 14(B)대륙 지역의 해안 구역을 따라 나타나는 더 온화한 기후를 찾아 동쪽으로 그리고 서쪽으로 이주하는 다른 새들도 여전히 있다. 심지어 고도에 대한 대응으로 이주가 발생되기도 하는데, 14(A)일부 조류는 겨울마다 산악 지역의 서식지에서 해발 높이가 더 낮은 곳으로 내려가기 때문이다.

조류의 이주와 관련해 가장 흥미로우면서 여전히 수수께끼로 남아 있는 측면은 새들이 어떻게 그렇게 먼 거리를 소화하면서 그렇게 15(B)정확성을 갖고 목적지에 도착할 수 있는가 하는 점이다. 새들이 이렇게 하는 방법과 관련된 몇 가지 설명이 존재한다. ■실용적이면서 오랫동안 지속되어 온 한 가지 관점은 새들이 이동 경로를 따라 육지의 지형적 특징을 활용해 여행의 방향을 잡는다고 주장한다. ■하지만, 일부 조류 종은 아주 먼 거리를 이동하기도 하고, 다른 종들은 심지어 바다를 건너기도 한다. 19■또 다른 인기 있는 이론에서는 새들이 자기장을 활용한다고 생각한다. ■미세한 자철석 조각들이 일부 종의 후각로에서 발견된 바 있으며, 전서구의 지구 자기력선 추적과 관련된 문서 기록도 많이 남아 있다.

16(D)새들이 햇빛의 편광 패턴을 감지하는 능력을 지니고 있다는 점도 가능한 이야기이다. 대기가 태양에서 나오는 일부 광파를 흡수하지만, 전부는 아니다. 17(D)이러한 대비가 하늘에 가장자리만 흐릿한 대형 나비넥타이 형태로 된 광파 패턴을 만들어낸다. 이는 하이딩거 브러쉬로 알려져 있으며, 이 효과를 발견한 물리학자의 이름을 따서 명명되었다. 그 이미지는 북쪽과 남쪽 방향을 가리키며, 해질녘에 나타난다. 새들이 이 형상을 감지하지는 못하지만, 이후에 일종의 나침반 역할을 하는 편광의 단계적 변화는 알아볼 수 있다.

과학자들은 일부 새들이 위치를 파악하기 위해 천문 항법을 이용한다는 사실도 밝혀냈다. 이 특성은 갇혀 있는 새들을 천체투영관에 넣어 놓고 투영된 북반구 밤하늘에 노출시킨 상황에서 이뤄진 일련의 연구에서 입증되었다. 모든 별은 길잡이 별, 즉 북극성을 중심으로 회전하기 때문에, 이 움직임이 올바른 방향을 찾기 위해 어떻게 위치를 정해야 하는가 하는 부분에 있어 새들을 안내하는 것으로 보였다. 하지만, 추가 실험에 따르면 새들은 단지 별들이 나타내는 움직임 그 이상을 활용한 것으로 드러났다. 새들은 북극성을 토대로 별자리 지도를 익힌 다음, 이동할 때 성좌 패턴을 찾아보는 것으로 보인다. 18(B)이후의 실험 단계에서는 천체투영관 천장의 여러 별들이 흐릿해졌을 때 새들의 방향 감각이 악화된 것으로 드러났다. 이는 천체의 패턴도 조류의 이주에 길안내를 제공한다는 생각을 뒷받침해 준다.

현재 이뤄지고 있는 대부분의 연구는 새들이 이 모든 방법들로부터 길안내 정보를 얻고 있으며 그 우선순위는 서로 다를 가능성이 크다고 주장하고 있다. 더욱이, 일부 종이 오직 한 가지 방향 안내 수단에 의존할 수도 있는 반면, 다른 새들은 다양한 시나리오 속에서 각각의 것을 통합할 지도 모른다.

[Vocabulary]

1. migration 이주 antiquity 고대 phenomenon 현상 migrate 이주하다 breeding ground 번식지 scarce 부족한 hardy 추위에 강한, 강인한 adapt to ~에 적응하다 hospitable 쾌적한

2. initiate ~을 시작하다, ~에 착수하다 stimuli 자극 automatic 무의식적인, 반사적인 physiological 생리적인 gland (분비물을 만드는) 샘, 선 trigger ~을 촉발시키다 arduous 고된 accumulate 축적되다 expend (시간, 에너지 등) ~을 소비하다, 들이다

3. reverse ~을 반대로 하다, 뒤바꾸다 continental 대륙의 altitude 고도 descend 내려가다 habitat 서식지 elevation 해발 높이

4. intriguing 아주 흥미로운 yet to do 아직 ~하지 못한 cover (이동 거리 등) ~을 소화하다, 주파하다 as to ~에 관해 pragmatic 실용적인 long-held 오랫동안 지속되어 온 navigate ~에 대한 방향을 찾다, 길을 안내하다 topographic 지형의 hold that ~라고 생각하다 exploit ~을 활용하다 magnetic fields 자기장 miniscule 미세한 fragment 조각, 파편 magnetite 자철석 olfactory tract 후각로(일종의 후각 신경 구조) homing pigeon 전서구(메시지를 전달하도록 훈련된 비둘기)

5. polarization 편광(한쪽 방향으로만 진동하는 빛의 파장) light waves 광파 blurry 흐릿한 make out ~을 알아보다 gradation 점진적 변화 act as ~의 역할을 하다 compass 나침반

6. celestial navigation 천문 항법 orient oneself 스스로 방향을 잡다 trait 특성 planetarium 천체투영관 projection 투영(된 것) position ~의 자리를 잡다 based off ~을 토대로 constellation 성좌 subsequent 이후의 worsen 악화되다 obscure ~을 흐리게 하다 celestial 천체의

7. order of priority 우선순위 incorporate ~을 통합하다, 포함하다

11 첫 번째 단락에 따르면, 조류의 이주가 발생되는 이유는 무엇인가?
(A) 일부 조류 종이 겨울 환경을 견딜 수 없기 때문에
(B) 조류 개체수가 한 지역에 너무 밀집되기 때문에
(C) 새들이 반드시 각자의 번식지로 이동해야 하기 때문에
(D) 먹이 공급원이 보충되는 데 시간이 필요하기 때문에

해설 마지막 문장에, 환경에 적응하지 못한 종들은 반드시 이주해 더욱 쾌적한 환경을 찾아야 한다고 하므로(but those that have not must migrate to seek more hospitable conditions), 정답은 (A)이다.

어휘 dense 밀집된 replenish 보충되나, 다시 채워지다

12 두 번째 단락에 따르면, 다음 중 어느 것이 계절 변화와 이주에 관해 사실인가?
(A) 이주는 기온이 떨어지기 전에 시작된다.
(B) 더 길어진 일조 기간이 이주의 시작을 알리는 신호이다.
(C) 특수 샘이 낮 길이의 변화에 반응한다.
(D) 추운 날씨가 조류의 생리적 과정들을 촉발시킨다.

해설 낮 길이의 변화가 새들의 몸 속에서 호르몬을 방출하는 특수 샘을 활성화시킨다고 하므로(changes in the length of the day activate special glands in the birds' bodies that release hormones), 정답은 (C)이다.

어휘 signal ~의 신호가 되다 prompt ~을 촉발시키다

13 해당 단락의 단어 "recover"와 의미가 가장 가까운 것은 무엇인가?
(A) 분배하다
(B) 치유하다
(C) 소비하다
(D) 모으다

해설 지문의 recover(회복하다)는 치유하다(heal)보다는 의미상 칼로리를 차츰 축적하다, 모으다는 의미에 더 가까우므로 (D) gather가 정답이다.

14 다음 중 조류의 이주 패턴에 관한 글쓴이의 설명이 언급하지 않은 것은 무엇인가?
(A) 산악 지대에서 더 낮은 곳으로의 이동
(B) 해안 지역을 찾아 동쪽 또는 서쪽으로 향하는 이주
(C) 해안 지역에서 더 따뜻한 기후로 옮기는 패턴
(D) 남반구에서 북쪽으로 가는 이주

해설 세 번째 단락에 (D), (B), (A) 순으로 언급이 되어있다. (C)는 오히려 지문과 반대되는 내용으로, 지문에는 해안을 따라 발견되는 더 온화한 지역을 찾는다고 나와있으므로(seeking the milder climates found along the coastal areas) 해안 지역이 더 따뜻하다. 따라서 정답은 (C)이다.

15 해당 단락의 단어 "accuracy"와 의미가 가장 가까운 것은 무엇인가?
(A) 꾸준함
(B) 정확성
(C) 연습, 실행, 관례
(D) 배치, 준비, 조정

해설 지문의 accuracy(정확성)와 precision(정확성)은 동의어로 정답은 (B)이다.

16 글쓴이가 지문에서 편광 패턴과 관련해 암시하는 것은 무엇인가?
(A) 가운데가 분리되어 있다.
(B) 자기력을 발산한다.
(C) 햇빛을 흡수한다.
(D) 밤에는 감지되지 않는다.

해설 햇빛 속에 편광 패턴을 감지하므로(birds have the ability to detect polarization patterns in sunlight), 밤에는 감지되지 않음을 유추할 수 있다. 따라서 정답은 (D)이다.

어휘 emit ~을 발산하다, 내뿜다

17 글쓴이는 왜 하이딩거 브러쉬를 언급하는가?
(A) 흐릿한 이미지를 정의하기 위해
(B) 한 가지 개념에 반박하기 위해
(C) 한 과학자를 확인해 주기 위해

(D) 한 가지 모델을 설명하기 위해

해설 지문에서, 하늘에 가장자리가 흐릿한 대형 나비넥타이 형태로 된 광파 패턴이 생기며, 이것이 하이딩거 브러쉬라고 하는데(This contrast creates a pattern of light waves in the sky in the form of a large bowtie with blurry ends. It is known as Haidinger's brush), 이는 하나의 광파 패턴 모델을 설명하는 것이므로 정답은 (D)이다.

18 다음 문장들 중 어느 것이 지문의 하이라이트 표기된 문장에 담긴 핵심 정보를 가장 잘 표현하는가? 오답 선택지는 중요한 방식으로 의미를 변경하거나 핵심 정보를 배제한다.

이후의 실험 단계에서는 천체투영관 천장의 여러 별들이 흐릿해졌을 때 그 새들의 방향 감각이 악화된 것으로 드러났다.
(A) 밤하늘에 관찰 가능한 별들이 더 많았을 때 이주 과정에서 새들의 방향 감각이 향상되었다.
(B) 실험 중에 방향을 잡기 위한 별들이 더 적었을 때, 새들이 정확히 방향을 찾는 능력이 떨어졌다.
(C) 천체투영관 천장에 더 적게 나타난 별들을 활용한 새들이 정확한 방향을 찾는 데 더 큰 어려움을 겪었다.
(D) 천체투영관 천장에 보이는 별들의 숫자를 감소시킴으로써 실험이 실패를 반복했다.

해설 하이라이트 문장의 the birds' sense of direction worsened는 보기 (B)의 they were less able to do so correctly로, when several stars were obscured on the planetarium ceiling은 When the birds had fewer stars to orient themselves with during the experiment로 패러프레이징이 되어 (B)가 정답이다.

19 다음 문장이 지문에 추가될 수 있는 곳을 나타내는 네 개의 네모 표기[■]를 찾아 보시오.

이들이 오직 지형 하나만을 토대로 해서 이 여행들을 해낼 수 있다는 건 불가능한 일이다.

위 문장은 어느 곳에 가장 적합하겠는가? 네모 표기[■]를 클릭해 지문에 이 문장을 추가하시오.

해설 제시된 삽입 문장의 these trips는 travel great distances, cross oceans를 나타내므로, 세 번째 ■가 정답이다.

어휘 feasible 실행 가능한 based off ~을 토대로

20 **설명:** 간략한 지문 요약에 필요한 도입 문장이 아래에 제공되어 있다. 지문에서 가장 중요한 개념들을 나타내는 세 가지 답안 선택지를 골라 요약 내용을 완성하시오. 일부 답안 선택지는 지문에 제시되지 않는 개념을 나타내거나 지문에서 중요하지 않은 개념들이므로 요약 내용에 속하지 않는다. **이 문제는 2점에 해당된다.**

새들이 계절적 이주 중에 성공적으로 길을 찾는 능력은 여러 가지 방법에 의해 설명될 수 있다.
(A) 날씨 및 낮 길이를 포함한 계절 변화는 이주를 준비하는 새들의 신체 변화를 활성화시킨다.
(B) 이주는 주로 생존 기술의 하나인데, 새들이 먹이를 찾고 혹독한

겨울 날씨를 피하기 위해 반드시 북쪽 지역을 떠나야 하기 때문이다.

(C) 조류의 이주는 또한 해안 지역을 찾아 동서 방향으로 그리고 산악 지역에서 벗어나는 방식으로도 발생된다.

(D) 이주 경로를 따라 존재하는 단서와 주요 지형지물들이 새들에게 길을 찾도록 할 수 있지만, 이들이 소화하는 아주 먼 거리를 감안하면 그 가능성이 낮다.

(E) 새들은 햇빛의 편광 패턴에 나타나는 단계적 변화를 감지함으로써 방향을 결정할 수도 있다.

(F) 성좌 및 기타 천체 패턴들이 여행해야 하는 방향으로 위치를 파악하도록 새들에게 도움을 준다.

해설 (D), (E), (F)는 도입 문장과 연관되고, 각각 지문 네 번째, 다섯 번째, 그리고 여섯 번째 단락에 명시되어 있는 내용으로 정답이다. (A), (B), (C)는 모두 지문에 있는 내용이지만, 길을 찾는 다양한 능력에 초점을 맞추는 도입 문장을 고려할 때 오프 토픽이다.

Listening

ANSWERS

Part 1	**1.** (B)	**2.** (B)	**3.** (A)(B)	**4.** (A)	**5.** (D)	
	6. (A)	**7.** (B)	**8.** (C)	**9.** (C)	**10.** (B)	**11.** (A)
	12. (B)	**13.** (C)	**14.** (A)	**15.** (C)	**16.** (D)	**17.**

17.

	Yes	No
Jewelry	X	
Agriculture		X
Warfare	X	
Trade	X	
Architecture		X

Part 2	**1.** (B)	**2.** (C)	**3.** (B)	**4.** (D)	**5.** (D)
	6. (D)	**7.** (C)	**8.** (A)	**9.** (B)	**10.** (C)	**11.** (A)(C)

PART 1

Questions 1-5

English	Korean
Listen to a conversation between a student and a professor.	한 학생과 교수 사이의 대화를 들으시오.
S: Excuse me, Professor Hayes. Do you have a minute?	학생: 실례합니다, 헤이즈 교수님. 잠깐 시간 있으세요?
P: My office hours are until 4 o'clock, ^{5(D)}so come on in. How are you?	교수: 제 연구실 시간이 4시까지니, ^{5(D)}들어오세요. 잘 지내고 있나요?
S: I'm OK. I've really been enjoying our class. Latin American history is fascinating.	학생: 저는 잘 지내고 있습니다. 수업을 정말로 즐겁게 듣고 있습니다. 라틴 아메리카의 역사가 대단히 흥미로워요.
P: I'm glad to hear that. Latin America in the 19th century was a vibrant stage for the ideals of freedom and liberty. And each country had its own unique path to independence.	교수: 그 얘기를 들으니 기쁘네요. 19세기 라틴 아메리카는 자유와 해방이라는 이상을 위한 활기 넘치는 무대였죠. 그리고 각 국가가 독립을 향한 독자 노선을 구축하고 있었습니다.
S: ^{1(B)}Well, that's kind of what I wanted to talk about. Every student needs to give a presentation about a different country…how it moved toward independence…how it was achieved. Mine's coming up in a few weeks.	학생: ^{1(B)}저, 그게 바로 제가 얘기하고 싶었던 부분인데요. 모든 학생이 서로 다른 한 국가에 관해 발표를 해야 하는데… 그러니까 어떻게 독립을 향해 나아 갔는지… 그리고 그것이 어떻게 달성되었는지를요. 제 발표가 몇 주 뒤로 다가오고 있어서요.
P: Right. What country were you assigned?	교수: 맞아요. 어느 국가를 맡게 되었죠?
S: Brazil. But, the thing is…I don't know anything about Brazilian independence. And so far, our class has been more focused on Central America.	학생: 브라질입니다. 하지만, 문제는… 제가 브라질의 독립과 관련해서 전혀 아는 게 없습니다. 그리고 지금까지, 수업은 중앙 아메리카에 더 많이 초점을 맞춰 왔고요.
P: I see why you're concerned. And don't worry. We'll start discussing South American countries next week. And, this might sound ridiculous, ^{2(B)}but you're actually lucky. Brazil has a rich and interesting history regarding its independence. Your presentation is sure to keep our attention!	교수: 왜 우려하고 있는지 알겠네요. 하지만 걱정하지 마세요. 다음 주에 남미 국가들에 관해 이야기하기 시작할 겁니다. 그리고, 우습게 들릴지 모르겠지만, ^{2(B)}사실 운이 좋네요. 브라질은 자국의 독립과 관련해 풍성하고 흥미로운 역사를 지니고 있습니다. 학생의 발표가 우리의 관심을 붙잡아 둘 것을 확신해요.
S: That's good to know. But, like I said, I don't even know where to begin. I'll have to do so much research…	학생: 그렇게 말씀하시니 다행이네요. 하지만, 말씀드렸듯이, 심지어 어디서부터 시작해야 할지도 모르겠습니다. 조사를 아주 많이 해야 할 거예요…

59

P: Well, sure…but thorough research is part of the assignment. See, the thing is, [2(B)]an effective presentation will teach the audience everything they need to know about a topic. The basics, mainly. But, sometimes, the presenter might skip a key detail, because they're too comfortable with the subject material.

S: That sounds like a good thing.

P: And then lose your audience? No…no. As you learn about your topic, just find all the main points that you need to know. By learning about it yourself – putting the pieces together – you'll actually be preparing the layout of your presentation too.

S: And then it will be like we're learning together.

P: Exactly! That's the idea.

S: Well, I suppose that makes me feel a little better about the task. I thought I was in over my head.

P: Keep in mind, your fellow students are in the same boat. So don't worry too much.

S: Umm…but, the other thing is, I'm not the best public speaker. I don't know how to give a good presentation.

P: Just like anything else, presenting is a skill that you need to learn. There are a couple of things to keep in mind. First of all, remember to talk to your audience – don't just read an essay. Use index cards, but don't look at them too much.

S: But, if I have notecards, I can't help but read from them.

P: [3(B)]Then just write keywords…avoid writing full sentences. [3(A)]Making eye contact is vital for staying engaged with your audience.

S: What about visual aids?

P: Well, I expect everyone to make an accompanying slideshow. Sometimes students write too much on the slides. And…that's definitely not the way to do it. Nobody wants to see a wall of text.

S: [4(A)]So, I should only include graphics?

P: That would be great. Maps, especially, are always helpful. They really make presentations easier to follow. When discussing history, maps provide a much-needed visual context.

교수: 음, 당연하죠… 하지만 철저한 조사는 과제의 일부입니다. 그러니까, 중요한 건, [2(B)]주제와 관련해서 청중이 알아야 하는 모든 것을 가르쳐 주는 게 효과적인 발표입니다. 대체로 기본적인 것들이죠. 하지만, 때때로, 발표자가 핵심적인 세부 사항을 건너뛸 수도 있는데, 청중이 해당 주제 내용에 대해 너무 쉽게 느끼기 때문이죠.

학생: 좋은 말씀이신 것 같아요.

교수: 그러고 나면 청중을 잃게 될까요? 아뇨… 그렇지 않아요. 주제 내용에 관해 배울 때 알아 두어야 하는 모든 요점들을 찾아야만 합니다. 직접 그 내용에 관해 배움으로써, 즉 모든 조각들을 하나로 맞춤으로써, 실제로 발표의 구성까지 준비하게 되는 것입니다.

학생: 그렇게 하고 나면 우리 모두가 함께 배우게 되는 것과 마찬가지겠네요.

교수: 그렇죠! 바로 그겁니다.

학생: 음, 말씀을 듣고 나니까 제 과제에 대해서 조금은 더 좋게 생각되는 것 같아요. 제가 감당할 수 없을 것 같았거든요.

교수: 명심해야 하는 점은, 동료 학생들도 같은 입장에 있다는 겁니다. 그러니까 너무 많이 걱정하지 말아요.

학생: 음… 하지만, 또 다른 문제는, 제가 사람들에 앞에서 말을 아주 잘 하지 못합니다. 발표를 잘 하는 방법을 모르겠어요.

교수: 다른 어떤 일이든 마찬가지로, 발표도 배워 둬야 하는 하나의 기술입니다. 몇 가지 명심해야 하는 것들이 있어요. 가장 먼저, 청중을 보고 얘기해야 한다는 점, 그래서 단순히 에세이 내용을 읽지 말아야 한다는 점을 기억해 두세요. 색인 카드를 활용하되, 너무 많이 보진 마세요.

학생: 하지만, 메모 카드가 있다면, 그걸 읽을 수밖에 없잖아요.

교수: [3(B)]그럼 키워드들만 적어 놓고… 모든 문장을 써 놓는 걸 피하세요. [3(A)]시선을 맞추는 게 청중과 관계를 유지하는 데 필수적입니다.

학생: 시각 자료는 어떤가요?

교수: 음, 저는 모두가 슬라이드쇼를 동반할 거라고 예상하고 있어요. 때로는 학생들이 슬라이드에 너무 많은 내용을 써 놓기도 하죠. 그런데… 절대로 그런 방식으로 하지 말아야 합니다. 글자로 빼곡한 벽면을 보고 싶어 하는 사람은 아무도 없습니다.

학생: [4(A)]그럼, 제가 그래픽 자료만 포함하면 될까요?

교수: 그렇게 하면 아주 좋겠죠. 특히, 지도는 언제나 유용합니다. 정말 발표를 더욱 쉽게 이해하도록 만들어 주죠. 역사에 대해 논할 때, 지도는 꼭 필요한 시각적 맥락을 제공합니다.

[Vocabulary]

fascinating 대단히 흥미로운, 매력적인 vibrant 활기 넘치는, 생동감 있는 ideal 이상 unique path 독자 노선, 유일 경로 assign A B A에게 B를 배정하다 keep one's attention ~의 관심을 붙잡아 두다 thorough 철저한 assignment 과제, 할당된 일 layout 구성, 구획, 배치 task 과제, 일 in over one's head ~에게 버거운 keep in mind 명심하다 index card 색인 카드 can't help but do ~할 수 밖에 없다 stay engaged with ~와 관계를 유지하다 visual aids 시각 자료 accompanying 동반하는 context 맥락, 전후 관계

1 학생은 왜 교수를 방문하는가?

(A) 발표에 필요한 일부 자료를 검토해 보기 위해

(B) 발표를 준비하는 데 도움을 받기 위해

(C) 더 늦은 발표 날짜를 요청하기 위해

(D) 발표 점수에 관해 물어보기 위해

해설 도입부에서 학생은 자신의 발표에 관해 이야기하고 싶다고 하면서, 이후 발표 준비와 관련하여 문의를 하므로, 정답은 (B)이다.

어휘 go over ~을 검토하다 resource 자료, 재료, 자원

2 교수는 왜 학생에게 운이 좋다고 말하는가?

(A) 마감일까지 시간이 넉넉하다.

(B) 다뤄야 하는 주제가 흥미롭다.

(C) 같은 수강생과 함께 작업하게 될 것이다.

(D) 이미 일부 조사를 완료했다.

해설 교수는 학생에게 운이 좋다고 말하면서, 브라질 관련 주제가 흥미롭고 청중의 관심을 붙잡을 것이라고 하므로, 정답은 (B)이다.

어휘 due date 마감일 cover (주제 등) ~을 다루다

3 교수가 메모 카드와 관련해 제기하는 사항은 무엇인가?

2개의 답변을 클릭하시오.

(A) 학생들이 너무 많이 보지 말아야 한다.

(B) 학생들이 오직 키워드만 써 놓아야 한다.

(C) 학생들이 사용하는 것을 피해야 한다.

(D) 학생들이 완전히 작성해도 된다.

해설 교수는 키워드들만 적어 놓고, 시선은 청중과 맞추도록 하라고 알

려주므로, 정답은 (A), (B)이다.

어휘 bring up (화제 등) ~을 제기하다, 꺼내다 fill out ~을 작성하다 completely 완전히

4 교수가 지도와 관련해 암시하는 것은 무엇인가?

(A) 학생이 발표 내용에 포함해야 한다고 생각하고 있다.

(B) 학생에게 그 안의 정보에 더 많은 주의를 기울이기를 원하고 있다.

(C) 학생이 하나 포함한 것에 대해 깊은 인상을 받았다.

(D) 주제와 관련해 배우는 데 있어 학생에게 도움이 될 거라고 생각하고 있다.

해설 대화 마지막에서 교수는 학생이 포함해야 할 그래픽 자료 중 하나로 지도의 유용성을 강조하고 있다. 따라서 정답은 (A)이다.

5 대화의 일부를 다시 들으시오. 그런 다음, 질문에 답하시오.

학생: 실례합니다, 헤이즈 교수님. 잠깐 시간 있으세요?

교수: 제 연구실 시간이 4시까지니, 들어오세요. 잘 지내고 있나요?

교수가 다음과 같이 말할 때 무엇을 의미하는가? "제 연구실 시간이 4시까지니"

(A) 학생에게 나중에 방문하기를 원하고 있다.

(B) 곧 나가 봐야 한다.

(C) 학생의 요청에 짜증스러워하고 있다.

(D) 이야기할 시간이 난다.

해설 교수가 들어오라고 한 후, 일상에 대해 물어보는 것을 볼 때(so come on in. How are you?), 정답은 (D)이다.

어휘 irritated 짜증스러운, 신경이 거슬리는 available 시간이 나는

Questions 6-11

Listen to part of a lecture in a geology class.

P: Today, we'll continue with our discussion of minerals. As we saw yesterday, with the various samples we observed, the physical characteristics of a mineral aren't always enough for identification. The same mineral can manifest in distinct colors, and different types could share the same color. Umm…We saw this with the quartz and garnet samples. And, it goes without saying, minerals come in all different sizes and shapes. [6(A)]So, how can we identify different types of minerals?

S: Umm…by their hardness?

P: That's right, Tim. And, maybe you remember from your reading…what exactly do we mean by hardness, in this case?

S: Umm…well, with the test we read about the Mohs Hardness Scale, "hardness" means the resistance a material has to being scratched.

지질학 수업의 강의 일부를 들으시오.

교수: 오늘, 우리는 광물에 관한 이야기를 계속해 보도록 하겠습니다. 우리가 관찰한 다양한 샘플들을 통해 어제 확인한 바와 같이, 한 광물의 물리적 특징들이 그 식별 과정에서 항상 충분히 존재하지는 않습니다. 동일한 광물이 뚜렷이 다른 색을 나타낼 수도 있고, 서로 다른 종류가 동일한 색을 공유할 수도 있습니다. 음… 우리는 석영과 석류석 샘플을 통해 이를 확인했습니다. 그리고, 두말할 필요도 없이, 광물은 모두 다른 크기와 형태로 나타납니다. [6(A)]그럼, 우리는 어떻게 서로 다른 종류의 광물을 식별할 수 있을까요?

학생: 음… 경도를 통해서 할 수 있지 않나요?

교수: 맞습니다, 팀. 그리고, 아마 교재에서 읽은 내용이 기억날지 모르겠지만… 이 경우에 있어, 경도가 의미하는 것이 정확히 무엇인가요?

학생: 음… 그러니까, 저희가 읽어 본 테스트 방법, 즉 모스 경도계에 의하면, "경도"란 광물이 흠집이 나는 것에 대해 지니고 있는 저항력을 의미합니다.

P: Good, the resistance to being scratched. So, in 1812, before there was a clear system for identifying minerals, German mineralogist Friedrich Mohs introduced a scale. We now know it as the Mohs Hardness Scale, as you mentioned. It's a simple, if inexact, test…[7(B)]umm…that's based on comparisons. So, it's a relative scale. Mohs selected ten minerals that ranged in demonstrable hardness. The softest was talc, and the hardest was diamond. And, aside from diamond, each mineral is common, which helped the scale catch on. The minerals are assigned a number— so talc is 1, the softest, and a diamond is 10. Let's see…for other values, fluorite is 4, apatite is 5… But anyways, to the point… To determine the hardness of an unidentified mineral, you simply scratch it with the samples in a Mohs Hardness Scale kit. If, for example, talc can't scratch your sample, but it is scratched by calcite, at 3, then its hardness must be a 2. So it could be gypsum, or a mineral with similar hardness.

S: I see how it's relative…but I'm not familiar with most of these minerals. I don't know how hard they are…

P: Well, the hardness of common items can also be represented on the Mohs Hardness Scale. Your fingernail is around 2.5, and glass sits around the middle with a value of 5.5. So, that should give you an idea. Now, the procedure is very simple. [8(C)]In fact, its simplicity is probably one of the reasons why the Mohs scale remains as popular as it is, even with the development of other tests. All you have to do is locate a smooth, unscratched surface on your unknown specimen. Hold it firmly or place it on a flat surface…though you probably don't want to be using fine furniture for this. A workbench or piece of cardboard would be best. Then press a point of your known sample into the unknown one and, with consistent pressure, drag the point across the specimen. Brush away any mineral fragments to check if a scratch was produced. If there's a groove cut into the surface, then it's a scratch, and your unknown is softer than your test mineral. If there isn't a scratch, then it's harder. It's as simple as that. Then you move on to your second test…. the third…and so on.

S: How do you know how hard to press?

P: [11(A)]Just don't be timid! If you don't press hard enough, you might not get accurate results. They're just minerals…so don't worry about damaging them…unless you're testing the hardness of your mother's fine china…

S: It's easy, but it doesn't sound very precise…

P: You're right, and there are other tests that can give more exact data. For example, the mineral corundum…with a rating of 9…and diamond…at 10, only differ by 1 on the Mohs scale. But…umm… diamonds are actually much harder than corundum, by about four times. This is measured through another test –the Vickers scale – which instead of resistance to scratching, tests resistance to indentation from

교수: 좋습니다, 흠집이 나는 것에 대한 저항력이죠. 자, 광물 식별에 필요한 명확한 체계가 존재하기 전인, 1812년에, 독일의 광물학자 프리드리히 모스가 도입했습니다. 방금 언급한 바와 같이, 현재 우리가 모스 경도계로 알고 있는 것이죠. 정밀하진 않지만, 간단한 테스트 방법으로서… [7(B)]음… 비교를 기반으로 합니다. 그러니까, 상대적인 등급 체계인 거죠. 모스는 입증할 수 있는 경도 범위에 해당되는 10개의 광물을 선정했습니다. 가장 무른 것이 활석이었고, 가장 단단한 것은 다이아몬드였습니다. 그리고, 다이아몬드를 제외하면, 각 광물은 흔한 것이기 때문에 이 등급 체계가 인기를 얻는 데 도움이 되었습니다. 이 광물들에게는 번호가 부여되어 있기 때문에, 가장 무른 활석은 1, 그리고 다이아몬드는 10입니다. 어디 보자… 다른 값으로는, 형석이 4, 인회석이 5입니다… 하지만 어쨌든, 핵심으로 돌아가서… 미확인 광물의 경도를 결정하기 위해서는, 단순히 모스 경도계 세트의 샘플들로 긁어 보면 됩니다. 예를 들어, 만일 활석은 어떤 샘플에 흠집을 내지 못하는데 경도가 3인 방해석에 의해 흠집이 생긴다면, 그것의 경도는 분명 2입니다. 따라서 그것은 석고일 수도 있고, 또는 유사한 경도를 지닌 광물일 수 있는 거죠.

학생: 어떻게 관련되어 있는지 알겠지만…저는 이 광물들 대부분에 대해 잘 알지 못합니다. 얼마나 단단한 지 모르죠…

교수: 음, 일반적인 물체들의 경도도 모스 경도계로 나타낼 수 있습니다. 사람의 손톱은 약 2.5이고, 유리는 5.5의 값으로 중간 정도에 해당됩니다. 그럼, 이제 이해하는 데 도움이 될 겁니다. 자, 이 절차는 매우 간단합니다. [8(C)]실제로, 이러한 간단함이 아마 다른 테스트 방법들이 개발되었음에도 불구하고 그 인기를 여전히 유지하고 있는 이유들 중 하나일 겁니다. 미지의 표본에서 매끈하고 긁히지 않은 표면을 찾아내기만 하면 되는 거죠. 꽉 붙잡고 있거나 평평한 바닥에 놓으면 되긴 하지만… 아마 이 작업을 위해 좋은 가구를 이용하고 싶진 않을 겁니다. 작업대나 판지가 있으면 가장 좋겠죠. 그런 다음, 알고 있는 샘플의 뾰족한 부분을 미지의 샘플에 바짝 댄 다음, 지속적인 압력을 가하면서, 해당 표본을 가로질러 뾰족한 부분으로 긋습니다. 흠집이 만들어졌는지 확인할 수 있도록 모든 광물 조각들을 털어 버립니다. 표면에 파여진 홈이 존재한다면, 흠집이 생긴 것이며, 해당 미지의 샘플은 테스트용 광물보다 더 무른 것입니다. 흠집이 있지 않다면, 더 단단한 것이죠. 이 정도로 간단합니다. 그런 다음, 2차 테스트로 넘어 가고… 다시 3차로… 계속 그렇게 진행하면 됩니다.

학생: 얼마나 세게 눌러야 하는지 어떻게 알죠?

교수: [11(A)]소심하지 않게만 하면 됩니다! 충분히 세게 누르지 않으면, 정확한 결과물을 얻지 못할 지도 모릅니다. 이것들은 그저 광물이기 때문에… 손상시키는 것을 걱정하지 마세요… 어머니께서 소장하고 계신 훌륭한 도자기의 경도를 테스트하는 게 아니라면 말이죠…

학생: 쉽긴 한데, 그렇게 정확한 것 같진 않아요…

교수: 맞습니다, 그리고 더 정확한 데이터를 제공할 수 있는 다른 테스트 방법들도 있습니다. 예를 들어, 강옥석이라는 광물은… 등급이 9이고… 다이아몬드가… 10이니까, 모

a stylus under specific amounts of pressure. [9(C)]But, remember… both tests operate on the same principle: the resistance of atoms to being dislodged from their positions against the surface of a mineral specimen.

S: [10(B)]So, if diamonds are the hardest mineral… then that must be why they are so valuable?

P: Well, two things: diamond is just the hardest on these scales…umm…harder minerals exist. Second, that would be a compelling explanation for their value, but actually, no. Diamonds are rare…well, sort of… and yes, they are remarkably hard. But their value doesn't have much to do with it. [10(B)]Their value is just the result of aggressive market manipulation on behalf of mining companies, especially the de Beers cartel…plus some exceedingly effective advertising.

스 경도계상에서 1 밖에 차이가 나지 않네요. 하지만… 음… 다이아몬드가 실제로는 약 네 배 차이로 강옥석보다 훨씬 더 단단합니다. 이는 또 다른 테스트 방법인 비커스 경도계를 통해 측정된 것인데, 이 방법은 흠집에 대한 저항력 대신 특정 수준의 압력 하에서 뾰족한 침이 누르는 눌린 자국에 대한 저항력을 테스트합니다. [9(C)]하지만, 기억해 둬야 하는 점은… 두 테스트 방법 모두 동일한 원리로 작용한다는 것인데, 광물 표본의 표면에 대해 원래의 자리에서 이탈하는 원자들의 저항력입니다.

학생: [10(B)]그럼, 다이아몬드가 가장 단단한 광물이라면… 그것 때문에 그렇게 귀중한 게 틀림없겠죠?

교수: 음, 두 가지를 말씀드릴 수 있습니다. 다이아몬드는 단지 이 경도계상에서 가장 단단한 것이며… 음… 더 단단한 광물도 존재합니다. 두 번째, 방금 한 말이 다이아몬드의 가치에 대한 설득력 있는 설명일 수 있지만, 실제로는, 그렇지 않습니다. 다이아몬드는 희귀하죠… 음, 그런 편이죠… 그리고 네, 놀라울 정도로 단단합니다. 하지만 다이아몬드의 가치는 이것과 큰 관련이 없습니다. [10(B)]그 가치는 광업 회사들, 특히 드비어스 기업 연합을 위한 공격적인 시장 조작, 이에 더해 일부 대단히 효과적인 광고에 따른 결과일 뿐입니다.

[Vocabulary]

mineral 광물 manifest 나타나다, 보여지다 distinct 뚜렷이 다른 quartz 석영 garnet 석류석 resistance 저항(력) scratch ~을 긁다, ~에 흠집을 내다 mineralogist 광물학자 scale 등급 체계 comparison 비교 relative 상대적인 range in ~의 범위에 해당되다 demonstrable 입증할 수 있는 talc 활석 aside from ~을 제외하고 catch on 인기를 얻다, 유행하다 assign A B A에게 B를 부여하다 value 값, 가치, 값어치 fluorite 형석 apatite 인회석 unidentified 미확인된 calcite 방해석 gypsum 석고 specimen 표본, 견본 consistent 지속적인 fragment 조각, 파편 groove cut 파인 홈 timid 소심한, 용기 없는 fine china 훌륭한 도자기 precise 정확한 corundum 강옥석 rating 등급, 순위 measure ~을 측정하다 indentation 압흔, 눌린 자국 stylus 뾰족한 침, 바늘 principle 원리 atom 원자 dislodge ~을 이탈시키다, 제자리에서 벗어나게 만들다 compelling 설득력 있는 market manipulation 시세 조작 on behalf of ~을 위한, ~을 대신해 cartel 기업 연합 exceedingly 대단히, 극도로

6 강의는 주로 무엇에 관한 것인가?
(A) 광물 식별 방식
(B) 서로 다른 광물의 비교
(C) 광물 유형의 분류
(D) 광물학의 역사

해설 교수는 도입부에서, 어떻게 서로 다른 종류의 광물을 식별할 수 있을까란 질문을 던지고 이에 대한 방식으로 모스 경도계에 대해 설명을 한다. 따라서 정답은 (A)이다.

어휘 classification 분류 mineralogy 광물학

7 교수의 말에 따르면, 프리드리히 모스는 왜 자신의 경도계에서 활석을 이용했는가?
(A) 흔하지 않은 광물이다.
(B) 유난히 무르다.
(C) 식별하기 어렵다.
(D) 이용하기 비싸지 않다.

해설 모스의 테스트 방법은 상대적 비교에 기반을 하는데, 활석이 가장 무르기에, 정답은 (B)이다.

어휘 exceptionally 유난히, 이례적으로

8 모스 경도계에 관해 무엇을 유추할 수 있는가?
(A) 더욱 발전된 테스트 방법들로 인해 무관한 존재가 되었다.
(B) 새로운 샘플 광물들이 애초에 모스가 선택한 것을 대체했다.
(C) 다른 유사 테스트 방법들보다 실행하고 적용하기가 더 간단하다.
(D) 정확한 결과물에 이르기까지 폭넓은 훈련을 필요로 한다.

해설 모스 경도계의 간단함이 다른 테스트 방법들이 개발되었음에도 불구하고 그 인기를 여전히 유지하고 있는 이유들 중 하나라고 하므로, 정답은 (C)이다.

어휘 irrelevant 무관한 substitute A for B A가 B를 대체하다 conduct 실행하다 extensive 폭넓은

9 교수의 말에 따르면, 모스 경도계와 비커스 경도계의 공통점은 무엇인가?
(A) 강옥석의 경도에 대해 동일한 값을 제공한다.
(B) 둘 모두 상대적인 등급 체계를 기반으로 한다.
(C) 둘 모두 이동되는 원자들의 저항력을 측정한다.
(D) 둘 모두 광물뿐만 아니라 가정용품에도 적용될 수 있다.

해설 두 테스트 방법 모두, 원래의 자리에서 이탈하는 원자들의 저항력

이라는 동일한 원리가 작용되므로, 정답은 (C)이다.

어휘 　apply ~을 적용하다　household items 가정용품

10 교수는 왜 드비어스 기업 연합 같은 광업 회사들을 언급하는가?
(A) 모스 경도계의 유용성을 강조하기 위해
(B) 다이아몬드가 왜 그렇게 비싼지 설명하기 위해
(C) 경도가 가치와 어떻게 관련되어 있는지 설명하기 위해
(D) 다이아몬드 시장의 역사를 이야기하기 위해

해설 학생이 다이아몬드 가치가 높은 이유가 단단함 때문인지 묻자, 교수는 드비어스 기업 연합 같은 광업 회사들의 시장 조작과 광고 때문이라고 한다. 따라서 정답은 (B)이다.

어휘 　emphasize ~을 강조하다　illustrate (예시 등을 통해) ~을 설명하다

11 강의의 일부를 다시 들으시오. 그런 다음, 질문에 답하시오.

교수: 흠집이 있지 않다면, 더 단단한 것이죠. 이 정도로 간단합니다. 그런 다음, 2차 테스트로 넘어 가고… 다시 3차로… 계속 그렇게 진행하면 됩니다.

학생: 얼마나 세게 눌러야 하는지 어떻게 알죠?

교수: 소심하지 않게만 하면 됩니다! 충분히 세게 누르지 않으면, 정확한 결과물을 얻지 못할 지도 모릅니다.

교수는 왜 다음과 같이 말하는가? "소심하지 않게만 하면 됩니다!"

(A) 학생들에게 해당 테스트를 실시할 때 세게 누르도록 권하기 위해
(B) 수업에 더 잘 참여하지 않는 것에 대해 학생들을 비판하기 위해
(C) 한 학생이 테스트 중에 저지른 실수를 지적하기 위해
(D) 해당 주제와 관련된 개인적인 경험을 공유하기 위해

해설 소심하지 않게 하면 된다고 하며 부연 설명으로 충분히 세게 누르지 않으면 안 된다고 하므로, 정답은 (A)이다.

Questions 12-17

Listen to part of a lecture in an archaeology class.

As we've discussed with other cultures, the discovery of metal is a critical step for a developing civilization. [13(C)]Unlike stone… or bone…metal can be molded into any shape. Furthermore, it is significantly more durable than either material. Bronze, which you should know is a mixture of copper and tin, was the first metal widely used by early peoples. Umm…and other cultures around Europe had access to it by 4000 BC. Ireland, however, was more isolated. This technology didn't arrive until around 2000 BC, with settlers from France, the umm…part of the Bell Beaker culture. Umm…but, though late, the settlers, with their knowledge of bronze-working, merged their culture with that of the Neolithic Irish, [12(B)]which resulted in the Irish Bronze Age. A diverse range of archaeological discoveries have told us plenty about this fascinating and skilled civilization.

The Irish Bronze Age dates from roughly 2500 BC to 500 BC. As the name implies, it's defined by its plethora of innovative metalworking techniques, which we can see in the artifacts discovered around Ireland. And, this is important, because there isn't much in the way of…written records… umm…recorded history, from this period. But, a lot of it has been pieced together from the…generous archaeological evidence that has been discovered…especially in the past few decades. These discoveries include domestic sites—homes, campsites— various ritual monuments, [14(A)]and umm…what we refer to as sacred landscapes. These were bogs, caves, even mountain tops, which would be used for communal activities. And, fortunately for us, one of those activities was the burying of great hoards of weapons, jewelry, and tools—all examples of the culture's exemplary metalworking skills.

But let's take a closer look at some of these different archaeological discoveries. So, one of the most interesting finds from umm…the domestic context, is the fulacht fiadh.

고고학 수업의 강의 일부를 들으시오.

다른 문화권들과 함께 이야기한 바와 같이, 금속의 발견은 문명 사회 발전에 있어 하나의 중대한 단계입니다. [13(C)]돌… 또는 뼈와 달리…금속은 어떤 모양으로도 주조할 수 있습니다. 게다가, 두 물질들보다 훨씬 더 내구성이 뛰어납니다. 구리와 주석의 합금이라는 사실을 여러분이 알아야 하는 청동은 초기 인류에 의해 널리 쓰인 첫 번째 금속이었습니다. 음… 그리고 유럽 곳곳의 다른 문화권에서는 기원전 4000년경에 이 금속을 이용할 수 있었습니다. 하지만, 아일랜드는 더 고립되어 있었죠. 이 기술이 음… 벨 비커 문화의 일부로 프랑스에서 온 정착민들과 함께 기원전 2000년쯤에서야 도착했습니다. 흠… 하지만, 시기가 늦었음에도 불구하고, 청동 가공 지식을 갖추고 있던 그 정착민들은 자신들의 문화를 아일랜드 신석기 문화와 결합했으며, [12(B)]그 결과 아일랜드 청동기 시대가 탄생되었습니다. 아주 다양한 고고학적 발견물을 통해 우리는 이 대단히 흥미로운 고도의 문명에 관해 많은 것을 알게 되었습니다.

아일랜드 청동기 시대는 그 시기가 대략 기원전 2500년부터 기원전 500년까지 거슬러 올라 갑니다. 이 명칭에서 알 수 있듯이, 이 시대는 혁신적인 금속 가공 기술의 과잉으로 정의되며, 이는 우리가 아일랜드 곳곳에서 발견된 인공 유물을 통해 확인할 수 있습니다. 그리고, 이것이 중요한 이유는, 이 시대의 문자화된 기록… 음… 기록된 역사라고 할 만한 것이 많지 않기 때문입니다. 하지만, 그 역사의 많은 부분이 짜 맞춰져 있는데… 특히 지난 수십 년 동안 발견된… 풍부한 고고학적 증거에서 비롯되었습니다. 이러한 발견물에 포함되는 것으로 주거지와 야영지 같이 가사가 이뤄진 장소들, 다양한 종교 의식 기념물, [14(A)]그리고 음… 우리가 신성한 장소라고 일컫는 곳이 있습니다. 이곳들은 공동체 활동을 위해 이용되었을 만한 소택지, 동굴, 심지어 산봉우리에까지 이르렀습니다. 그리고, 우리에게 다행스럽게도, 그러한 활동들 중 하나가 아주 많은 무기와 장신구, 그리고 도구들을 비축하기 위한 매장 행위였고, 이 모두가 그 문화의 본보기가 되는 금속 가공 기술의 실례입니다.

그러나 이 서로 다른 고고학적 발견물의 몇 가지를 더 면밀히 살

There are multiple examples of these around Ireland, and most were constructed during the Bronze Age. Fulacht fiadh is the name for low, horseshoe-shaped, burnt mounds—identifiable by the charcoal-enriched soil and stones fractured by heat—with a cooking pit located in the center. The predominant theory is that they were used for cooking…the stones heated in the mounds were placed in the water to make it boil, [15(C)]and then meat would be cooked in the boiling water. But, they could have been used for anything involving hot water, including bathing or dyeing. It is also unclear whether fulacht fiadh were built for permanent settlements, or were rather constructed by nomadic hunters.

Burial sites are also common archaeological discoveries from the Irish Bronze Age. The most common are what are known as ring barrows, which are, in Ireland, generally low mounds that rise from a surrounding ditch—created by the removal of dirt for the mound. The central mound usually holds a shallow pit where cremated remains have been concealed. Other artifacts recovered from ring barrows indicate that they were also used for other rituals—not just funerary purposes—not unlike a parish church and its graveyard. Examples of ring barrows are numerous around Ireland today, and more are discovered every year as they are revealed by various events, such as a drought that removes the covering vegetation, or are spotted from the air, which occurs more often these days via drones.

And, of course, you can't discuss the Irish Bronze Age without mentioning the astounding metalwork from the period. [16(D)]As mentioned, most of the copper mined in Ireland was combined with tin to become bronze…umm…Ireland abounded in copper mines, though it didn't have any natural sources of tin. [17]Bronze was worked into mainly weapons—axes…daggers. Umm… interestingly enough, the bronze weapons indicate some of the first tools designed specifically to kill other humans. This points to an increase in warfare during the Irish Bronze Age. Gold also flourished in the period, with most of it being worked into jewelry and ornamental pieces for elites. In fact, compared to other places in Europe, more gold hoards dated from the Bronze Age have been discovered in Ireland. Irish pieces have also been discovered from sites as far away as Germany and Northern Europe, indicating the likely existence of a gold-related trade system.

펴보겠습니다. 자, 음… 가사가 이뤄진 환경에서 나온 가장 흥미로운 발견물 중 하나는, 풀락 피아입니다. 이것에 대한 다양한 실례가 아일랜드 곳곳에 존재하며, 대부분 청동기 시대에 만들어졌습니다. 풀락 피아는 낮은 말발굽 모양의 불에 탄 흙더미를 가리키는 이름으로, 목탄이 많이 포함된 흙과 열에 의해 조각난 돌멩이들을 통해 인식할 수 있으며, 가운데 부분에 조리용 구덩이가 위치해 있습니다. 이것이 음식 조리에 이용되었다는 것이 지배적인 이론이며… 흙더미 속에서 가열된 돌멩이들을 물 속에 넣어 끓게 만든 다음, [15(C)]끓는 물에 고기를 넣어 조리했습니다. 하지만, 목욕이나 염색 작업을 포함해 뜨거운 물과 관련된 다른 어떤 용도로도 쓰였을 수 있습니다. 풀락 피아가 영구적인 정착지를 위해 만들어진 것인지, 또는 오히려 유목 생활을 한 사냥꾼들에 의해 지어진 것인지에 대한 부분도 명확하진 않습니다.

매장지 또한 아일랜드 청동기 시대의 흔한 고고학적 발견물들입니다. 가장 흔한 매장지는 고리 무덤이라고 알려진 것이며, 이는 아일랜드에서 일반적으로 낮게 솟아오른 흙무더기로서, 이를 위해 흙을 파내면서 만들어진 배수로로 둘러싸여 있습니다. 중앙의 흙무더기에 보통 화장된 유골이 숨겨져 있던 얕은 구덩이가 들어 있습니다. 고리 무덤에서 찾아낸 다른 인공 유물들을 보면 이 유물들이 교구 교회나 묘지와 크게 다르지 않은 단순한 장례 목적이 아니라 다른 의식을 위해서도 사용되었다는 것을 알 수 있습니다. 고리 무덤의 실례가 오늘날 아일랜드 곳곳에 다수 존재하며, 덮고 있는 초목을 없애는 가뭄과 같이 다양한 사건들로 드러나게 되거나, 공중에서 포착되면서 더 많이 발견되고 있으며, 후자의 경우는 요즘 드론을 통해 더 자주 일어납니다.

그리고, 당연히, 당시의 대단히 놀라운 금속 가공 기술을 언급하지 않고는 아일랜드 청동기 시대를 논할 수 없겠죠. [16(D)]앞서 언급한 바와 같이, 아일랜드에서 채굴된 구리의 대부분이 주석과 결합되어 청동이 되었는데… 음… 아일랜드에 구리 광산이 아주 많기는 했지만, 주석을 얻을 수 있는 천연 광원이 전혀 존재하지 않았습니다. [17]청동은 주로 무기, 즉 도끼나… 단검을 만들기 위해 가공되었습니다. 음… 꽤 흥미로운 점은, 청동 무기가 특히 다른 사람을 죽이기 위한 목적으로 처음 고안된 일부 도구들에 해당된다는 것입니다. 이는 아일랜드 청동기 시대에 전쟁 횟수가 증가했음을 나타내죠. 이 시대에는 금도 풍부했는데, 대부분이 지배 계층을 위한 장신구나 장식물을 만들기 위해 가공되었습니다. 실제로, 유럽 내 다른 곳들에 비해, 청동기 시대에 해당되는 금 매장물들이 아일랜드에서 많이 발견되었습니다. 아일랜드의 금 유물이 독일이나 유럽 북부처럼 멀리 떨어진 곳에 위치한 여러 장소에서도 발견되었는데, 이는 금과 관련된 무역 시스템의 존재 가능성을 나타냅니다.

[Vocabulary]

bronze 청동 copper 구리 tin 주석 isolated 고립된, 외딴 settler 정착민 merge A with B A를 B와 합치다, 결합하다 archaeological 고고학적인 plethora 과잉 metalworking 금속 가공 artifact 인공 piece together ~을 짜 맞추다 domestic 가사의, 가정의 ritual monument 종교 의식 기념물 sacred 신성한, 성스러운 bog 늪지 communal 공동의 burying 매장 hoard (재물 등의) 비축(물), 매장(물) exemplary 본보기가 되는 context 환경, 상황 horseshoe-shaped 말발굽 모양의 mound 흙무더기, 흙더미 identifiable 인식할 수 있는, 식별 가능한 charcoal 목탄, 숯 enriched 많은, 풍부한 fracture ~을 깨다, 균열시키다 pit 구덩이 predominant 지배적인 involving ~와 관련된 dyeing 염색 permanent 영구적인 nomadic 유목의 burial site 매장지 barrow 무덤 ditch 배수로, 도랑 removal 없앰, 제거 shallow 얕은 cremated remains 화장된 유골 funerary 장례의 parish church 교구 교회 graveyard 묘지 drought 가뭄 vegetation 초목 spot ~을 포착하다, 발견하다 astounding 대단히 놀라운 mine v. ~을 채굴하다 n. 광산 abound in ~가 아주 많다, 풍부하다 dagger 단검 flourish 풍부하다, 번성하다 ornamental 장식의 existence 존재

12 강의는 주로 무엇에 관한 것인가?

(A) 어떻게 아일랜드 청동기 시대에 금속 가공이 시작되었는가

(B) 아일랜드 청동기 시대의 고고학적 발견물들의 종류

(C) 최근 아일랜드에서 나온 한 가지 고고학적 발견물

(D) 초기 아일랜드에서 비롯된 금속 가공 기술의 확산

해설 강의는 아일랜드 청동기 시대와 그 시대 고고학적 발견물에 대해 설명하므로, 정답은 (B)이다. 강의가 한 가지 발견물에 대해서만 설명하는 것이 아니므로 (C)는 오답이다.

13 교수는 왜 돌과 뼈를 언급하는가?

(A) 도구를 제작하는 간단한 방식을 설명하기 위해

(B) 그것들이 구리보다 더 흔했음을 나타내기 위해

(C) 금속을 더 이전에 제작하는 데 쓰인 재료와 비교하기 위해

(D) 초기 아일랜드 문명 사회가 다른 곳들보다 더 발전했음을 나타내기 위해

해설 돌 또는 뼈와 달리 금속은 어떤 모양으로도 주조할 수 있고 내구성도 훨씬 더 뛰어나다고 언급하면서 비교를 하고 있다. 따라서 정답은 (C)이다.

어휘 demonstrate (실례를 들어) ~을 설명하다 craft ~을 만들다

14 아일랜드 청동기 시대의 신성한 장소들에 관한 교수의 의견은 어떠한가?

(A) 아일랜드 청동기 시대 유물들이 모여 있는 상태로 포함되어 있어서 기뻐하고 있다.

(B) 종교 의식 절차를 위해 사용되었다는 점에 의구심을 갖고 있다.

(C) 초기 인류가 아일랜드의 지형을 숭배하게 된 이유를 이해하고 있다.

(D) 초기 인류가 어떻게 더 멀리 떨어진 지역들로 접근했는지 확실히 알지 못한다.

해설 다행히(fortunately), 신성한 장소에서 아주 많은 무기와 장신구, 그리고 도구들이 매장되어 그 문화의 본보기가 되는 금속 가공 기술을 볼 수 있다고 하므로, 정답은 (A)이다.

어휘 ritualistic 의식 절차상의 revere ~을 숭배하다

15 교수의 말에 따르면, 풀락 피아는 어떤 수단으로 이용되지 않았을 가능성이 가장 큰가?

(A) 음식 조리

(B) 직물 염색

(C) 주거지 난방

(D) 목욕

해설 끓는 물에 고기를 넣어 조리하거나(A), 목욕이나(D) 염색 작업(B) 등을 할 수 있다고 하므로, 언급이 되지 않은 (C)가 정답이다.

어휘 fabric 직물

16 아일랜드 청동기 시대의 주석과 관련해 무엇을 유추할 수 있는가?

(A) 구리보다 더 흔했다.

(B) 금속 가공에 쓰이기엔 너무 물렀다.

(C) 기능적인 것보다 장식 목적으로 쓰였다.

(D) 다른 지역에서 들여와야 했다.

해설 아일랜드에 주석을 얻을 수 있는 천연 광원이 전혀 존재하지 않았다고 하므로, 정답은 (D)이다.

어휘 functional 기능적인

17 다음 각 항목이 아일랜드 청동기 시대에 금속 가공이 활용된 방식이었는지 표기하시오.

	네	아니오
장신구	X	
농업		X
전쟁	X	
무역	X	
건축		X

해설 강의 마지막에, 청동기 시대에 청동은 주로 무기를 만들기 위해 가공되어 전쟁에 사용되었고, 이 시대에 금도 풍부하여 장신구나 장식물을 위해 가공되었다고 나온다. 또한 아일랜드 금 유물이 유럽 다른 지역에서 발견되는 것을 통해 무역에 활용되었을 수도 있다고 하므로, 장신구, 전쟁, 무역은 Yes, 언급이 안 된 농업, 건축은 No이다.

PART 2
Questions 1-5

Listen to a conversation between a student and an administrator.

S: Good afternoon, Dean Sadler. I'm Devin Hughes. I'm here for our 3 o'clock meeting, about the college radio station.

D: Of course. Come on in, Devin. Take a seat.

S: Thank you. Umm… I really appreciate you taking the time to talk with me today. I wasn't sure how important the radio station is to the university, really.

D: Well…it may not get as much attention as the academics, or our sports teams…but the radio station is a vital part of our

한 학생과 행정 책임자 사이의 대화를 들으시오.

학생: 안녕하세요, 새들러 학장님. 저는 데빈 휴즈입니다. 대학 라디오 방송국과 관련된 3시 회의 때문에 왔습니다.

학장: 좋아요. 어서 들어와요, 데빈. 자리에 앉으세요.

학생: 감사합니다. 음… 오늘 저와 얘기 나누실 수 있도록 시간 내 주셔서 정말 감사드립니다. 저는 사실 라디오 방송국이 우리 대학에 얼마나 중요한지 잘 알지 못했어요.

학장: 말하자면… 학과 활동이나 교내 스포츠 팀만큼 많은 관심을 받지 못할 수도 있지만… 라디오 방송국은 우리 캠퍼스의 필수적인 일부분입니다. 학우들과 함께 하는 필수적

campus. It's a vital creative outlet for you and your peers, and it provides practical career training. Not to mention, the music is decent, too… [5(D)]well, sometimes!

S: I'm glad to hear that. [1(B)]But, I wish these feelings were reflected in the budget we received this year.

D: I know there were some big cuts. I can appreciate that. [2(C)] But, it wasn't just the radio station. It was a tight year for a lot of clubs and extracurricular activities.

S: Sure, but other clubs don't have the expenses we do. We have to pay for studio time…plus any special licenses we need. And if we can't pay, then we have to go off the air. If we can't get a bigger budget, I don't know where the money will come from.

D: It sounds like a challenge…but the way I see it, this is a necessary part of running a radio station. It might even be… educational? So, tell me, do you have any other fundraising ideas?

S: In the past, advertising was always enough to support our extra expenses. However, that money has been drying up lately. For some reason, local businesses are no longer interested in buying ad time on the station.

D: Hmm…I think that might be linked to another problem facing our university. Or, I guess it's a problem, depending on how you look at it.

S: What do you mean?

D: [3(B)]Over the past couple of years, a lot of our local businesses have been being replaced by national franchises. Umm…do you remember Bagel Street, by any chance?

S: Yeah, it was a popular sandwich shop.

D: It was my favorite…but, it was bought out and replaced by a Burger Boy, which is a national franchise, and probably makes more money…but Bagel Street was a part of our community's fabric. They were always happy to support the university's projects, such as the radio station and our student newspaper.

S: I didn't consider that. National franchises don't have any interest in sponsoring a college radio station.

D: Right. They already have their own national campaigns.

S: I'm not sure what else to do, then.

D: Never forget the potential of a well-organized fundraising event. One successful event can be all it takes.

S: Some of us at the station have been discussing holding a spring concert…

D: That would be perfect. Plus, I'm sure local bands would perform for free….it would be great exposure for them.

인 창의성 발산 수단인데다, 현실적인 직업 교육도 제공해 줍니다. 말할 것도 없이, 음악을 듣는 게 꽤 괜찮기도 하고요… [5(D)]음, 때로는 말이죠!

학생: 그 말씀을 듣게 되어서 기쁩니다. [1(B)]하지만, 이런 생각들이 저희가 올해 받은 예산에도 반영되었으면 좋았을 거예요.

학장: 큰 폭의 감액이 있었다는 건 알고 있습니다. 저도 그 부분은 인식할 수 있습니다. [2(C)]하지만, 라디오 방송국뿐만 그런 게 아니었습니다. 많은 동아리 및 과외 활동에 있어 빠듯한 한 해였어요.

학생: 네, 하지만 다른 동아리들은 저희만큼 지출 비용이 들지 않죠. 저희는 스튜디오 이용 시간뿐만 아니라… 저희에게 필요한 모든 특별 허가증에 대한 비용도 지불해야 합니다. 그리고 저희가 지불하지 못하면, 방송을 중단해야 합니다. 더 많은 예산을 얻지 못할 경우에, 어디서 돈을 구해야 할지 모르겠습니다.

학장: 힘겨운 문제인 듯하긴 하지만… 제가 보는 관점에서는, 라디오 방송국을 운영하는 데 있어 필수적인 일부분입니다. 심지어… 교육적일 수도 있다고 할까요? 그럼, 다른 어떤 자금 마련 아이디어가 있는지 한 번 얘기해 보시겠어요?

학생: 과거엔, 광고만으로도 저희 추가 지출 비용을 충당하기에 항상 충분했습니다. 하지만, 그 돈이 최근 계속 줄어들고 있습니다. 어떤 이유에선지, 지역 업체들이 더 이상 저희 방송국의 광고 시간을 구입하는 데 관심을 보이지 않고 있어요.

학장: 흠… 그 부분은 우리 대학이 직면하고 있는 또 다른 문제점과 관련되어 있을지도 모른다는 생각이 드네요. 즉, 어떻게 바라보는지에 따라 하나의 문제점일 것 같아요.

학생: 무슨 말씀이시죠?

학장: [3(B)]지난 몇 년 동안, 많은 우리 지역 업체들이 계속해서 전국적인 프랜차이즈 업체로 대체되어 오고 있어요. 음… 혹시, 베이글 스트리트 기억하세요?

학생: 네, 인기 있는 샌드위치 매장이었죠.

학장: 제가 가장 좋아하는 곳이었는데… 전국적인 프랜차이즈인 버거 보이에 인수되어 대체되었고, 아마 돈은 더 많지 벌겠지만… 베이글 스트리트는 우리 지역 사회 조직의 일부였습니다. 항상 기꺼이 라디오 방송국이나 대학 신문 같은 우리 대학의 프로젝트들을 후원해 주었죠.

학생: 그 부분은 고려하지 못했어요. 전국적인 프랜차이즈는 대학 라디오 방송국을 후원하는 데 전혀 관심이 없죠.

학장: 맞아요. 그곳엔 이미 자사의 전국적인 캠페인이 있죠.

학생: 그럼, 달리 뭘 해야 할지 잘 모르겠어요.

학장: 잘 조직된 모금 행사의 잠재력을 절대 잊지 마세요. 한 번의 성공적인 행사로 모든 걸 해결할 수 있습니다.

학생: 함께 방송국 활동을 하는 저희 몇몇이 봄 콘서트 개최를 계속 논의해 보고 있긴 합니다…

학장: 아주 좋을 것 같아요. 게다가, 분명 지역 밴드들은 무료로

S: And then we could raise money through ticket sales…and maybe collecting donations, too.

D: If you organize it through the university, a lot of aid will be available to you. You should meet with Gary Brett, over in the Public Affairs office. He's in charge of organizing events on campus.

S: ⁴⁽ᴰ⁾Great. I'll see about getting a meeting with him.

D: A bit of advice: do it soon. These events need to be arranged and scheduled far in advance. If you want to have a concert in the spring, then you're already pushing it, timewise.

공연할 수 있기 때문에… 그들에게 아주 좋은 노출 기회가 될 수 있죠.

학생: 그럼 저희는 입장권 판매를 통해서 돈을 모을 수도 있고… 어쩌면 기부금도 받을 수 있을 거예요.

학장: 대학 측을 통해서 조직하면, 많은 지원을 받을 수 있을 거예요. 대학 홍보팀 사무실 쪽으로 가서 게리 브렛 씨를 만나 보세요. 그분이 캠퍼스 내의 행사 조직을 책임지고 있습니다.

학생: ⁴⁽ᴰ⁾좋습니다. 그분과 만남을 갖는 것에 대해 고려해 보겠습니다.

학장: 한 가지 조언을 하자면, 빨리 진행하도록 하세요. 이런 행사는 훨씬 미리 준비해서 일정을 잡아야 합니다. 봄에 콘서트를 열기를 원한다면, 시간적인 측면에서 이미 추진하고 있어야 합니다.

[Vocabulary]

appreciate ~에 대해 감사하다, ~을 인식하다 academics 학과 활동 vital 필수적인 outlet 발산 수단, 배출 수단 practical 현실적인, 실용적인 career training 직업 교육 decent 준수한 big cuts 큰 폭의 감소 tight (비용, 시간 등이) 빠듯한, 빡빡한 extracurricular 정규 교과 외의, 과외의 expense 지출 비용 license 허가증, 면허증 go off the air 방송을 중단하다 fundraising 자금 마련, 모금 buy out ~을 인수하다, 매입하다 fabric 조직, 구조 sponsor ~을 후원하다 in charge of ~을 책임지고 있는 arrange ~을 마련하다 far in advance 훨씬 미리 timewise 시간적인 측면에서

---

1 학생은 왜 학장 사무실을 방문했는가?
(A) 캠퍼스에서 새 동아리를 시작하기 위한 허가를 요청하기 위해
(B) 한 학생 단체가 지닌 재정 문제를 논의하기 위해
(C) 대학 라디오 프로그램에 필요한 인터뷰를 마련하기 위해
(D) 등록금에 대해 이뤄진 변동 사항에 관해 문의하기 위해

해설 학생은 대학 라디오 방송국이 올해 받은 예산 문제를 논의하므로, 정답은 (B)이다.

2 학장이 대학의 과외 활동에 관해 암시하는 것은 무엇인가?
(A) 주로 스포츠 활동에 초점을 맞추고 있다.
(B) 자금 마련 행사를 통해 전적으로 지원받고 있다.
(C) 올해 모두가 더 적은 자금을 제공받았다.
(D) 행정팀에 의해 해마다 검토되고 있다.

해설 라디오 방송국만 그런 게 아니라 다른 많은 동아리 및 과외 활동에 있어 예산이 빠듯하다고 하므로, 정답은 (C)이다.
어휘 funding 자금 (제공) administration 행정(팀)

3 학장은 왜 베이글 스트리트를 언급하는가?
(A) 광고되기를 원하는 한 업체를 추천하기 위해
(B) 대학 측에 영향을 미치고 있는 최근의 추세를 이야기하기 위해
(C) 학생에게 한 지역 업체의 재정 문제를 알리기 위해
(D) 대학과 소기업들 사이의 관계가 지니는 중요성을 강조하기 위해

해설 지역 업체들이 전국적인 프랜차이즈 업체로 대체되는 추세를 이야기하면서 베이글 스트리트를 예로 들고 있다. 따라서 정답은 (B)이다.

4 학장은 학생에게 무엇을 하도록 권하는가?
(A) 한 지역 업체에 연락하는 일
(B) 여름에 하나의 행사를 계획하는 일
(C) 전국적인 프랜차이즈 업체를 통해 광고하는 일
(D) 곧 만남을 가질 자리를 마련하는 일

해설 학장은 대화 마지막에 학생에게 브렛 씨와 미팅을 빨리 갖도록 조언하므로, 정답은 (D)이다.

5 대화의 일부를 다시 들으시오. 그런 다음, 질문에 답하시오.
학장: 말하자면… 학과 활동이나 교내 스포츠 팀만큼 많은 관심을 받지 못할 수도 있지만… 라디오 방송국은 우리 캠퍼스의 필수적인 일부분입니다. 학우들과 함께 하는 필수적인 창의성 발산 수단인데다, 현실적인 직업 교육도 제공해 줍니다. 말할 것도 없이, 음악을 듣는 게 꽤 괜찮기도 하고요… 음, 때로는 말이죠!
학생: 그 말씀을 듣게 되어서 기쁩니다. 하지만, 이런 생각들이 저희가 올해 받은 예산에도 반영되었으면 좋았을 거예요.

학장은 왜 다음과 같이 말하는가? "음, 때로는 말이죠!"

(A) 학생에게 음악 선택에 있어 더욱 창의성을 발휘하도록 권하기 위해
(B) 학생에게 단체들이 항상 지원을 받지는 않는다는 점을 주의시키기 위해
(C) 자신이 자주 라디오를 듣지 않는다는 뜻을 나타내기 위해
(D) 방송되는 음악이 항상 자신의 취향은 아니라는 뜻을 나타내기 위해

해설 학장은 라디오 방송국의 음악을 듣는 것이 좋다고 말했다가, '음, 때로는 말이죠'라고 다시 정정하여 말하므로, 음악이 항상 좋다는 의미는 아니다. 따라서 정답은 (D)이다.

Listen to part of a lecture in an astronomy class.

There may be countless planets in the entire universe…there are hundreds of billions in the Milky Way alone…but, as far as we've been able to see, only a few planets could possibly… and there's still a lot of doubt…support life. And, as we all know, life on another planet has yet to be detected. So, what do astronomers do? [7(C)]We scan the sky cataloging planets, but investigating each and every one to find out if it could support life would be impractical. [6(D)]We can filter out most planets depending on whether they are habitable or not, greatly narrowing the list of potential life-supporting planets. So, what exactly makes a planet habitable?

Well…we have to start by…umm…understanding the conditions for life that we have here on Earth. This is because… well, we don't have any other habitable planet to use as a measure. So, we have to take the conditions here on Earth, and assume that other habitable planets would require similar conditions. We have to use Earth as the benchmark…and that makes sense, since it's our only benchmark.

Of course, the clearest indicator of a habitable planet is the presence of planetary surface water, given enough atmospheric pressure. And we know very specific conditions lead to this prerequisite. [8(A)]The most obvious condition is being within what is known as the "Goldilocks zone," also known as the habitable zone. This is the shell-like range of orbits around a star that can support planetary surface water…which is to say that the planet must be a comfortable distance away from a star…such as the Earth's distance from the Sun in our own system. It's easy to understand if you just consider the planets in our Solar System. [9(B)]Venus, for instance, is not in the Sun's habitable zone—it's too close. It's like a greenhouse—Venus's thick carbon dioxide atmosphere makes the temperature reach a scorching 900 degrees Fahrenheit, so if there had ever been any water on the surface of Venus, it dried up a long time ago. Then there's Mars, which is just too far away. Umm…during the daytime, it's like winter here on Earth…maybe 32 degrees Fahrenheit. But, at night, since its atmosphere is too thin to trap heat, the temperature plummets. Umm…there's still hope that there may be water in Mars' interior…but…that's another issue. Oh, it should be said…of course, if we ever understand that the conditions for life don't require water, then obviously, our definition of the habitable zone will have to change drastically. But, as far as we know now, life requires liquid water.

The type of star the planet orbits is also important. [10(C)]It needs to be stable in terms of luminosity. When searching for habitable planets, astronomers will look for a certain type of star first. It's commonly believed that orange dwarfs, also known [10(C)]as K-type stars, have the most potential to host advanced life. Umm…returning to the Goldilocks theme… K-type stars are the most favorable for a few reasons. They live long enough for life to evolve, emit enough radiation for

---

천문학 수업의 강의 일부를 들으시오.

우주 전체를 통틀어 무수한 행성들이 존재할 수 있고… 우리 은하 자체만 해도 수천 억 개가 있지만… 그 동안 우리가 관찰할 수 있었던 범위 내에서, 불과 몇몇 행성들만이… 생명력을 지속시킬 수 있는 가능성이 있으며… 그마저도 많은 의문이 제시되고 있습니다. 그리고, 우리 모두가 알다시피, 다른 행성의 생명체는 아직 발견되지 않았습니다. 그럼, 천문학자들은 무슨 일을 할까요? [7(C)]우리는 행성들을 담고 있는 하늘을 살펴보지만, 생명력을 지속시킬 수 있는지 알아내기 위해 각각의 모든 행성을 조사하는 것은 비현실적인 일일 겁니다. [6(D)]우리는 거주 가능한 곳인지 아닌지에 따라 대부분의 행성들을 걸러 내면서, 생명 유지 잠재성을 지닌 행성들의 목록을 크게 좁혀 나갑니다. 그럼, 정확히 무엇이 행성을 거주 가능한 상태로 만드는 걸까요?

그러니까… 우리가 얘기를 시작해야 하는 부분이… 음… 이곳 우리 지구에 나타나 있는 생명체를 위한 환경을 이해하는 것입니다. 그 이유는… 말하자면, 기준으로 삼을 만한 다른 어떤 거주 가능한 행성이 있지 않기 때문입니다. 따라서, 우리는 이곳 지구의 환경을 살펴보면서, 다른 거주 가능한 행성들도 유사한 환경을 필요로 할 것이라고 가정해야 합니다. 우리는 지구를 기준점으로 활용해야 하고… 그래야 말이 되는데, 지구가 우리의 유일한 기준점이기 때문이죠.

당연히, 대기압이 충분하다는 가정 하에, 거주 가능한 행성의 가장 명확한 척도는 행성 지표수의 존재입니다. 그리고 우리는 매우 특정한 환경이 이러한 전제 조건으로 이어진다는 점을 알고 있습니다. [8(A)]가장 확실한 환경은 "골디락스 존"이라고 알려진, 즉 생명체 거주 가능 영역이라고도 알려진 곳 안에 포함되는 것입니다. 이는 행성 표면의 물을 지속시킬 수 있는 하나의 항성 주변에 존재하는 조개껍데기 같은 모양의 궤도 범위로서… 말하자면 그 행성은 반드시 하나의 항성으로부터 쾌적한 거리에 떨어져 있어야 한다는 것인데… 마치 우리 태양계에서 지구가 태양으로부터 떨어져 있는 거리처럼 말이죠. 우리 태양계 내에 존재하는 행성들을 고려해 보기만 해도 쉽게 이해할 수 있습니다. [9(B)]예를 들어, 금성은 태양의 생명체 거주 가능 영역에 있지 않은데, 너무 가깝기 때문이죠. 이 행성은 마치 온실과 같은데, 금성의 두꺼운 이산화탄소 대기층으로 인해 그 기온이 몹시 뜨거운 화씨 900도(약 섭씨 480도)에 이르기 때문에, 금성 표면에 조금이라도 물이 있었다면, 아주 오래 전에 말라 없어졌겠죠. 다음으로 화성이 있는데, 화성은 너무 멀리 위치해 있습니다. 음… 낮 시간대가 마치 이곳 지구의 겨울과 같은데… 아마 화씨 32도(섭씨 0도)는 될 겁니다. 하지만, 야간에는, 그곳의 대기가 열을 붙잡아 두기엔 너무 얇아서, 기온이 곤두박질칩니다. 음… 화성 내부에 물이 있을 수 있다는 희망이 여전히 존재하기는 합니다… 하지만… 그건 또 다른 문제입니다. 오, 짚고 넘어가야 하는 부분이 있는데… 당연한 얘기지만, 만일 우리가 언젠가 생명체에 필요한 조건에 대해 물이 필요치 않은 것으로 이해하게 된다면, 분명히, 생명체 거주 가능 영역에 대한 우리의 정의는 과감하게 바뀌어야 할 것입니다. 하지만, 현재 우리가 알고 있는 한, 생명체는 액체 상태의 물을 필요로 합니다.

행성이 공전하는 항성의 유형 또한 중요합니다. [10(C)]광도 측면에서 안정적이어야 합니다. 생명체 거주 가능 행성을 찾을 때, 천문학자들은 특정 유형의 항성을 먼저 찾게 됩니다. 흔히 여겨지

photosynthesis, and promote the development of atmospheres on planets. [10(C)]Umm…so, stellar evolution must be considered. Some stars may have planets in their habitable zones, but they'll only be stable for ten million years or so, after which their luminosity will intensify, and they'll burn up anything nearby. That's….umm…obviously not conducive for life.

Umm…there are other conditions, such as geodynamics—it's assumed that life requires a rocky planet, like Earth. We don't expect to find life on gas giants like Jupiter and Saturn, for example. But, the habitable zone and star-type help astronomers sort through the possible candidates. Using these conditions, astronomers discovered Kepler-186f—[11(A)]the first Earth-size planet [11(C)]found to exist in the habitable zone of its system. Umm…keep in mind, this wasn't the first planet to be found in a habitable zone…but all the others were about 40% larger than Earth…and understanding their make-up is difficult. Kepler-186f is similar to Earth, at least in size. We, however, still don't know much about its mass or composition. Its size indicates that it is likely rocky…so…that should be another plus for Kepler-186f.

Don't get too excited, or start planning your trip to Kepler-186f too soon. The planet is in the Kepler-186 system, which is about 500 light-years from Earth. Nonetheless, finding out what we can about the planet will hopefully widen our understanding of what a habitable planet could be.

는 바로는, [10(C)]케이형별이라고도 알려진 오렌지 왜성이 진화된 생명체를 품고 있을 잠재성이 가장 큽니다. 음… 골디락스 관련 주제로 돌아 가서… 케이형별들이 몇 가지 이유로 가장 유리합니다. 이들은 생명체가 진화할 수 있을 정도로 충분히 오래 살면서, 광합성에 필요한 복사 에너지도 충분히 발산하고, 행성들의 대기층 발달을 촉진합니다. [10(C)]음… 그래서, 항성의 진화는 반드시 고려되어야 합니다. 일부 항성들은 생명체 거주 가능 영역에 행성들을 거느리고 있지만, 겨우 1천만 년 정도만 안정적인 상태이며, 그 뒤로는 광도가 심해지면서 주변에 있는 어떤 것이든 싹 태워 버리게 됩니다. 이는… 음… 분명 생명체에겐 좋지 않은 면이죠.

음… 지구 역학과 같은 다른 조건도 있는데, 생명체가 우리 지구처럼 암석으로 된 행성을 필요로 한다고 추정하는 부분입니다. 예를 들자면, 우리는 목성이나 토성처럼 거대 가스 행성에서 생명체를 찾아낼 것으로 기대하진 않습니다. 하지만, 생명체 거주 가능 영역과 항성 유형은 천문학자들이 가능성 있는 후보들을 추려 내도록 도움을 줍니다. 이러한 조건들을 활용해, 천문학자들은 케플러-186f를 발견했는데, [11(C)]이는 그곳의 행성계에서 생명체 거주 가능 영역에 존재하는 것으로 밝혀진 [11(A)]지구만한 크기의 첫 번째 행성입니다. 음… 명심해야 하는 부분은, 이것이 생명체 거주 가능 영역에서 처음 발견된 행성은 아니었지만… 나머지 모든 행성들은 우리 지구보다 약 40퍼센트 더 컸으며… 그 구성 물질을 파악하기가 어렵습니다. 케플러-186f는 적어도 크기 면에서는 우리 지구와 유사합니다. 하지만, 우리는 여전히 이 행성의 질량이나 구성 요소와 관련해 아는 바가 많지 않습니다. 그 크기를 보면 암석으로 되어 있을 가능성이 있는 것으로 나타나는데… 그래서… 그런 부분은 케플러-186f의 또 다른 이점일 겁니다.

너무 흥분하거나, 너무 빨리 케플러-186f로 가는 여행 계획을 세우기 시작하진 마십시오. 이 행성은 케플러-186 행성계에 속해 있는데, 우리 지구로부터 약 500광년 떨어져 있습니다. 그럼에도 불구하고, 이 행성에 대해 우리가 할 수 있는 일을 알아내는 과정이 어떤 것이 생명체 거주 가능 행성일 수 있는지에 대한 우리의 이해를 넓혀주기를 기대합니다.

[Vocabulary]

planet 행성 universe 우주 Milky Way 우리 은하 have yet to do 아직 ~하지 않았다 detect ~을 발견하다 astronomer 천문학자 catalog ~을 목록에 싣다, ~을 분류하다 investigate ~을 조사하다 impractical 비현실적인 filter out ~을 걸러 내다 habitable 거주 가능한 narrow (범위 등) ~을 좁히다 benchmark 기준점 indicator 척도, 지표 presence 존재 planetary 행성의 given ~을 가정해, 고려해 atmospheric pressure 대기압 prerequisite 전제 조건 Goldilocks zone 골디락스 존(생명체들이 살아가기 적합한 환경의 우주 범위) range 범위 orbit n. 궤도 v. 공전하다 carbon dioxide 이산화탄소 scorching 몹시 뜨거운, 태우는 trap 붙잡아 두다 plummet 곤두박질치다 drastically 급격히 stable 안정적인 luminosity 광도 dwarf 왜성 emit ~을 발산하다 radiation 복사 에너지 photosynthesis 광합성 intensify 심해지다, 강화되다 conducive 좋은, 도움이 되는 geodynamics 지구 역학 sort through ~을 분류하다 candidate 후보 make-up 구성 (물질) mass 질량 composition 구성 요소 light-year 광년

6 강의의 주제는 무엇인가?
(A) 태양계에 속한 행성들의 비교
(B) 외계 생명체에 대한 탐색
(C) 지구가 생명체를 지속하게 하는 조건들
(D) 생명체 거주 가능 행성들을 찾기 위한 기준

해설 도입부에서, 무엇이 행성을 거주 가능한 상태로 만드는 것인가에 대한 질문을 던지고 이에 대한 강의를 하므로, 정답은 (D)이다.

어휘 extra-terrestrial 외계의 criteria 기준

7 생명체를 위해 모든 행성을 조사하는 작업에 대한 교수의 태도는 어떤가?
(A) 수십 년의 작업을 필요로 한다.
(B) 곧 성공하게 될 것이다.
(C) 시간 낭비이다.
(D) 우리가 행성들에 관해 더 많이 알 수 있게 한다.

해설 교수는 각각의 모든 행성을 조사하는 것은 비현실적(impractical)이라고 하므로, 정답은 (C)이다.

8 교수의 말에 따르면, "골디락스 존"은 무엇인가?

(A) 행성 표면에 물이 존재할 수 있게 하는 항성으로부터의 거리

(B) 행성의 온화한 기후를 초래하는 항성으로부터의 거리

(C) 행성들이 쉽게 발견될 수 있는 항성으로부터의 거리

(D) 금성과 화성 사이의 거리와 유사한 항성으로부터의 거리

해설 이는 행성 표면의 물(surface water)을 지속시킬 수 있는 하나의 항성 주변에 존재하는 조개껍데기 같은 모양의 궤도 범위를 말함으로, 정답은 (A)이다.

어휘 moderate 온화한, 보통의, 중간의

9 교수는 왜 온실을 언급하는가?

(A) 금성에 행성 대기가 부족한 이유를 설명하기 위해

(B) 금성의 극단적인 기온을 설명하기 위해

(C) 복사 에너지가 생명체 거주 가능 영역에서 어떻게 기능하는지 설명하기 위해

(D) 특정 조건들이 식물에게 유리하다는 뜻을 나타내기 위해

해설 온실과 같은 금성의 두꺼운 이산화탄소 대기층으로 인해 몹시 뜨거운 화씨 900도(약 섭씨 480도)의 기온을 설명하므로, 정답은 (B)이다.

어휘 extreme 극단적인 illustrate (실례를 들어) ~을 설명하다 function 기능하다

10 케이형별들에 관해 무엇을 유추할 수 있는가?

(A) 다른 종류의 별들보다 더 작은 생명체 거주 가능 영역을 지니고 있다.

(B) 다른 중간 크기의 별들보다 더 드물다.

(C) 광도가 일생 동안 크게 증가하지 않는다.

(D) 그 별들의 궤도를 도는 행성들이 일반적으로 암석으로 된 구성 요소를 지니고 있다.

해설 케이형별들은 생명체 거주 가능성이 큰 항성들로, 주변 행성들에 생물이 살 수 있는 적정한 광도의 별임을 유추할 수 있다. 따라서 정답은 (C)이다.

11 교수의 말에 따르면, 왜 천문학자들은 케플러-186f가 생명체 거주 가능 행성일 수 있다고 생각하는가?

2개 답변을 클릭하시오.

(A) 지구와 크기가 유사하다.

(B) 행성 지표수에 대한 증거가 있다.

(C) 항성의 생명체 거주 가능 영역 내에 존재한다.

(D) 케이형별의 궤도를 선회한다.

해설 케플러-186f는 생명체 거주 가능 영역에 존재하는 것으로 밝혀진, 지구 크기의 첫 번째 행성이므로, 정답은 (A), (C)이다.

Speaking

Question 1

[Question]

일부 대학생들이 수업 중에 좋은 점수를 받지 못할 수도 있다는 것을 알면서도 어려운 수업을 듣기로 결정하고 있다. 다른 학생들은 좋은 점수를 받게 된다는 것을 알고 있는 더 쉬운 수업을 듣기를 선호한다.

당신은 어느 쪽을 선호하는가? 구체적인 예시와 상세 설명을 활용해 의견을 뒷받침하시오.

[Model Answer]

According to the statement, some students at university like to choose hard classes that they might fail, while others like to just select classes that they know they'll easily pass. Personally, I prefer to take some difficult classes every semester, and I'll tell you the reason why. Basically, I know that I can pass any class, even a hard one, as long as I study hard enough. Also, there will be lessons from taking difficult classes. In my case, I learned a lot through challenging classes last semester. So, I like to challenge myself by taking classes that are considered difficult.	이 진술에 따르면, 일부 대학생은 낙제할 지도 모르는 어려운 수업을 선택하고 싶어 하는 반면, 다른 학생들은 그저 쉽게 통과하게 된다는 것을 아는 수업만 선택하고 싶어한다. 개인적으로, 나는 학기마다 일부 어려운 수업을 수강하는 것을 선호하는데, 그 이유를 말하겠다. 기본적으로, 내가 충분히 열심히 공부하는 한, 어떠한 수업도, 심지어 어려운 수업도 통과할 수 있음을 알고 있다. 또한 어려운 수업을 수강함으로 배우는 것들이 있다. 내 경우, 지난 학기에 어려운 수업들을 통해 많은 것을 배웠다. 그래서, 나는 어렵다고 여겨지는 수업을 수강해서 스스로 도전하는 것을 좋아한다.

[Vocabulary & Expressions]

prefer to do ~하는 것을 선호하다 fail 낙제하다 semester 학기 as long as ~하는 한 be considered A A한 것으로 여겨지다

Question 2

[Reading]

무료 개인 과외 제공 계획 우리 대학은 다음 학기부터 입학 첫 해에 걸쳐 모든 학생들에게 무료 개인 과외를 제공할 계획이라는 사실을 알려 드리게 되어 기쁘게 생각합니다. 우리 대학의 엘리자베스 먼즈 학장님께서는 최근 신입생들이 고등학교를 마친 후 대학 생활에 적응하기 위해 노력하면서 많은 학업적 문제들을 접하게 된다는 사실을 인식하셨습니다. 이러한 학생들이 이용할 수 있게 되는 개인 과외 서비스는 학업 과제를 완수할 수 있도록 보장하기 위한 추가 지원을 받게 해 드릴 것입니다. 신입생들은 누구나 각자 소속된 특정 학과를 현재 전공하고 있는 개인 과외 교사와 함께 공부할 수 있는 기회를 얻게 되며, 이는 무료로 제공됩니다.

[Listening]

M: Hey, did you see the announcement about the tutoring plan? F: Yeah, and I think it's a great service to offer. M: How come? F: Well, I remember how hard it is to be a first-year student. I think the tutoring will be useful for stuff like note-taking techniques and time management tips, not only for helping students with coursework. M: Yeah, I guess those things are pretty important. I wasn't very good at organizing my assignments during my first semester. F: Neither was I. So, it will take some of the stress off new students if they learn about these skills when they first arrive. They'll be better prepared to do their coursework.	남: 있잖아, 개인 과외 계획에 관한 공지 봤어? 여: 응, 나는 그 계획이 아주 좋은 서비스라고 생각해. 남: 어째서? 여: 음, 신입생이 된다는 게 얼마나 어려운지 기억이 나. 난 개인 과외가 필기 방법이나 시간 관리 팁 같은 부분에 유용할 거라고 생각해, 학생들의 학과 수업에 도움이 되는 것뿐만 아니라. 남: 응, 그런 점들이 꽤 중요한 것 같아. 난 첫 학기에 과제를 준비하는 일을 그렇게 잘 하지 못했거든. 여: 나도 그랬어. 그래서, 신입생들이 처음 도착해서 이런 능력들에 관해 배우게 된다면 스트레스를 좀 덜어 내게 될 거야. 수업 활동도 더 잘 준비하게 될 거고.

M: Also, it's a pretty good idea that they can be paired with a tutor who is knowledgeable about their field of study.	남: 그리고, 소속 학과 전공에 관해 아는 게 많은 개인 과외 교사와 짝을 이룰 수 있다는 점도 아주 좋은 생각 같아.
F: Yep, that will make a huge difference. Older students, like postgraduate students, will have probably already completed the same classes the first-year students are doing. So, they can recommend the best textbooks and give advice on specific classes and professors, and other stuff like that.	여: 응, 그렇게 하면 엄청난 차이가 나타날 거야. 대학원 학생들 같이 나이가 많은 학생들은 신입생들이 듣는 것과 같은 수업들을 아마 이미 수강 완료했을 테니까. 그래서, 가장 좋은 교재도 추천해 주고 특정 수업이나 교수님에 관해 조언해 줄 수도 있어, 그 외에 다른 비슷한 것도 많아.
M: That's a good point, yeah. So, the new students will feel like they're in safe hands, knowing that their tutor has gone through it all already.	남: 맞아, 좋은 지적이야. 그래서, 신입생들은 개인 교사가 이미 모든 과정을 거쳤다는 것을, 알고 안심할 수 있는 상태라고 느끼게 되지.
F: Yeah! I figure it'll be really beneficial.	여: 응! 정말 유익할 거라고 생각해.

[Question]

여자는 대학의 계획에 대해 자신의 의견을 표출하고 있다. 간단하게 대학의 계획을 요약하시오. 그 다음 계획에 대한 여자의 의견을 진술하고 그녀가 그러한 의견을 갖고 있는 이유를 설명하시오.

[Model Answer]

The man and the woman are discussing a university's plan to offer free tutoring. The university recently announced that first-year students will be able to receive tutoring to help them overcome difficulties in their first year of study. The woman thinks it is a fantastic idea, and she mentions that the tutoring will not only help new students with actual coursework, but will also help to teach them valuable skills like time management and how to take notes well. She also likes the fact that new students will be tutored by someone who has already studied in their chosen academic field. She thinks the tutors will be able to provide excellent advice on books and classes based on their own experiences.	남자와 여자는 대학이 무료 개인 과외를 제공하려는 계획을 이야기하고 있다. 이 대학교는 신입생들이 입학 첫 해에 겪는 어려움을 극복하는 데 도움이 되도록 개인 과외를 받을 수 있게 될 것이라고 공지했다. 여자는 이것이 환상적인 아이디어라고 생각하고 있으며, 개인 과외가 신입생들의 실제 수업 활동에 도움이 될 뿐만 아니라, 시간 관리나 노트 필기를 잘 하는 방법 같은 소중한 능력을 가르쳐 주는 데도 도움이 될 것이라고 언급하고 있다. 여자는 또한 신입생들이 스스로 선택한 학과에서 이미 공부한 누군가로부터 개인 과외를 받게 된다는 사실도 마음에 들어 하고 있다. 여자는 개인 과외 교사들이 각자의 경험을 바탕으로 교재와 수업에 관한 훌륭한 조언도 제공해 줄 수 있는 있을 것이라고 생각하고 있다.

[Vocabulary & Expressions]

tutoring 개인 과외, 개인 교습 dean 학장 acknowledge ~을 인식하다, 알게 되다 coursework 교과 학습, 수업 활동 ensure ~을 보장하다 major in ~을 전공하다 be paired with ~와 짝을 이루다 postgraduate student 대학원생 in safe hands 안심할 수 있는, 잘 관리되고 있는

Question 3

[Reading]

환경 수용력

자연에서 생존하기 위해, 동물들은 반드시 물과 먹이 같은 자원에 대해 충분한 공급 기회를 얻어야 한다. 하지만, 서식지에는 이러한 자원 공급이 제한되어 있기 때문에, 각각의 동물 종에 대해 제한된 숫자만 지원할 수 있다. 주어진 서식지 내에서 생존할 수 있는 한 가지 특정 동물 종의 최대 숫자를 환경 수용력이라고 일컫는다. 가령 한 가지 종과 서식지 사이의 관계를 변화시키는 방해 요소가 존재하지 않는다면, 환경 수용력과 개체수는 균형을 이룬 채로 유지될 것이다. 하지만, 환경 변화 또는 인간 활동이 서식지 내의 특정 요인들을 변화시키는 경우, 개체수가 환경 수용력을 초과하기 시작할 수 있다.

OK, so let's talk about what happened to a certain species of deer called the white-tailed deer, which is widely found across most of North America. Long before America was colonized, large populations of these deer lived on the land, enjoying plentiful food, but their population was always kept fairly steady due to the presence of wolves, which are natural predators of the deer.

This all changed when Europeans began to arrive on the North American continent. The settlers quickly realized that wolves were a danger to them, so they began hunting the animals in large numbers. This caused a significant reduction in the number of wolves and allowed deer populations to greatly increase, as the deer no longer had to worry about their most feared predator.

However, this large deer population ate all the grass, shrubs, and flowers in their habitats, and eventually there was no vegetation left! Of course, this meant that many deer began to starve, and the population began to decrease due to the lack of food. It would take several years until a balance would be achieved between the number of white-tailed deer and the amount of available food in their habitat.

자, 그럼 대부분의 북미 지역에 걸쳐 널리 찾아볼 수 있는 흰꼬리 사슴이라고 불리는 특정 사슴 종에 무슨 일이 있었는지에 관해 얘기해 보겠습니다. 아메리카 대륙이 개척되기 오래 전에, 이 사슴의 많은 개체수가 그 지역에 살면서 풍부한 먹이를 즐겼지만, 이 사슴의 자연 포식자인 늑대의 존재로 인해 그 개체수는 항상 꽤 한결 같은 수준으로 유지되었습니다.

이 모든 상황은 유럽인들이 북미 대륙에 도착하기 시작하면서 바뀌었습니다. 정착민들은 늑대가 위험한 존재임을 빠르게 알아차렸기 때문에, 대규모로 사냥하기 시작했습니다. 이는 늑대 숫자의 상당한 감소를 초래해 사슴 개체수가 크게 증가하게 만들었는데, 사슴이 더 이상 가장 두려운 포식자에 대해 걱정할 필요가 없었기 때문이었습니다.

하지만, 이 많은 사슴 개체가 서식지 내의 풀과 관목, 그리고 꽃들을 모두 먹어 치우면서, 결국 초목이 남아 있지 않게 되었습니다! 당연히, 이는 많은 사슴이 굶주리기 시작해 그 개체수가 먹이 부족으로 인해 감소하기 시작한다는 것을 의미했습니다. 흰꼬리 사슴의 숫자와 서식지 내에서 구할 수 있는 먹이양 사이의 균형이 이뤄지기까지는 몇 년의 시간이 걸렸습니다.

[Question]

흰꼬리 사슴과 늑대의 예시를 사용하여, 환경 수용력의 개념을 설명하시오.

[Model Answer]

Carrying capacity is a term used to describe the maximum number of an animal that can survive in a habitat with limited resources like food. The lecturer illustrates this concept by using the case of the white-tailed deer and wolves in North America. Before Europeans arrived, the deer were balanced with the carrying capacity. They had plenty of food, but their main predator, the wolf, kept their population from growing. After settlers killed off a lot of wolves, the deer population increased and exceeded the carrying capacity of the land. This caused the deer to eat all the vegetation, and they began to starve. It took a long time until the balance between the carrying capacity and deer population was stabilized again.

환경 수용력이란 먹이 같은 제한된 자원으로 서식지 내에서 생존할 수 있는 한 가지 동물의 최대 숫자를 설명하는 데 쓰이는 용어이다. 강의자는 북미 지역에 흰꼬리 사슴과 늑대의 경우를 이용하여 이 개념을 설명한다. 유럽인들이 도착하기 전에, 이 사슴은 환경 수용력과 균형을 이루고 있었다. 먹이가 많이 있었지만, 주요 포식자인 늑대가 개체수 증가를 막았다. 정착민들이 많은 늑대를 몰살시키자, 사슴 개체수가 증가해 그 지역의 환경 수용력을 넘어섰다. 이로 인해 사슴이 모든 초목을 먹어 버리는 일이 초래되어, 굶주리기 시작했다. 환경 수용력과 사슴 개체수 사이의 균형이 다시 안정화되기까지는 오랜 시간이 걸렸다.

[Vocabulary & Expressions]

carrying capacity 환경 수용력 have access to ~을 이용하다, ~에 접근하다 habitat 서식지 sustain ~을 살아가게 하다, 지속시키다 be referred to as ~라고 일컬어지다 assuming (that) 가령 ~한다면 disruption 방해, 지장 population (생물의) 개체수, 집단 exceed(=surpass) ~을 초과하다, 넘어서다 colonize ~을 개척하다, 식민지화하다 predator 포식자 settler 정착민 reduction 감소 vegetation 초목 starve 굶주리다 term 용어 illustrate ~을 설명하다 kill off ~을 몰살하다 stabilize ~을 안정화시키다

Question 4

[Listening]

Well, in our efforts to solve environmental problems, public policies and campaigns are highly effective tools. By appealing to the average person's sense of moral duty, governments and environmental organizations can make big changes and influence both the hearts and minds of the people. What I mean is... by making people feel guilty about doing things that damage the environment, most people will stop doing these things. Influencing people in this manner is known as moral suasion, and it is a common strategy in campaigns aimed at protecting our environment. It isn't one hundred percent effective, but for certain environmental issues, it has proven to be very successful.

Take, for example, the case of Woodsy Owl. Now, most of you are probably too young to remember Woodsy, so let me explain. Way back in 1970, the US Forest Service introduced Woodsy as a mascot for its campaign to raise awareness of environmental issues. The mascot was originally intended to target children and warn them of the dangers of littering, but his growing popularity made him an effective tool in targeting adults as well. Over the years, Woodsy appeared on numerous signs and billboards throughout natural parks, and his catchy slogans encouraged drivers to not pollute. Drivers didn't want to be seen as the only ones disregarding the message - or the ones neglecting their moral duty - so, of course, they all paid attention to Woodsy's message about pollution.

Recycling is also an example of moral suasion. At first, before recycling was a common practice, it was promoted by local communities as a voluntary effort. Public campaigns informed people that there was too much garbage, and recycling would help reduce it. Local governments only provided containers for recycling items like newspapers and glass—they didn't pass laws. Nonetheless, the practice spread through peer pressure. People saw their neighbors recycling—placing their bins on the curb—and felt compelled to recycle too. Instead of forcing people to recycle, the program relied on moral suasion to encourage compliance.

자, 환경 문제를 해결하기 위한 우리의 노력에 있어서, 공공 정책과 캠페인은 대단히 효과적인 도구입니다. 일반 사람이 지닌 도덕적 의무감에 호소함으로써, 정부와 환경 단체들이 큰 변화를 이뤄내고 사람들의 가슴과 마음 둘 모두에 영향을 미칠 수 있습니다. 그러니까 제 말은… 환경에 피해를 끼치는 일을 하는 것에 대해 사람들이 죄책감을 느끼도록 만듦으로써, 대부분의 사람들이 이러한 일들을 하는 것을 멈추게 됩니다. 이와 같은 방식으로 사람들에게 영향을 미치는 것이 도의적 권고라고 알려져 있으며, 우리 환경을 보호하는 것을 목표로 하는 캠페인에 흔히 쓰이는 전략입니다. 100퍼센트 효과적이지는 않지만, 특정 환경 문제에 있어, 매우 성공적인 것으로 드러난 바 있습니다.

'우지 아울'의 경우를 예로 들어 보죠. 자, 대부분이 아마 '우지'를 기억하기엔 너무 어릴 수도 있기에 제가 설명하겠습니다. 오래 전인 1970년에, 미국 산림청에서 환경 문제에 대한 인식을 높이기 위해 자체 캠페인에 쓸 마스코트로 '우지'를 소개했습니다. 이 마스코트는 원래 어린이들을 대상으로 쓰레기 투기 위험을 경고하는 것이 목적이었지만, 인기가 높아지면서 성인들을 대상으로도 효과적인 도구가 되었습니다. 수년에 걸쳐, '우지'는 국립공원 전역에 위치한 수많은 표지판과 옥외 광고에 모습을 드러냈고, 그의 캐치 슬로건은 운전자들이 오염시키지 않도록 장려했죠. 운전자들은 메시지를 무시하거나 도덕적 의무를 등한시한 유일한 사람으로 보이길 원치 않았기에, 당연히, 그들 모두 오염에 관한 '우지'의 메시지에 주의를 기울였습니다.

재활용도 도의적 권고의 예입니다. 처음에, 재활용이 통상의 실천이 되기 전에, 자발적 노력으로 지역 커뮤니티에 의해 촉진되었죠. 대중적 캠페인들이 너무 많은 쓰레기가 있고 재활용이 쓰레기를 줄이는 데 도움이 된다고 사람들에게 알려주었습니다. 지역 정부는 신문지나 유리같은 재활용 물품들을 위한 용기들만 단지 제공하였고-법률을 통과시키지도 않았죠. 그럼에도 불구하고, 이러한 실천이 집단 압력을 통해 퍼졌습니다. 사람들은 이웃들이 재활용하는 것-쓰레기 통을 연석위에 올려놓는 것-을 보았고 재활용하는 것이 강제됨을 느꼈죠. 사람들을 재활용하도록 강요하는 것 대신에, 이 프로그램은 준수를 장려하기 위해 도의적 권고에 의존했던 겁니다.

[Question]

환경에 대한 인식을 끌어 올리기 위해 어떻게 도의적 권고가 활용되고 있는가? '우지 아울' 마스코트와 재활용 캠페인을 활용해 어떤 효과가 있는지 설명하시오.

[Model Answer]

The professor is speaking about moral suasion used to influence the public as part of environmental campaigns.	교수는 학생들에게 환경 캠페인의 일환으로 일반 대중에게 영향을 미치는 데 쓰인 도의적 권고에 대해 말하고 있다.
First, the professor gives the example of a mascot called Woodsy Owl. Woodsy was featured in campaigns aimed at stopping pollution, such as littering, in national parks. As his popularity grew, Woodsy influenced a lot of people through moral suasion, and it resulted in a decrease in littering and pollution and an increase in environmental awareness.	먼저, 교수는 '우지 아울'이라는 이름의 한 마스코트를 예로 들고 있다. '우지'는 국립 공원에서 쓰레기 투기 행위 같은 오염을 막는 것을 목표로 하는 캠페인에 주인공으로 등장했다. 그 인기가 높아지면서, 우지는 도의적 권고를 통해 많은 사람들에게 영향을 주었고, 쓰레기 투기 및 오염 감소와 환경에 대한 인식 고취라는 결과로 나타났다.
The professor also mentions recycling, which was voluntary when it was first introduced. However, when people saw their neighbors recycling, they felt that they should too, so they also began to participate. These are two examples of moral suasion that the professor introduced in the lecture.	교수는 또한 재활용을 언급하는데, 재활용은 처음에 소개되었을 때는 자발적이었다. 하지만, 사람들은 이웃들이 재활용하는 것을 보고, 그들도 해야한다는 것을 느꼈으며, 그래서 참여하기 시작했다. 이것들은 교수가 강의에서 소개한 도의적 권고의 두 가지 예이다.

[Vocabulary & Expressions]

moral suasion 도의적 권고(양심에 호소하는 권고 방식) raise awareness of ~에 대한 인식을 드높이다 littering 쓰레기 투기 행위 billboard 옥외 광고판
catchy slogan 기억하기 쉬운 구호 disregard ~을 무시하다, 묵살하다 neglect ~을 등한시하다 peer pressure 또래/소속 집단 압력 compel 강요하다
compliance 준수

Writing

Question 1

[Reading]

1950년에, 몬태나 지역에 여섯 개의 작은 댐이 건설되었는데, 결국 팰리드 스터전의 산란 이주 경로를 가로막는 결과를 낳으면서 개체수가 상당히 감소하는 일이 초래되었다. 팰리드 스터전의 개체수를 원래대로 되돌려 놓기 위해, 주 당국자들은 옐로우스톤 강을 통해 산란 장소로 접근하게 만드는 계획을 세웠다. 하지만, 현재, 옐로우스톤 강을 따라 이주하는 어류의 이동로가 지역 농장들을 위해 수위를 높여 지역 내 관개용 운하들을 가득 채워주는 취수댐으로 가로막혀 있는 상태이다. 주 당국자들은 세 가지 주된 요인을 바탕으로 이 취수댐을 더 크고 어류 친화적인 시스템으로 대체하도록 제안했다.

첫 번째로, 정부 소속 엔지니어들은 팰리드 스터전이 산란 장소에 도달하는 데 이용할 수 있는 인공 측면 수로가 포함된 더 큰 콘크리트 댐 건설을 제안했다. 이 측면 수로는 4킬로미터 길이의 구불구불한 통로가 되어 철갑상어가 야생에서 익숙한 느린 흐름과 서식지를 되살려 댐 주변에서 강 상류로 가는 길을 찾는 데 도움이 줄 것이다. 측면 수로가 물고기에게 매력적인 존재가 되려면, 반드시 물고기가 선호하는 것으로 알려져 있는 유속과 깊이를 모방해 만들어야 하며, 그렇지 않으면, 이 측면 수로는 용도가 제한적일 수밖에 없게 된다.

두 번째로, 제안된 댐에는 상류로 이동하기 위해 측면 수로를 이용하는 물고기들에게 더욱 적합한 조건을 제공해 줄 수 있는 일련의 수문이 포함될 것이다. 유량 제어 수문은 그 수로를 따라 한결같은 유수량을 보장하도록 가동될 것이며, 청소 및 유지 관리 활동을 위해 수로의 임시 폐쇄를 가능하게 하는 출입문이 이용될 것이다.

세 번째로, 대안이 되는 접근 방식의 하나로서, 주 당국자들은 기존의 취수댐이 철거되는 장소에 그물망 같은 양수장 설치를 제안하고 있다. 이 양수장들은 강에서 물을 끌어와서 어망 또는 차단 장치를 통과시켜 보낸 다음, 관개용 운하에 쏟아내는 방법으로 지역 농장들의 요구를 충족하게 될 것이다. 이러한 접근 방식은 팰리드 스터전이 장애물이 거의 없는 상태로 강 상류까지 이동할 수 있게 해 줄 것이다.

[Listening]

I'm sure many of you have read the recent article on the state's plans for the Intake Diversion Dam and Yellowstone River. Well, it's nice to see them take steps to help the pallid sturgeon population in our area, but I'm not sure they've thought the matter through thoroughly. Let's use today's class to take a look at the three key factors their proposal is based upon.

First, the implementation of a side channel is a great idea in theory, but it might not be so effective in practice. Among all fish species, sturgeon are known to be very reluctant to use any types of fish passages, so the likelihood of them using this side channel in large numbers is actually exceedingly low. On top of that, previous attempts to replicate natural flow and depth conditions have failed as this is very hard to do in an artificial setting. Therefore, it will turn out that only a relatively small number of fish can be persuaded to use the side channel to reach spawning grounds.

Second, the use of different types of gates in the dam has the potential to be very problematic. As you know, we have very cold winters here, and dams tend to create more ice by interrupting the flow of rivers. This puts dam gates at risk, as ice chunks can crash into them and cause massive amounts of damage. In addition, gates that are directly exposed to the atmosphere will typically freeze during winter, and this requires additional costs and equipment, such as the installation of gate heaters.

분명 여러분 중 많은 분들이 옐로우스톤 강과 그곳의 취수댐에 대한 주 당국의 계획과 관련된 기사를 읽어 보셨을 겁니다. 음, 우리 지역의 팰리드 스터전 개체수에 도움이 되는 조치를 취하는 것을 보게 되어 반갑기는 하지만, 저는 당국에서 이 문제를 충분히 철저하게 생각해 본 것인지 잘 모르겠습니다. 오늘 수업 시간을 활용해 그 제안의 바탕이 되는 세 가지 핵심 요인을 한 번 살펴보겠습니다.

첫 번째로, 측면 수로의 도입이 이론상으로는 아주 좋은 생각이지만, 현실적으로는 그렇게 효과적이지 않을 지도 모릅니다. 모든 어류 종 중에서도, 철갑상어는 어떤 종류의 물고기 이동로도 이용하기를 꺼리는 것으로 알려져 있기 때문에, 실제로는 이 측면 수로를 대거 이용할 가능성이 극도로 낮습니다. 뿐만 아니라, 자연적인 흐름과 깊이를 지닌 조건을 모방하려던 기존의 시도들이 실패했는데, 인공적인 환경에서 그렇게 하는 것이 매우 어렵기 때문입니다. 따라서, 결국에는 상대적으로 적은 수의 물고기만 이 측면 수로를 이용해 산란 장소에 도달하도록 유도할 수 있을 겁니다.

두 번째로, 서로 다른 종류의 문들을 댐에서 활용하는 것이 매우 큰 문제가 될 잠재성이 있습니다. 아시다시피, 이곳은 겨울이 아주 춥기 때문에, 댐이 강의 흐름에 지장을 주어 더 많은 얼음을 만들어내는 경향이 있습니다. 이는 댐의 수문을 위험한 상태로 만드는데, 얼음 덩어리들이 수문에 충돌해 엄청난 수준의 피해를 초래할 수 있기 때문입니다. 게다가, 이러한 환경에 직접적으로 노출되는 수문들은 일반적으로 겨울철에 얼어붙게 되며, 이는 수문 가열 장치 같은 설비의 설치 작업 및 추가 비용을 필요로 합니다.

Third, the proposed alternative to the dam - the pumping stations - have a huge drawback, and that is the cost. A network of pumps like the one being considered would cost almost $150 million to install, and another $2 million annually to maintain. This is double the cost of the dam option that was proposed. The current Intake Diversion Dam method relies only on gravity to provide water to farms. If pumping stations are used instead, it is inevitable that some of the costs will be passed on to the local farmers.

세 번째로, 이 댐에 대해 제안된 대안, 즉 양수장에는 엄청난 결점이 존재하며, 그것은 바로 비용입니다. 고려 중인 바와 같이 하나의 조직망을 구성하는 양수기들은 설치하는 데 거의 1억 5천만 달러의 비용이 들어 갈 것이며, 유지 관리에 추가로 연간 2백만 달러가 듭니다. 이는 제안된 선택권인 댐에 드는 비용의 두 배입니다. 현재 이용 중인 취수댐 방식은 농장에 용수를 공급하는 데 오직 중력에만 의존하고 있습니다. 만일 양수장이 대신 이용된다면, 당연히 그 비용의 일부가 지역 농부들에게 떠넘겨질 것입니다.

[Question]

강의에서 언급된 요점들이 어떻게 독해 지문에 제시된 특정 주장들에 대해 의문을 제기하는지 설명하면서 그 내용을 요약해 보시오.

[Model Answer]

The lecturer addresses several topics mentioned in a recent local news article about efforts to boost the pallid sturgeon population by giving them better access to spawning sites. Basically, the local government plans to replace the Intake Diversion Dam with a different system so that the fish can travel up Yellowstone River.

The lecturer discusses a proposed dam with a side channel, but he points out several flaws that the article overlooks. He says that fish, especially sturgeon, tend to avoid using side channels, and that these types of fish passages rarely succeed in mimicking real-life environments. With that in mind, he doubts that it could be a proper solution to rejuvenate the pallid sturgeon population.

On the topic of dam gates, the lecturer believes the cold winters in his region will cause too many problems. Ice tends to form around dams, and this can strike the gates and break them. Also, expensive devices will need to be installed in order to prevent the gates from freezing in the cold air.

Last, the lecturer addresses the option of using pumping stations to provide water to farms, while allowing fish to travel upriver. The issue with this, he says, is that they require huge amounts of money to install and maintain, and local farmers may end up having to pay some of the costs.

(222 words)

교수는 팰리드 스터전에게 산란 장소에 대한 더 나은 접근 방법을 제공함으로써 개체수를 증대하기 위한 노력과 관련된 최신 지역 뉴스 기사에 언급된 몇 가지 주제를 다루고 있다. 기본적으로, 지역 정부는 이 물고기가 옐로우스톤 강 상류로 이동할 수 있도록 그곳의 취수댐을 다른 시스템으로 대체할 계획이다.

교수는 측면 수로가 포함된 댐이 제안된 것에 관해 이야기하지만, 해당 기사가 간과하고 있는 몇 가지 결점을 지적한다. 교수는 물고기들, 특히 철갑상어가 측면 수로 이용을 회피하는 경향이 있다는 점과, 이러한 종류의 물고기 이동로가 실제 환경을 모방하는 데 있어 성공하는 경우가 드물다는 점을 말한다. 이를 염두에 두면, 교수는 그것이 철갑상어의 개체수를 원래대로 되돌리기 위한 적절한 해결책이 될 수 있다는 데 의구심을 갖는다.

수문이라는 주제와 관련해서, 교수는 그 지역의 추운 겨울이 너무 많은 문제점을 야기할 것이라고 생각한다. 얼음이 댐 곳곳에 형성되는 경향이 있기에, 수문에 부딪혀 망가뜨릴 수 있다. 또한, 수문이 차가운 공기 속에서 얼어붙는 것을 방지하기 위해 비용이 많이 드는 장치들이 설치되어야 할 것이다.

마지막으로, 교수는 농장에 용수를 공급함과 동시에 물고기들이 강 상류로 이동할 수 있게 해 줄 수 있는 양수장 활용 선택 문제를 다루고 있다. 이와 관련해 교수가 말하는 문제점은, 설치하고 유지 관리하는 데 엄청난 액수의 돈이 필요하며, 결국 지역 농부들이 일부 비용을 지불하게 될 수도 있다는 점이다.

(222 단어)

[Vocabulary & Expressions]

spawning 산란 migration 이주 pallid sturgeon 철갑상어 종류 rejuvenate ~을 원래대로 되돌리다, 활기를 되찾게 하다 intake diversion dam 취수댐(물을 끌어 오기 위해 만든 댐) irrigation 관개 canal 운하 replace ~을 대체하다 artificial 인공적인 channel 수로 passage 통로 habitat 서식지 replicate ~을 모방하다, 복제하다 velocity 속도 optimal 최적의, 최상의 ensure ~을 보장하다 temporary 임시의 maintenance 유지 관리 alternative 대안의 pumping station 양수장 dump ~을 쏟아 버리다 obstruction 장애물, 방해(물)

take steps 조치하다 implementation 도입, 시행 in theory 이론상으로는 in practice 현실적으로는 reluctant 꺼리는 likelihood 가능성 exceedingly 극도로, 대단히 on top of ~뿐만 아니라 crash into ~에 충돌하다 massive 엄청난 atmosphere 환경, 상황, 분위기 alternative to ~에 대한 대안 drawback 결점 gravity 중력 inevitable 당연한, 불가피한 be passed on to ~에게 넘겨지다, 전달되다

boost ~을 증대하다, 촉진하다 flaw 결점, 단점 overlook ~을 간과하다 mimic ~을 모방하다, 흉내 내다 with A in mind A를 염두에 두고 strike ~와 부딪히다, ~을 때리다

Question 2

[Question]

교수가 사회학 수업을 가르치고 있다. 교수의 질문에 응답하는 게시글을 작성하시오. 답변에는 반드시:

· 본인의 의견을 표현하고 뒷받침하시오
· 토론에 기여하시오

좋은 답안은 100단어 이상으로 작성된다. 당신은 10분 동안 답안을 작성한다.

교수: 오늘날 사회에는 소셜 미디어가 널리 퍼져 있다. 대부분의 사람들은 페이스북, 트위터, 혹은 인스타그램에 최소 한 개의 소셜 미디어 계정이 있다. 다음 주 수업 전에, 이 주제에 대한 여러분의 생각을 알기 원한다. 수업 토론 게시판에 이 질문에 대해서 토론하시오:

소셜 미디어는 대체로 유익한가, 아니면 득보다 실이 더 많은가?

에릭: 나는 소셜 미디어는 사람들이 멀리 떨어져 사는 가족 및 친구들과 더 쉽게 연락할 수 있게 해준다는 점에서 유익하다고 생각한다. 소셜 미디어 플랫폼 덕분에, 우리는 우리의 사진을 올릴 수 있으며 우리들의 사랑하는 사람들이 볼 수 있도록 메시지를 게시할 수 있다. 또한, 무료로 전화를 걸고 사진을 보낼 수 있다.

로즈: 소셜 미디어는 소통할 때 유용하지만 부정적인 영향도 더 많다. 연구에 따르면 소셜 미디어가 우울증, 불안장애, 및 기타 정신 건강 문제의 증가에 기여한 것으로 나타났다. 특히 사이버 폭력과 소셜 미디어 중독에 빠지기 쉬운 청소년의 경우 더욱 그렇다.

[Model Answer]

Eric made a good point that social media can help people stay connected with their loved ones. People can certainly use social media platforms for video calls and direct messaging. However, she did not mention another important benefit of social media. In my opinion, social media helps people who are going through difficulties in life. Many people are struggling with problems, such as divorce, mental health issues, and overcoming addiction by themselves. However, they can get advice from online communities where people who have gone through similar experiences. Therefore, social media is greatly beneficial in that it can provide support to those who need it. (105 words)	에릭은 소셜 미디어가 사람들이 사랑하는 사람들과의 연결을 유지하는 데 도움이 될 수 있다는 좋은 의견을 제시했다. 사람들은 확실히 영상통화와 쪽지를 위해 소셜미디어 플랫폼을 활용할 수 있다. 하지만, 그는 소셜미디어에 다른 중요한 장점을 언급하지 않았다. 내 생각에는, 소셜 미디어는 인생에서 어려움을 겪고 있는 사람들을 돕는다. 많은 사람들이 이혼, 정신 건강 문제, 중독 극복 등의 문제로 혼자서 어려움을 겪고 있다. 하지만, 그들은 비슷한 경험을 한 사람들이 모인 온라인 커뮤니티에서 조언을 얻을 수 있다. 그러므로, 소셜 미디어는 도움이 필요한 사람들에게 도움을 줄 수 있다는 점에서 매우 유익하다. (105 단어)

[Vocabulary & Expressions]

prevalent 널리 퍼진 stay in touch 연락을 유지하다 contribute 기여하다 depression 우울증 anxiety 불안장애 cyberbullying 사이버 폭력 video call 영상통화 direct messaging(=DM) 쪽지 addiction 중독 divorce 이혼

시원스쿨 TOEFL